¡Qué vida bien vivida!

¡Qué vida bien vivida!

Alberto Font

Número de Control de la Biblioteca del Congreso de EE. UU.:   2015901416
ISBN: Tapa Dura   978-1-4633-9936-8
                         Tapa Blanda   978-1-4633-9937-5
                         Libro Electrónico   978-1-4633-9938-2

Esta es una obra de ficción. Cualquier parecido con la realidad es mera coincidencia. Todos los personajes, nombres, hechos, organizaciones y diálogos en esta novela son o bien producto de la imaginación del autor o han sido utilizados en esta obra de manera ficticia.

Información de la imprenta disponible en la última página.

Fecha de revisión: 03/03/2015

Para realizar pedidos de este libro, contacte con:
Palibrio
1663 Liberty Drive
Suite 200
Bloomington, IN 47403
Gratis desde EE. UU. al 877.407.5847
Gratis desde México al 01.800.288.2243
Gratis desde España al 900.866.949
Desde otro país al +1.812.671.9757
Fax: 01.812.355.1576
ventas@palibrio.com
701978

ÍNDICE

CAPÍTULO 1

CAPÍTULO 2

CAPÍTULO 3

CAPÍTULO 4

A mis padres

Capítulo 1

"Un barco no debería navegar con una sola ancla, ni la vida con una sola esperanza." Epícteto de Frigia

El premio menos buscado

— ¡Doce mil quinieeentos cincuenta y siete con tres milloooooooones de peeesoooos!- Berreó el niño cantor por la radio, una vieja Spika portátil con estuche de cuero marrón.

Volví a mirar el billete de lotería que tenía doblado en el bolsillo de mi camisa. La cifra me había parecido familiar.

— ¡Gané! ¡Papá! ¡Gané! ¡Es mi número! ¡No lo puedo creer! ¡Tres millones de pesos! ¡Es un montón de plata! ¿Son cuántos dólares?

—Son casi sesenta mil dólares americanos. Dejáme ver el número de lotería. Sí, creo que fue ése. ¡Increíble! ¡Cuánto me alegro por vos! Si realmente ganaste, mañana mismo te llevo a cobrarlo. Pero primero, comprá el diario tempranito y confirmá que anduvo todo bien.

Corría el año 1979 y todo indicaba que había acertado un buen premio en la lotería uruguaya, -según mis cuentas rápidas-, sesenta mil quinientos dólares americanos. Era la llamada "Revancha de Reyes".

Esa noche no pude dormir. Al acostarme, mi cabeza daba vueltas bombardeándome imágenes, diálogos entrecruzados y disonancias que se mezclaban entre sí como si estuviera en un gigantesco cine que proyectaba varias películas al mismo tiempo. Mucha gente desfiló por esa gran pantalla: mis amigos más entrañables, mi novia por aquellos días, mis padres, algunos compañeros de la facultad, mi profesora de inglés, mi perro, la voz del niño cantor de loterías e inclusive, la vecina del primer piso que tenía un cuerpo espectacular y siempre aparecía en mis entresueños.

A las cuatro de la mañana salté de la cama. Mi cabeza todavía volaba como un misil, mientras que en casa, todos dormían. Tomé una ducha flash. Ni me peiné, ni me afeité y hasta creo que ni me mojé. Me puse algo de ropa y salí corriendo al kiosco "Calabrese", ubicado en Avenida Italia y Propios. Pedí El País. El kiosquero, viejo amigo de la familia, sorprendido al verme a esa hora y en pantuflas, me indicó que abriera cualquiera de los fardos recién tirados desde el camión. Corté las ataduras de uno y tomé el primer ejemplar de la pila. Pagué y volví corriendo a casa. Sigiloso, entré en mi cuarto y tranqué la puerta con llave. Quería disfrutar solo, ese momento de exultación y espejismo materialista. Ojeé rápido la tapa y advertí que ésta tenía aún las dos marcas producidas por los precintos del envoltorio. Parecía una cicatriz en el papel, en forma de cruz. Fue inevitable no leer el titular que, con letras enormes, informaba sobre la aparición de dos cuerpos flotando en las costas del balneario Piriápolis. Una foto borrosa, en blanco y negro, los mostraba vagamente. Según el texto al pie de la foto, ambos cadáveres tenían atadas las manos y los pies con cuerdas y cables. Parecía gente joven. Otro titular menor, indicaba que uno de ellos tenía en sus bolsillos monedas y billetes argentinos. "Qué horror. Las desgracias más absolutas siempre envuelven a la muerte", pensé.

Jamás llegaré a comprender qué esoterismo inescrutable hizo que, segundos antes de llevar a cabo uno de los momentos más placenteros en mi adolescencia, dos cuerpos desconocidos y totalmente ajenos a mi cotidianeidad, se cruzaran en mi vida estrujándome el corazón.

Uruguay, por aquellos años, había llegado a un estado de cosas en el que todos teníamos miedo de todos. Y en ese instante, sin percibirlo siquiera, una especie de amistad ciudadana me invadió el espíritu. Creo que fue durante esa misma mañana, en calzoncillos, con el diario en la mano y la boca abierta, tomé conciencia política. Había sido el premio menos buscado. "Esos milicos están locos. Nos van a matar a todos. Necesito irme de esta locura aunque sea por un tiempo", murmuré bien bajo. Y abrí la página con los resultados de la lotería. Mi número estaba bien. Era ganador. Pero ya no pude festejar.

El Aventurero

— ¿Por qué querés irte del Uruguay?, — me preguntó papá tres días después.

—Porque no soporto más la chatura de Montevideo, la oscuridad de las calles, la dictadura, los milicos pidiéndome la cédula en cada esquina, los cuerpos flotando en las playas y además, se fueron todos mis mejores amigos—, respondí. — De hecho, me voy con los últimos que me quedan. La semana que viene parte el velero de un brasileño que conocí estos días, rumbo a Río de Janeiro -en realidad, el velero iba rumbo a Miami, EEUU-, y quiero estar en esa tripulación.

— Pero vos no sabés nada de navegación y mucho menos de veleros.

— Papá, nadie nace sabiendo. ¡Aprenderé a navegar… navegando!

Estaba resuelto a irme, no sólo para cambiar de país, sino de ideas. Papá no dijo nada. Sin embargo, a partir de ahí, me apoyó con toda la planificación. Por aquellos días, estrenaba mis veintitrés años. Cobré mi premio de lotería y lo depositamos en una cuenta de ahorros conjunta. Papá sería el encargado de girarme el dinero que iría a precisar a lo largo de mi travesía.

Los preparativos comenzaron de inmediato. Eran incontables las cosas para organizar, preparar, documentar y comprar. Algunos amigos más cercanos, al enterarse de mi repentina locura, llamaron entusiasmados para confirmar la noticia. Unos, me suplicaban para sumarse a la tripulación. Otros, venían simplemente para alentarme o decirme que estaba chiflado por dejar a mi familia, la facultad, mi novia y mi país. Martín, mi mejor amigo y compañero de facultad, me obsequió un voluminoso mapamundi de pared, -imposible de cargar en un velero- y un sextante de plástico -que resultó ser absolutamente inoperante-. Antonio, me dio un pormenorizado mapa hecho a mano con la exacta localización de unos argentinos amigos que vivían con los indios Yanomamis, en las tribus impolutas del Amazonas. "¡Estás loco. Jamás entraría a una selva!", le dije, sin imaginarme lo que me esperaba.

Mamá, mientras tanto, calculaba cuántos sándwiches de jamón y queso serían necesarios para el largo viaje. Y mi hermana, María, empezó a enseñarme portugués, de apuro.

Laura, mi novia por aquellos días, tomada de sorpresa por mi aventura inminente, sólo quiso saber si huía de ella porque no quería casarme o si había otra chica. En vano le expliqué que viajar en búsqueda de nuestra estrella era una señal categórica de inteligencia y sensibilidad humanas. Le advertí que nuestra amistad podría sobrevivir al tiempo y al espacio. Y le propuse intercambiar cartas a menudo. Pero estaba enceguecida. No aceptó mi gentil despedida y cerró el diálogo con una descortesía dirigida hacia mi adorada madre, quien a esas horas llevaba más de cien sándwiches prontos.

Resuelto el asunto del noviazgo marchito, fuimos con papá a conocer el velero. Era un espléndido día de sol con una suave brisa que soplaba desde el sur. Y el puertito del Buceo resplandecía como nunca al aproximarnos con el auto por la Rambla Armenia. La luz de la mañana, todavía no muy saturada de resplandor, se reflejaba sobre las aguas erizadas del Río de la Plata y chisporroteaba en el lomo de cada una de las olitas que se formaban. Por primera vez, sentí que mi corazón latía al ritmo de la vida. Y ésta me sonreía. Nada me era insignificante.

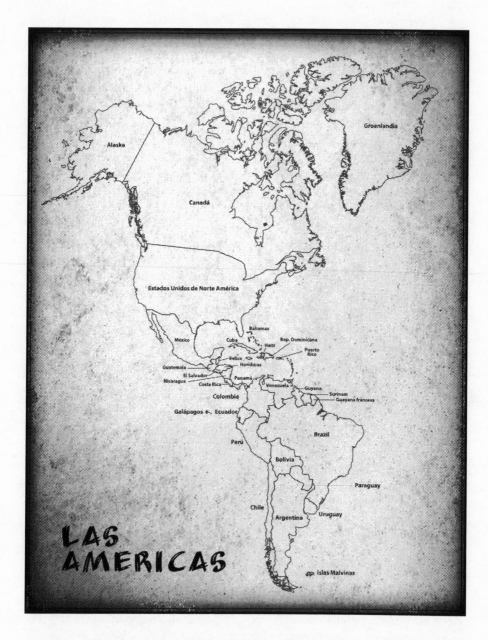

LAS
AMERICAS

Mi amigo Vinicius, el simpático brasileño dueño del "Aventurero", nos recibió de brazos abiertos, con una gran sonrisa. Su hermosa embarcación flotaba amarrada a borneo, próxima al muelle tres del Yacht Club Uruguayo, este notable club náutico de la década del 40, cuyo edificio de ocho pisos se erigía ostentando el más puro estilo art déco. Su forma, además, sugería el puente de un barco gigante.

—¡Oi Alberto, que bom que você veio. Só preciso terminar alguns detalhes da parte elétrica e estaremos prontos para partir em algumas horas! -, gritó Vinicius en un portugués cerradísimo, desde la cubierta del barco.

Nuestro capitán, carioca nacido en Copacabana, Rio de Janeiro, se esforzaba en declararse "cidadão do mundo". Cuando nos conocimos tenía treinta años, usaba una espesa barba negra que combinaba perfectamente con sus penetrantes y vivaces ojos negros azabache. Su estado de ánimo constante era la pasión. Con el tiempo, supe que su nombre era un homenaje de su madre a Vinicius de Moraes, el memorable poeta y cantautor brasileño, buen amigo de ella durante sus años de juventud.

El velero, en cuestión, era un Bowman de 57 pies (17.37m), modelo CC Ketch de 1975, un magnífico barco diseñado y construido por el inglés Kim Holman, en su astillero Holman & Pye, en la isla de Mersea, Gran Bretaña. Según Vinicius, su barco ya había dado una vuelta al mundo completa con su primer dueño, un holandés. Éste se lo había vendido a un empresario argentino que cayó luego en desgracia y Vinicius se lo compró "a preço de banana", como le gustaba decir. El Aventurero era una embarcación transoceánica de dos mástiles, construida en fibra de vidrio y con un poderoso motor Mercedes-Benz diésel, que llegaba a los ocho nudos de velocidad crucero. Con dos amplios camarotes, uno en la proa y otro en la popa, un enorme salón central, una sólida mesa de navegación, un baño bastante cómodo y una eficiente cocina, esta embarcación podía albergar una tripulación de hasta ocho personas, confortablemente. La maniobra y las velas eran nuevas y todo el equipamiento a bordo había sido acondicionado para singladuras de larga duración en alta mar.

Vinicius fue el capitán más perspicaz que conocí en toda mi vida. Era un sujeto observador y meticuloso. Con una simple mirada al rostro, a la ropa, a la forma de caminar o a la manera de hablar de una persona, reconocía rápidamente sus cualidades -y defectos-. Esta virtud lo ayudó a establecer las tareas y responsabilidades inherentes a la travesía para cada uno de los integrantes de su heterogénea tripulación. Éramos seis. Cuatro argentinos, el capitán y yo.

Silvano y Chabela, de 30 y 28 años respectivamente, formaban una pareja adorable. Habían navegado dos veces hasta el peligroso Cabo de Hornos, considerado el fin del mundo en el universo náutico. Este cabo, el más austral de la isla de Hornos, en el archipiélago de Tierra del Fuego, al sur de Chile, era considerado el punto más meridional de América del Sur. Los vientos que prevalecían en esas latitudes, bajo los 40°, podían moverse de oeste a este alrededor del planeta, debido a la inexistencia casi absoluta de tierra, por lo que esta zona recibía el título de los "Cuarenta Bramadores"; seguidos por los "Cincuenta Furiosos" y los aún más violentos, "Sesenta Aulladores". Sólo esta proeza náutica le garantizaba a la pareja el rango de expertos pilotos. Silvano sería el brazo derecho de Vinicius en todo lo atinente maniobra de velas, fondeos, timón y cabos. Chabela había sido asignada a la delicada tarea de trazar, corregir y seguir el curso de navegación mediante las cartas náuticas y el sextante. Esta pareja, al mismo tiempo, vivía en un constante y desinhibido romance, regalando buen humor y camaradería.

El tercer integrante de la tripulación era un argentino llamado Antonio Bonavita, de 27 años, -a quien le decían, cariñosamente, "el gordo", por sus kilos de más-, y fue el encargado de la cocina. Durante toda su vida profesional, este porteño de ley había sido el cocinero de afamados restaurantes italianos de Buenos Aires. Vinicius, más adelante, comentaría que le asignó esta tarea porque la ropa del gordo siempre olía a ajo y perejil. El gordo viajaba a Rio de Janeiro para encontrarse con su novia carioca, quien le había prometido amor eterno y marihuana libre en la "Ciudad Maravillosa".

El último tripulante que me presentaron fue Charlie, el cuarto argentino de la tripulación. Su responsabilidad era mantener la limpieza del Aventurero impecable en todo momento. Si bien su verdadero nombre era Cayetano De Luca, Chabela había acuñado este alias, por su obsesión en usar en su cabello una gomina llamada Glostora, que lo dejaba igual al memorable Carlitos Gardel. Charlie, sabiendo muy poco de navegación, resultó ser un tripulante arrojado, responsable y extremadamente divertido.

Yo fui encargado de la carga y el almacenamiento. En un barco todo es falto de espacio. La distribución y la organización son una necesidad constante. No disponer de una determinada herramienta, un medicamento puntual o hasta un simple cabo, puede llegar a ser la diferencia entre la vida y la muerte en situaciones extremas. Si alguien necesitaba algo, mi tarea era saber, inmediatamente, dónde estaba guardado. Para llevar a cabo mi tarea, inventé un sistema codificado para ordenar las cosas dentro del barco. Cada zona tenía una letra asignada. Diseñé un croquis del velero dividido en 36 zonas -según Charlie, como en un Casino- y un minucioso inventario de lo que quedaba guardado en cada zona. Introduje toda esta información en una carpeta impermeable y la mantuve siempre a mano. Compré cajas de plástico de diversos tamaños que se adaptaban a los cajones, huecos, pañoles y distintas aberturas del barco. Todas las cosas se guardaron en un sitio previamente asignado y registrado en el croquis. Pinturas, barnices, disolventes y combustibles se almacenaron en lugares ventilados y en los receptáculos de la cubierta. De todo lo que era nuevo, deseché los inútiles embalajes. El cartón era un enemigo en los barcos. Sólo servía para humedecerse y descomponerse. Como no tenía una zona dedicada a taller o para guardar herramientas, dejé un alicate y varios destornilladores siempre a mano. De esta manera no tendría que acceder, continuamente, a las cajas de herramientas para, por ejemplo, aflojar un grillete. Las bolsas de plástico con cierre sellado me fueron tan útiles como las cajas de plástico herméticas, para guardar ropa limpia, frazadas, o material que no podía humedecerse, como cámaras fotográficas o aparatos electrónicos. Las planchas del suelo en un barco como el Aventurero, eran complicadas de levantar y era muy frecuente tener que alzar varias de ellas antes de lograr acceder a la que necesitábamos abrir, en la búsqueda de un objeto determinado. A tales efectos, instalé tiradores para poder alzar, exactamente la plancha que necesitaba, sin tener que levantar todo el piso del barco. Cada cosa en su lugar y un lugar para cada cosa; ésa fue mi misión. Según Vinicius, había logrado la estiba perfecta.

"El Aventurero está diseñado para extensas travesías oceánica y tendremos una plácida y confortable navegada hasta Rio de Janeiro", pensé como reflexión inicial. Ya en las siguientes semanas habría aprendido mi primera lección de vida: lo que ves, no siempre es una bella sirena nadando en el agua…

La ciudad que se aleja

A pedido expreso de Vinicius, la noche antes de zarpar, todos pernoctamos en el Aventurero "pra ir sentindo a alma do nosso navio…", según las exactas palabras de nuestro capitán. El gordo Bonavita preparó lo que sería nuestra primera cena como tripulación: brochetas de pescado con trozos de champiñón, morrón y langostinos, acompañadas con una ensalada marinera de tres diferentes tipos de lechugas y anillos de calamar a la plancha. ¡Opíparo! Supuse que el gordo quería impresionarnos.

— Lo que distingue al hombre de los animales es la calidad de la comida—, nos decía Bonavita radiante, mientras servía la cena. El vino había sido elegido por Charlie: tres botellas de Chardonnay traídas desde Buenos Aires especialmente para la ocasión. Según él, esta cepa, pródiga en aromas tropicales -banana, ananá, manzana, vainilla y miel-, era un anticipado homenaje al Brasil que iríamos a descubrir en breve.

— ¡Salud! ¡Nunca ahorrar en la bebida! —, exclamó Charlie mientras servía las copas.

Zarpamos a la madrugada con 22 grados de temperatura. Antes de partir, todos subimos a cubierta en silencio, para despedirnos respetuosamente de la bella "tacita del Plata. Las pocas luces del Yacht Club fueron suficientes para que Vinicius, Silvano y Chabela finalizaran la maniobra de soltar la amarra de borneo por la proa y levar el ancla Danforth de la popa. Un sol perezoso se esforzaba en despuntar por el este. Vi mi ciudad, la de mis padres, la de mis amigos, la de mi infancia y mi adolescencia, empequeñecerse, poco a poco ante mis ojos. Por alguna curiosa razón, sentí que no era yo el que se iba. Era Montevideo que se alejaba de mi vida, para siempre. Esa mañana, juré no mirar nunca más de dónde venía, sólo a dónde iba.

Del Puerto del Buceo salimos a motor, con muy escaso viento. Cuando pasamos las escolleras, nuestro capitán puso proa hacia el faro de la Isla de Flores. El próximo puerto sería Punta del Este. Vinicius me llamó para explicarme la maniobra de salida e identificar algunos puntos de referencia de Montevideo. Poco a poco, Eolo se fue apiadando de nosotros y nos mandó una suave brisa. El motor se fue a descansar cuando con Silvano, ya teníamos levantadas las velas. Viajábamos a ocho nudos con una brisa suave. Por precaución, Vinicius consideró conveniente utilizar una enfilación de seguridad, -lo que significaba seguir la línea imaginaria que unía el faro de la Isla de Flores con el edificio del Hospital de Clínicas que se destacaba del resto de los edificios de Montevideo en esa zona-. Siguiendo en este rumbo hacia el este, dejamos por estribor la boya que marcaba el bajo Coquimbo. Este bajo no era peligroso para nuestro calado, pero igual nos mantuvimos alerta porque allí, hacía pocos años, se había hundido un pesquero que nunca pudo ser localizado.

Al rato, a nuestra frente, encontramos la Isla de Flores, a unas seis millas de la costa de Carrasco. Tenía una extensión, en longitud, como de dos kilómetros y un ancho de unos cuatrocientos metros. Era toda pedregosa y, en realidad, estaba formada por tres islitas. La del NE, unida al resto por un arrecife; la del SW y la del centro, que parecían ser una sola por la restinga que las unía y por un terraplén construido entre ellas. En la parte más alta, había un Faro. Era una antigua edificación del más puro estilo lusitano, de principios del siglo XIX. Según Silvano, después del naufragio de una pequeña embarcación llamada "Juana" y luego de otro navío, el "Pinhão", con más de cincuenta personas a bordo, habían construido este faro para prevenir nuevos accidentes.

Dejamos la Isla de Flores a babor, con un respeto de más de unos mil quinientos metros. Chabela, enseguida, nos avisó que el rumbo verdadero cambiaba, ahora tendría que ser de 90º. Estábamos a cuarenta y nueve millas náuticas de Punta del Este.

Luego de haber pasado Atlántida, vimos por el través de babor, la bahía de Piriápolis. A partir de ahí, comenzamos la aproximación final a Punta del Este. Chabela, Charlie y el gordo Bonavita, todos exageradamente alegres para esa hora temprana del día, subieron al cockpit del barco esgrimiendo varias botellas de espumante argentino, para festejar la travesía.

— ¡Salud amigos! ¡Nunca ahorrar en la bebida!—, volvió a decir Charlie. Y todos saboreamos el -casi- champagne helado, con la primera tanda de sándwiches de mamá. A Punta del Este entramos por el sur de la Isla Gorriti.

Navegar en el Aventurero era coquetear con la vida. Una notable paz interior invadía mi alma cada vez que veía el viento inflar las velas deslizando nuestro velero, tan suave, sobre el agua. Por algunos instantes, sentí que la vida me regalaba una experiencia contemplativa, casi mística. Esas ráfagas de viento, proveniente de lo más recóndito del cielo fueron, para mí, la respiración de Dios. Era su manera de decirnos ¡Chicos! ¡Aquí estoy! ¡Disfruten!

El puerto deportivo de Punta del Este era el más importante del Uruguay y uno de los más célebres de la región. Ofrecía un atraque bastante seguro, con cuatro espigones, amarres a muro, a borneo y una escollera de protección con un muelle bastante confiable. Sólo se permitía el arribo de embarcaciones de turismo y deportivas de mediano calado. En este puerto atracaban también pequeñas embarcaciones pesqueras que abastecían de mercadería a las pescaderías locales. Éstas seleccionaban el pescado frente a los turistas, atrayendo la presencia de enormes lobos marinos quienes subidos al muelle, disfrutaban del pescado fresco a pleno sol. Era un espectáculo que los turistas disfrutaban fascinados.

Pero nuestra recalada en Punta del Este tenía un motivo determinado: visitar Casapueblo, la casa donde vivía el prestigioso pintor uruguayo, Carlos Páez Vilaró. Sería una visita de un sólo día. Y con un poco de suerte, tal vez, nos recibiera él en persona. Según nuestro capitán, el afamado músico brasileño Vinicius de Moraes había compuesto la letra y la música de una canción para niños llamada "A Casa", inspirado en Casapueblo.

En 1958, Vilaró, artista plástico y escritor -o, como él se definía, "hacedor de cosas"-, había empezado la construcción de Casapueblo alrededor de una casita de madera hecha con tablones simples encontrados en la playa. La diseñó con un estilo que podía equipararse al de las casas de la costa mediterránea de Santorini, aunque Vilaró solía hacer referencia al pájaro hornero, un pájaro típico de Uruguay, cuando comentaba el estilo de construcción utilizado. Con el paso del tiempo, el pintor/escritor/escultor/constructor fue agregando nuevas estructuras y salas, de líneas redondeadas siempre. Después, pintó todo de blanco, "para interactuar con el azul del cielo", según dijo.

Igualmente, el músico brasileño Vinicius de Moraes, diplomático de carrera, que durante algún tiempo fue embajador de Brasil en Uruguay, había sido muy amigo de Vilaró, y de presencia constante en Casapueblo. Una mañana, Vinicius de Moraes, para agradar a sus hijas, comenzó a improvisar una cancioncita para niños -que resultó ser "A Casa"-. Le gustó tanto el resultado que, más tarde, compuso la música final.

Hasta nuestra llegada, Casapueblo se seguía construyendo. Vilaró vivía en la parte más alta de la construcción, que también funcionaba como hotel y restaurante. Sus más de setenta habitaciones estaban bautizadas con los nombres de sus primeros huéspedes: Pelé, Alain Delon, Brigitte Bardot y Robert de Niro. Además de la habitación Vinicius de Moraes, ciertamente.

Por esos caprichos de la bohemia y algo apurados a raíz de una tormenta que se venía desde el sur, tal cual desembarcamos -y sin cambiarnos de ropa ni higienizarnos-, salimos. Para llegar a Casapueblo alquilamos tres motos humeantes y ruidosas de un local próximo al desembarcadero. El gordo Bonavita y Charlie permanecieron a bordo, atentos a la posible tormenta y preparando nuestra inminente partida.

A Casapueblo llegamos en media hora, sin avisar, barbudos, desgreñados y oliendo a salitre como los limpiadores de pescados del muelle. Debimos haber sido los turistas más maltrechos que entraron en la hermosa casa/ escultura. Nos identificamos. Y yo, esgrimiendo un descalabrado formalismo verbal, pedí para ser anunciados, aunque supuse que el único nombre que resonaría en la cabeza del pintor sería sólo el de nuestro capitán.

La joven que recibió nuestro anuncio no tendría más de dieciocho años. Vestía el tradicional trajecito azul marino característico de las secretarias ejecutivas uruguayas y sólo respondía con los monosílabos: "sí" o "no". En el fondo, advertí que tenía miedo de anunciarnos y perder el empleo inmediatamente. Era comprensible. Le pregunté al capitán si llevaba consigo alguna tarjeta de presentación para que la joven se sintiera más confiada y le extendió una tarjeta doblada al medio, con su nombre bautizado por diminutas gotitas de gas-oil, provenientes de la última reparación del motor del barco. Era peor el remedio que la enfermedad. Decidí entonces tomar la iniciativa y jugarnos a todo o nada. Desplegué mi más solemne rostro de piedra e impostando la voz hasta alcanzar un buen registro de barítono, le expliqué que nuestro capitán tenía un importante mensaje personal del afamado Vinicius de Moraes, quien se encontraba muy enfermo, dirigido a su amigo, Páez Vilaró.

Jamás sabré si fue mi cara de funebrero, la vieja tarjeta del capitán o el penetrante olor a salitre lo que impresionó a la joven secretaria. Lo cierto es que salió más rápida que el viento para anunciarnos ante el pintor.

Chabela, consciente de nuestra penuria desodorante y en un último intento por ayudarnos, nos roció, a cada uno, con unas gotitas de su pachuli, a partir de una botellita en miniatura que extrajo de su jeans. Seguíamos oliendo a limpiadores de pescados, pero hindúes.

El genial Carlos Páez Vilaró surgió desde un pasadizo de paredes disímiles, vistiendo una camisa celeste y un inmaculado pantalón blanco de hilo. Este pintor excepcional, que había conocido a Picasso y a Dalí, nos sorprendió gratamente al recibirnos con una expresión afectuosa y bonachona. Íbamos bien. Nuestro capitán tomó la palabra; nos presentó y se presentó. Primero, pidió disculpas por la espontaneidad del momento y explicó nuestra condición de navegantes en un velero, rumbo a Brasil. Enseguida, reveló su relación personal con el músico/poeta brasileño, Vinicius de Moraes. Según contó nuestro capitán, su madre había trabajado como cantante profesional de bossa nova con este músico en Rio de Janeiro, luego de finalizada su misión diplomática en Uruguay. Una noche, entre whisky y whisky, el poeta, acompañado por Toquinho en la guitarra, le dedicó a la señora, galantemente, esa música infantil llamada "A Casa". La mamá de nuestro capitán, ya perdidamente apasionada por el poeta cantor, le puso al niño el nombre de Vinicius y perpetuó la tonada, cantándosela a lo largo de toda su niñez, como canción de cuna.

Vilaró, para mi sorpresa, había entendido, de inmediato, toda la historia que había sido relatada por nuestro capitán en un portugués carioca más enredado que pelea de pulpos. Abrazó de improviso a Vinicius y emocionado le dijo:

— Gracias por venir a visitarme. Trajiste contigo parte de una época preciosa de mi vida. Me hiciste recordar a mi gran amigo. Contáme, cómo sigue. ¡Pucha!, pensar que la vida son quince minutos nomás… Todos ustedes son bienvenidos a mi casa. Vengan-. Y nos mostró toda la casa, además de su salón de pinturas.

Casapueblo era, en realidad, una escultura habitable, una construcción casi mágica que no se sabía bien lo que era pero que invitaba a entrar. Enclavada en el peñasco de una gran península llamada Punta Ballena y penetrando en un mar siempre azul y ondulado, esta singular construcción era una obra de arte donde se podía vivir adentro.

¿Quieres aprender a rezar? Viaja por mar.

Cuando regresamos al embarcadero, al atardecer, el Aventurero reposaba magnífico sobre las aguas calmas de la marina. Viendo la luz del sol desfallecer en un agonizante resplandor, bajo el horizonte del mar, abordamos extenuados pero felices, nuestro efímero hogar. Pasaríamos la noche en el puerto y al otro día, tal vez, partiríamos, llevándonos los recuerdos del pintor y su bella casa/escultura.

Charlie, que había lavado la cubierta prolijamente y encerado ciertas partes de la fibra de vidrio en el cockpit del velero, nos esperaba sonriente, con dos botellas de vino blanco, una en cada mano.

— Charlie, dejáme ver si adivino: ¡Salud amigos! ¡Nunca ahorrar en la bebida!—, grité desde el muelle.

— ¡Sí Albertito! ¡Baco preñó de licor sus barriles! -me contestó-. Acabo de comprar seis botellas de un delicioso vino blanco. Una botella para cada uno de nosotros. ¡Bienvenidos a bordo!

El gordo Bonavita ya tenía preparada la cena. Y desde la escotilla, subía un inconfundible aroma a camarones fritos. Luego de una refrescante ducha en las instalaciones del club, para eliminar de mi piel las últimas moléculas del pachuli, intercambiamos ideas con Vinicius, Silvano y Chabela sobre el pronóstico del tiempo para los próximos días. No era nada alentador. El boletín meteorológico para navegantes, anunciaba surestadas para los próximos días. Según Chabela, un frente frío proveniente del sur estaba llegando a Montevideo esa misma noche. Por lo que tendríamos pocas horas para zarpar con rumbo norte, o quedarnos en el puerto tres o cuatro días más, hasta que la tormenta pasara. Ésas eran nuestras opciones.

Mientras Vinicius y Silvano calculaban los riesgos de la partida, yo decidí abalanzarme sobre los camarones a la valenciana del gordo, saboreando el Chardonnay de Charlie. Mi patria, ahora, eran mis amigos.

Luego de cenar, Vinicius y Silvano nos anunciaron que partiríamos antes del amanecer para "correr el temporal", lo que significaba zarpar con la tormenta soplándonos por la popa. Según el pronóstico, ésta amainaría en unas pocas horas. Con mal tiempo existían dos peligros realmente graves para los barcos pequeños como el nuestro: ser lanzados hacia la costa, sin ninguna posibilidad de salvación o ser destrozados por las enormes olas rompientes del temporal.

Fui el primero a despertarme. Tal vez porque, en mi tercera noche a bordo, mi cuerpo y mi mente aún no se habían adaptado al constante zarandeo del barco. Preparé un café bien fuerte mezclado con leche en polvo, calenté al horno algunos croissants caseros hechos por el gordo el día anterior y puse a helar la cerveza de Charlie, su desayuno; todo hecho en el mayor de los silencios. El segundo en despertar fue Vinicius. Eran las cuatro de la mañana.

Como estábamos amarrados al muelle del puerto, la maniobra de zarpado fue rápida. Luego de pasar la baliza demarcadora, hicimos rumbo hacia una boya que teníamos que sobrepasar a estribor. Debíamos tomar el canal. Desde esta boya, cambiamos de rumbo hacia otra ubicada al SW. En esta ruta, vimos pasar por estribor, a la hermosa Isla Gorriti y por babor a la península, viendo el faro en toda su plenitud. De la tormenta, todavía nada.

Navegamos hacia el norte de la Isla de Lobos, esta curiosa isla que se encontraba a unas cuatro millas al SE de Punta del Este. Tenía casi un kilómetro de largo, por un poco más de medio de ancho. Carecía de árboles y era de naturaleza rocosa. Vivían en ella sólo los lobos marinos, hermosas criaturas cazadas sin compasión por los "loberos", para vender su piel. El faro de esta isla era el más alto de América del Sur, con casi cincuenta metros.

Luego de pasar la Isla de Lobos navegamos hacia el faro del Cabo de Santa María, en el balneario La Paloma. Según Chabela, había que tomar un rumbo de 60°. Navegando en este derrotero unas once millas, llegamos a una zona de maniobra de petroleros, que era un área rectangular situada entre dos perpendiculares a la costa. Los buques petroleros descargaban allí su carga de crudo a través de una boya petrolera ubicada a dos millas de la costa. Dentro de esta zona no se podía navegar.

Finalmente, encontramos otro faro, el de José Ignacio, que se hallaba en la punta del mismo nombre. Su frente era rocosa, de más de un kilómetro de largo, y terminaba en un arrecife pedregoso. Esta zona era considerada peligrosa para la navegación. Muchos buques habían naufragado en sus costas. Era un cementerio de barcos.

Apremiados por los partes meteorológicos de Chabela que predecían la proximidad de la tormenta, Vinicius decidió dejar de navegar a vista de costa y buscar las aguas profundas del Océano Atlántico. Para mi sorpresa y desazón, ya no fondearíamos en La Paloma, el último puerto en territorio uruguayo. Seguiríamos directo hasta Rio Grande en Brasil. ¡Adiós Uruguay!

Chabela, por radio, seguía recibiendo, hora tras hora, la información meteorológica y nos mantenía informados de las variaciones. La tormenta, que en principio había surgido desde el sur, ahora había derivado hacia el este y seguía avanzando tenaz. Al parecer, mi bautismo náutico sería uno de los mejores.

Vinicius dio órdenes de afianzar todas las herramientas, utensilios, aparejos, equipos y componentes pasibles de rotura o caída, en la cocina, el salón principal, el baño y ambos camarotes. Distribuí los salvavidas entre mis compañeros, con orden expresa de vestirlos si se subía a la cubierta del barco. Preparé tres arneses de seguridad y los trinqué a la línea de vida, uno para el capitán, otro para Silvano y el tercero para mí. Al menos, en la eventualidad de ser barridos por alguna gran ola o dar vuelta campana, permaneceríamos sujetos al velero. Por falta de más arneses, Chabela, Charlie y el gordo tuvieron que permanecer en la cabina, cerrando la puerta de la escotilla. Con Vinicius timoneando, Silvano y yo arriamos todas las velas e izamos un pequeño tormentín.

Al mirar hacia la popa, vi que la extensión del horizonte se había cubierto por una excepcional nube cobriza que subía hasta el cielo con asombrosa rapidez. Sería imposible describir, en palabras, la tempestad que siguió. En menos de quince minutos nos cayó encima. El cielo quedó cubierto por completo de un tono plomizo y a partir de ahí, con la espuma de las olas que nos envolvía, todo se puso tan oscuro que casi no podíamos vernos unos a otros en la cubierta del velero. De pronto, una ráfaga de viento nos golpeó por estribor. El Aventurero orzó casi al máximo de su ángulo de inclinación generando un ruido extraordinario, como el rugido de un enorme animal marino, y se inclinó peligrosamente sobre babor. Desde mi lugar, aterrado, vi emerger del agua casi toda la enorme quilla roja de nuestro velero; parecía un cachalote recién herido por un arpón. El cockpit se llenó de agua hasta nuestras rodillas. La furia de la tempestad nos había alcanzado de lleno. Nuestra embarcación se había convertido en una pequeña cáscara de nuez flotando en la tormenta. La lluvia cerrada y fría, mezclada con agua de mar, me golpeaba la cara con la fuerza equivalente a la de una lluvia de pedregullo. Ya no podía mirar más hacia donde venía el viento. El barco casi no avanzaba, no podíamos mantener los bordos y la lucha contra las olas y el viento parecía indefendible. La sal del agua me quemaba los ojos. Afrontábamos dos peligros realmente graves: ser empujados hacia la costa por el viento, sin ninguna posibilidad de recuperación, o ser despedazados por estas olas gigantes ahí mismo. Vinicius entonces, colocó de la mejor manera que pudo, la proa del barco vertical al viento y a las descomunales olas. Maniobró el timón en zigzag hasta encontrar algún equilibrio de navegabilidad. Al quedar el tormentín amurado, hizo que el barco empezara a derivar, lo cual era compensando moviendo el timón. Y mágicamente, en medio de todo ese caos, el Aventurero se alineó con la tempestad.

Una ola con más de diez metros de altura empezó a levantarnos sobre su lomo oscuro hacia la cresta blanca. Era una oscura pared de agua inclinada que formaba un ángulo de cuarenta y cinco grados con relación al horizonte. Fuimos subiendo lentamente hasta el tope, en un transcurso que me pareció la eternidad. Jamás hubiera creído que una ola pudiese subir tan alto a una embarcación. Cuando llegamos a la cima, el monstruo marino comenzó a quebrarse de golpe. Y caímos con un estruendo espantoso, dando un golpe tan fuerte que mis rodillas se doblaron hasta tocar la cubierta del barco. Ahí quedé, arrodillado, aturdido, unos instantes. Al habernos sumergido tan clavados de proa, quedamos a merced de la siguiente ola, que nos pasó por arriba y nos barrió de punta a punta. Era otra columna de agua color azabache brillante, de unos diez metros de altura. Avanzó de proa a popa en menos de dos segundos. Viéndola venir, sólo atiné a asirme de uno de los winches de estribor con toda mi fuerza y quedamos bajo el agua por unos instantes que se me hicieron larguísimos. Cuando no pude resistir más la falta de aire, me enderecé sobre las rodillas, sosteniéndome siempre con las manos. Así pude asomar la cabeza fuera del agua. Estaba tratando de sobreponerme al terror que me paralizaba y recobrar los sentidos para decidir lo que tenía que hacer, cuando sentí que alguien me agarraba del brazo. Era Silvano. Mi corazón saltó de alegría, pues estaba seguro que la ola se los había llevado a todos. Pero esa alegría no tardó en transformarse en horror. Silvano acercó su cabeza a mi oreja y gritó: "¡Ahí viene otra!". Y en efecto, una tercera ola venía subiendo por la proa derecho hacia nosotros. Cuando me alcanzó, permanecí completamente buceando bajo el agua helada durante unos cinco segundos, hasta que terminó de atravesar todo el barco. Finalmente, pude sacar la cabeza fuera del agua de nuevo y llené de aire mis pulmones. Sentí que la muerte me estaba mirando fijo a los ojos. Murmuré, como pude, una plegaria y pensé que todo terminaba ahí. Pero el tiempo seguía pasando. Yo seguía vivo. Mi mente y mi cuerpo convergían en una sola idea: seguir respirando. Vinicius continuaba maniobrando firme el timón para mantenernos de cara a la tormenta. Y el Aventurero respondía cumplidor, por esos milagros de la ingeniería náutica.

Al cabo de unos cuarenta minutos que me parecieron eternos, imborrables en mi joven memoria, el viento comenzó a bajar de intensidad, aunque la lluvia seguía pesada. Chabela entreabrió la escotilla para ver cómo estábamos -o si todavía estábamos-. Las olas en ese momento, oscilaban entre cuatro y seis metros de altura. Bonavita y Charlie también se animaron y subieron para traernos un termo de café bien caliente, una botella de Cutty Sark y los últimos sándwiches de mamá. Era absolutamente imposible tomar café en los jarritos por las zarandeadas del barco. Por suerte, no pasó lo mismo con la botella de whisky, a la que fuimos tomando por el pico.

El viento cedía, poco a poco, pero una lluvia pertinaz nos mantenía completamente empapados. Mis ojos eran dos bolas rojas inflamadas, quemados por el salitre del agua. Con una visibilidad de no más de un cuarto de milla, intentábamos reponernos físicamente. Vinicius me pasó el timón con tres recomendaciones: mantener el mismo curso, no distraer la vista del horizonte, para distinguir algún posible porta-contenedores en ruta de colisión y, si cambiaba el viento, darle la popa o la proa a la tormenta.

Ese día el Aventurero me había enseñado su segunda lección: la vida que planeamos, no siempre coincide con la vida que nos espera.

En el reporte de daños, además de mi pánico inolvidable, lo peor que tuvimos que lamentar fue la pérdida de nuestro generador eólico de popa. Ese generador proveía de carga eléctrica a las baterías del velero cuando el motor no estaba en funcionamiento. Había sido arrancado, como por una mano descomunal, junto con parte de la base de madera que lo sujetaba. A partir de ahí, racionamos el consumo eléctrico, hasta no comprar uno nuevo en Brasil.

Capítulo 2

¿Vai uma caipirinha ai?

El sol, finalmente, volvió a brillar para nuestro deleite, el de algunas pocas gaviotas lejanas y el de un grupo de simpáticos delfines que nos acompañó durante horas, haciendo piruetas y contorsiones espectaculares delante del velero. Nuestra rutina de abordo incluía las apetitosas comidas preparadas a diario por el gordo Bonavita, la lectura de libros, la buena bebida de Charlie y la pesca. También, teníamos tiempo para estar sentados en la cubierta disfrutando del sol, escuchando el murmullo del viento sobre las velas, el sonido del agua golpeando el casco del barco, profesándole amor incondicional a la madre naturaleza, que ahora nos rodeaba con más calma y afecto.

Antes de aproximarnos a la costa brasileña, ya tenía preparada la bandera brasileña de cortesía. La icé. Las banderas, en la navegación, expresaban distintas situaciones. Siglos de navegación a lo largo de la historia habían sido siglos de banderas a bordo, acompañando a cada embarcación mercante, de guerra o deportiva, como un signo de nacionalidad, identificación o simple mensaje. La visita a un país siempre implicaba el reconocimiento de su jurisdicción y, como respeto, la obligatoriedad del izado en el obenque de estribor, de la bandera correspondiente. Esta bandera, llamada "de cortesía", no era una opción. Era una obligación que, en ciertos países, de no ser respetada, se castigaba con duras penas a los infractores. Por lo tanto, enarbolé orgulloso mi banderita brasileña, comprada de apuro en la feria de Tristán Narvaja, un día antes de partir.

La entrada a través de la escollera de Rio Grande fue otro inolvidable momento de pavor que nos tocó vivir. Por la resaca de la fuerte tormenta, las olas todavía eran demasiado grandes y tapaban la escollera de entrada, de tal manera que hacían imposible ver dónde comenzaban y dónde terminaban los muelles. Todas las boyas demarcatorias habían desaparecido llevadas por las tremendas olas y la corriente del agua hacia que la escollera pareciera una rampa enjabonada que nos atrapaba. Al final, entramos como surfeando, rebasando olas de hasta cuatro metros de altura a doce nudos de velocidad. Fue una locura siquiera haberlo intentado. Pero funcionó.

Una vez sobrepasadas las escolleras, las olas se calmaron como por arte de magia. Parecía que habíamos entrado en otra dimensión. Y quince millas, río arriba, atracábamos en el "Rio Grande Yacht Club", nuestro primer puerto en territorio brasileño.

Lo único que hice el primer día fue dormir. No bajé a tierra. Dormí, dormí y dormí, como nunca lo había hecho en toda mi vida. Soñé con olas gigantes, delfines voladores, rocas escarpadas interminables y mis padres despidiéndome desde el Puertito del Buceo. Fui despertado, al otro día, por Charlie y el gordo Bonavita, quienes ya habían preparado sus primeras caipiriñas con auténtica "cachaça" brasileña. Eran las siete de la mañana.

— ¡Arriba Albertito! ¡Arriba! ¡Nunca ahorres en la bebida, hermano!—, me gritó Charlie entusiasmado.

— Probá este licor incandescente, con sabor a cocoteros vírgenes en una playa desierta…—, y me pasó un vaso gigante con medio litro de caipiriña helada. Ese fue mi desayuno aquella mañana. Los tales cocoteros vírgenes jamás los percibí, pero debo decir que coincidimos con lo de "licor incandescente".

Subí a la cubierta pero me encontré con algo diferente que nunca había visto con tanto resplandor: el sol. Restregué mis ojos, impresionado. Y vi que nuestro astro fulguraba en una explosión de luz. Todos los colores me resultaban saturados pese a que mis pupilas se redujeron ante la claridad del día. Cuando salí, experimenté fragancias de frutas dulces y exóticas en el aire. Vinicius, que estaba tomando las medidas para arreglar nuestro generador eólico, cuando me vio me dijo:

— Alberto, muito obrigado por tudo. Conhece-se o marinheiro no meio da tempestade-. Yo, todavía bastante encandilado por tanto sol tropical y medio descalabrado por la caipiriña tempranera de Charlie, sólo atiné a decirle la simpleza de que, para mí, había sido un honor tenerlo a él como capitán. Y bajé del velero zigzagueando en compañía de mis amigos, buscando el bar de la marina para conocer a tres lindas brasileñas que, según ellos, allí trabajaban. Vivir no era sólo respirar, había que amar y ser amado.

—Eu me chamo Agnes —me dijo extendiéndome la mano mientras desplegaba una sonrisa tierna.

Agnes, tan rubia como sus antepasados alemanes, de corazón cándido y carita redonda, era la hija menor de los dueños del "Bar Baridade", un simpático boliche anexo a la marina. No fumaba, ni tomaba alcohol. Sonreía siempre que yo tocaba la guitarra y se reía de todas mis ocurrencias, como si fueran las ingeniosidades más hilarantes del mundo. ¡Era la mujer perfecta!

Con ella, Charlie y su nueva amiga brasileña, visitamos otros barcos vecinos fondeados en la marina. Al lado del Aventurero estaba amarrado el velero llamado "Téméraire", perteneciente a un simpático matrimonio francés, Antoine y Monique, jubilados, de mediana edad, que venían dando su segunda vuelta al mundo. Charlie, que para mi sorpresa hablaba perfecto francés, los saludó con su marca registrada:

— ¡Vive, mon amis. Jamais économiser avec le vin!

Y Antoine respondió algo en un francés del que no entendí ni media palabra. Nos invitó a que subiéramos a bordo y luego de presentarnos mutuamente, continuamos hablando en inglés para turistas. Ellos, al contrario de nosotros, viajaban hacia el sur y proyectaban llegar hasta Punta de Este, por lo que les ofrecí algunas cartas náuticas del Río de la Plata que teníamos repetidas y pequeños consejos para traspasar la recepcionista de Casapueblo, caso decidieran visitarla. Monique preparó unos deliciosos "Crevettes au Vin Blanc", con camarones pescados hacía menos de una hora, mientras intercambiábamos nuestras respectivas historias. Viajaban alrededor del mundo hacía seis años. En mayo de 1968, Antoine, catedrático de literatura que había participado en París, de lo que luego se llamó el "Mayo Francés", había sido preso seis meses, por agredir a un policía en una manifestación, supuestamente. Esta serie de protestas había sido iniciada por grupos estudiantiles de izquierda, contrarios a la sociedad de consumo, a los que posteriormente se unieron grupos de obreros, sindicatos y el partido comunista francés. El resultado fue una formidable trifulca estudiantil y la mayor huelga general en la historia de Francia. Antoine y Monique se habían conocido en la cárcel. Ella también había sido detenida, pero en su caso, por ser hippie... Se juraron amor eterno a través de las rejas. Y cuando obtuvieron la libertad, vendieron una de las propiedades de Antoine, compraron el "Téméraire", lo arreglaron para dar la vuelta al mundo y se lanzaron al mar. Al final de la velada, Antoine me obsequió una copia del libro: "El extranjero" de Albert Camus y me exhortó a que lo leyera.

— C'est moi"—, me dijo, extendiéndome el libro con su mano y me abrazó para despedirse.

La noche, única vencedora de la luz, nos cubrió con su enorme manto, creando infinitas sombras al pasar. Era la hora mágica del amor. Los ángeles del mar se habían llevado la tormenta bien lejos y nos habían traído el ruido de los sapos coreando sobre los camalotes. A partir de ahí, Agnes me reveló, sin peros, ni prisas, la venerable desnudez de su adolescencia.

La mañana llegó más rápido de lo que hubiera deseado.

Cuando subimos a la cubierta, nos encontramos con un problema. Por la imposibilidad de hacer agua dulce con la potabilizadora de a bordo a causa de las aguas muy barrosas de los canales donde nos encontrábamos, el gordo Bonavita había ideado lavar los platos y cubiertos del barco con el agua semi salada del río. A tal efecto, todos los días soltaba dos baldes desde la popa del velero hasta casi el fondo del agua llenos de platos, cubiertos, vasos y ollas, dejándolos en remojo toda la noche. El azar quiso que el nudo del cabo que unía los dos baldes al barco se desatara y los perdiera junto con toda la vajilla. Aprovechando la baja de la marea, mi impostergable necesidad de baño y estimulado por la apasionada mirada de Agnes que me contemplaba extasiada como si fuera un héroe nacional, me tiré de cabeza al agua sin pensarlo dos veces, para intentar recuperar las cucharitas. Después de casi dos horas buceando en medio del fango, todo el tesoro del Aventurero pudo ser rescatado. Al subir a bordo, Agnes me abrazó con una enorme toalla "verde e amarela" y el gordo, sudoroso y muy agradecido, horneó de apuro unos pastelitos de manzana -mis preferidos-, para nuestro desayuno.

El segundo barco contiguo que visitamos, fue el de un extrovertido mejicano llamado Máximo, de unos ochenta años de edad y su esposa americana, Angie, de unos cincuenta. Estaban amarrados al comienzo de nuestro muelle y siempre que pasábamos nos saludaban en español. Esa tardecita, él nos invitó a subir a bordo de su embarcación, un Hunter de 50 pies llamado "Tabasco", para charlar un rato y tomar unas margaritas. Los dos estaban apasionados con Brasil y su gente. Según nos relató, él había empezado a ganarse la vida haciendo herraduras para caballos en California. Despues de algún tiempo, como su trabajo artesanal y su relación con los animales era tan buena, fue contratado por un criador local para atender sólo a caballos galardonados. Trabajó en eso durante unos años, hasta que el productor de una empresa de cine de Hollywood, quien una tarde, casualmente, pasaba por los establos donde Máximo trabajaba buscando caballos para sus películas, lo contrató para entrenar equinos en los estudios de su productora. Un cierto día, grabando una escena con un doble que no conseguía realizarla al gusto del director, luego de catorce tomas, Máximo vio su oportunidad. Tomó las riendas del carro con el caballo desenfrenado y consiguió la escena en la primera toma. Quedaron tan impresionados que, a partir de ahí, fue un doble muy buscado dentro del mundillo cinematográfico. Todo iba bien hasta que una trágica mañana se quebró cuatro costillas en un accidente donde el caballo se le cayó encima. Fue el final de su carrera como doble. Con el dinero ahorrado, él y Angie compraron el velero y decidieron irse a vivir a bordo en una marina de Los Ángeles. Luego de un año disfrutando de la vida al aire libre y tras haber afianzado sus conocimientos en la práctica de la vela, decidieron levantar amarras, cruzar el Canal de Panamá, llegar hasta las tibias aguas del Caribe y bajar por las costas de Brasil buscando aventuras. Al irnos, medio inspirado por las margaritas de Angie, me animé a preguntarle:

— Máximo, disculpáme la pregunta, pero ¿cuántos años tenés?"

— Ochenta y dos, respondió el mejicano sonriendo. Pero estoy en mi mejor forma física. Inclusive la sexual. Claro que, a esta altura de mi vida, ¡en vez de espermatozoides debo tener espermatosaurios…!- Y todos reímos tan fuerte que nos escucharon hasta del "Bar Baridade".

De despedida, Angie le regaló a Agnes una hermosa acuarela con tema marino, de las que ella pintaba. Y yo le obsequié una tarjeta, tipo postal repujada en aluminio, con un velero como motivo central, que yo había guardado para enviarle a mis padres.

Vinicius y Silvano, entretanto, habían terminado de instalar el nuevo generador eólico de popa. Ahora, no tendríamos que encender más el motor del barco para recargar las baterías ni tampoco conectar el cargador desde el muelle. Si todo andaba bien, partiríamos en un par de días.

Todas las tardes, un grupo de músicos tocaba bajo las palmeras del club y el espacio se llenaba de encantadora música brasileña. Agnes y yo los escuchábamos enamorados desde la cubierta del velero, contemplando cómo desaparecía el sol detrás de la planicie. La noche era nuestra aliada en los juegos del amor y los dioses teutónicos, mis compinches más leales. Sin embargo, desde mi otoño interior, sediento de besos y caricias, sabía que muy pronto la separación sería inevitable. Todos los besos dados habían sido el principio de nuestra despedida, desde el primero hasta el último. Eternamente mirando la línea del horizonte y eternamente despidiéndome. Ése era mi sino. Siempre había sido un perseguidor de mi designio. Pero ya no le preguntaba más a los libros ni a las estrellas. Ahora, sólo escuchaba las enseñanzas de mi corazón.

Cuando me despedí al día siguiente, Agnes me dijo primorosamente:

— Eu não sei de onde, para onde, ou quando você vai voltar… Só sei que eu vou estar te esperando.

Nunca más volvimos a encontrarnos.

El día antes de nuestra partida, Silvano y Charlie hicieron las compras de víveres, algunos repuestos extras y cartas náuticas para nuestro próximo puerto, Rio de Janeiro.

No hay vida sin agua

Tan pronto salimos al océano, el viento predominante, siguiendo el gran anticiclón del Atlántico Sur, provenía del NE y con ello también la corriente del Brasil. Nuestras únicas dos alternativas eran ir bordeando la costa brasileña, teniendo la precaución de estar atentos al clima, para evitar los temporales del sudeste que nos tirarían hacia la costa, o viajar hacia el este, alejándonos de la costa y de la corriente del Brasil.

Nuestro capitán, en sensata decisión, optó por buscar el océano profundo, hacia el este y de ahí, seguir subiendo al norte. Quedaríamos bastante lejos de la costa y de una posible recalada en Florianópolis, pero estaríamos más seguros alejándonos del continente en esa época del año.

Otra vez viviendo en el mar. Mi fe en la vida navegaba libre, llevada por el mismísimo viento que agitaba las velas del Aventurero. Día tras día, parecía que el océano se dormía desmayado de tanto sol, como un gigante borracho después de la batalla.

Todo se movía. Todo se contorneaba. Todo era salitre. Todo era agua, aire y luz.

Durante el primer día en alta mar, cada uno de nosotros cumplió con las tareas asignadas estrictamente. Mi carpeta con el mapita de los suministros iba y venía de mano en mano. Ya todos estaban familiarizados con mi sistema de organización, por lo que decidí ampliar mi contribución a la causa del viaje, organizando también el cuaderno de bitácora. Al final de cada una de las guardias, interrogaba a mis compañeros sobre las novedades. Y los detalles eran meticulosamente volcados al cuaderno. Era la manera más eficiente de estar todos informados y actualizados con los pormenores de las guardias y así evitar sorpresas. Intenté introducir los datos con la mayor claridad posible. Durante mis guardias, tomaba notas a cada hora cuando navegábamos cerca de la costa y no tan seguido en alta mar. Las leyes de navegación obligaban a llevar un cuaderno de bitácora a bordo y presentarlo a las autoridades en caso de accidente. El capitán me había dado entera libertad para confeccionar nuestro propio librillo, por lo que decidí utilizar las páginas de la izquierda, atravesadas por columnas, con la información básica (día, hora, posición, profundidad, temperatura, rumbo, estado del tiempo, etc.) y en las páginas de la derecha mis anotaciones personales.

Al verlo, Vinicius me comentó:

— Que o teu trabalho seja perfeito para que, mesmo depois da nossa viagem, ele permaneça. -Y cumplí con creces, pues este mismísimo libro fue escrito gracias a la veracidad de nuestro cuaderno de bitácora, donde quedaron plasmadas las memorias de viaje.

Navegando, mi pasatiempo favorito era la pesca. No hay que creer que la pesca en alta mar se reducía a un simple y agradable paseo de velero con una cañita. Había que hacer frente a la escarcha del océano, a la bruma, al frío, al viento, a la lluvia pesada y al cansancio físico. La pesca en alta mar no era un deporte para personas delicadas. Era la pesca extrema. Sin embargo, la mejor recompensa para los obstinados y los apasionados de esta práctica, eran las extraordinarias capturas que se medían en decenas de kilos.

Con el gordo Bonavita soplándome la nuca y pidiéndome que intentara pescar un pez espada gigante -el cual nunca pesqué-, me concentré en ello y, con la suerte de los principiantes, al final algo picó, pero no fue un pez espada. Era un atún de espléndido tamaño, según la hinchada unánime que me alentó en la exactitud de su dimensión. Como no teníamos balanza, fue medido en su longitud. Computó ciento veinticuatro centímetros,

-certificados por el capitán. El gordo nos sorprendió con su preparación: marinándolo en jugo de naranja, salsa de soya y ajo. Esa noche fue aplaudido de pie y comimos atún tres días seguidos.

Durante toda la madrugada, el mar, que había permanecido calmo y agradable para la navegación, ahora nos mandaba vientos con ráfagas de hasta veinte nudos. La velocidad del velero era entre siete u ocho nudos, en promedio. Sobre el mediodía, la brisa amainó y por ende, nuestra velocidad bajó a cuatro nudos. A la tardecita, volví a tirar mis entusiastas líneas desde la popa, pero nada pasó. Dos horas después, cambié de carnada. Todo fue en vano. Los peces se habían ido de paseo. De todos modos, el ejercicio de la pesca, durante esos días de navegación había sido un descanso para mi mente, un gozo para el espíritu, un bálsamo para la desolación existencial y una fuente de deleites inagotable. Pero de los peces, nada.

Una formidable manada de delfines, desde hacía un buen rato, nos seguía de cerca. Mi natural conjetura fue especular que por ese motivo, los peces habían desaparecido. Estos sociables y carnívoros cetáceos medían unos respetables cuatro metros de largo. Tenían el cuerpo alargado y el hocico oblongo. Se les veía un sólo espiráculo en la parte superior de la cabeza, desde donde liberaban chorros de agua de vez en cuando. Los delfines estaban entre las especies más inteligentes que habitaban el planeta. Se encontraban, relativamente cerca de las costas y a menudo interactuaban con el ser humano. Utilizaban los sonidos, el contorneo y un alegre salto para comunicarse, orientarse o alcanzar sus presas. En mi fuero íntimo pensé que el casco del velero, por alguna inexplicable razón, los atraía. Estos perspicaces animales, tal vez, consideraran al enorme casco del Aventurero como un amigo inesperado que les haría compañía por un rato. Fuera lo que fuera, estábamos siendo escoltados. Decidí recoger todas las líneas, ante la posibilidad de que alguno de ellos mordiera un anzuelo. Ya vendrían los peces.

Después de tres días de navegada sin ver nada más que agua y cielo, de improviso, nos cruzamos con un porta contenedores. Ponía rumbo este a toda máquina. Con los binoculares pude ver su nombre. Era el "Louis Maersk" y tendría unos trescientos metros de eslora. Estos buques eran una clase propia y formaban parte de los barcos más grandes del mundo, junto a los superpetroleros. Supuse que de la misma manera que nosotros los observábamos, ellos harían lo mismo desde la altura de su puente de mando. Navegaba a una pasmosa velocidad de más de veinte nudos, lo que, aunado a su tamaño descomunal me hizo pensar que, en la hipótesis de una colisión con el Aventurero, ellos no se verían afectados en lo más mínimo. Es más, no creo siquiera que la percibieran.

— Dejá a ese hijo de puta pasar bien lejos, por favor, — le grité a Silvano que estaba de timonel.

— No te preocupes, lo más probable es que su radar ya nos haya detectado, — respondió.

— Sí, pero ¿quién me garantiza que el radar funciona bien, que los tipos lo están mirando o que no están todos borrachos, empezando por el capitán?, — repliqué.

El porta contenedores terminó de pasar y yo volví a concentrarme en la trascendente tarea de pescar el bendito pez espada para el gordo. Tiré de nuevo mis líneas al agua, pero esta vez amarré un vistoso señuelo de metal plateado comprado hacía algunos años en una feria de Montevideo. El gordo y Chabela me alentaban con su constante compañía durante las largas horas de pesca, y Charlie, infaliblemente, siempre aparecía con alguna caipiriña en la mano para compartir. ¿Pero del pez espada? Nada. Algunos días en alta mar, lo único que se pescaba eran historias y amigos.

Durante toda esa tarde, tomé jugo de coco verde pues a la noche iba a estar a cargo del timón. Mi guardia era de cuatro horas, empezando a las 23:00. Después de cenar el último plato del admirable atún del gordo, Charly armó un "cigarro de chocolate", como decían los porteños por aquellos días. Se trataba de un largo cigarro de legítimo cannabis brasileño, adquirido en nuestro último puerto.

— ¡Albertito, si el corazón te late, fumá chocolate!, — murmuró Charlie con sus ojos rojos, pasándome el cigarro.

Aspiré dos valientes bocanadas. Enseguida, me puse de pie, agradecí por la cena y la buena compañía, tomé los binoculares, el termo de café, revisé mi reloj pulsera para cerciorarme de que mi turno empezaba en cinco minutos, subí hasta el cockpit y allá estaba Vinicius al timón, esperándome con las instrucciones para mi guardia. Al verme los ojos lacrimosos me preguntó si extrañaba Montevideo y mi familia. Le dije que sí, por decir algo… Pero el capitán, un tipo sagaz, un cerebral nato, me dijo con una sonrisa astuta:

— Meu amigo, a vida é o que fazemos dela. As viagens são os viajantes. O que vemos não é o que vemos, senão o que somos. — Y esas palabras, que mucho tiempo después supe eran de un tal Fernando Pessoa, las atesoré a lo largo de toda mi vida, como el más precioso recuerdo de su amistad.

Navegar de noche implicaba algunos riesgos que me ponían nervioso. Mi temor lógico era la colisión contra algún objeto flotante o semi hundido, imposible de ver en medio de la oscuridad. El agua, hasta donde mi vista alcanzaba, era un manto negro impenetrable. Había oído historias de veleros hundidos después de chocar con troncos flotantes. En la eventualidad de una colisión de esa magnitud, nuestra posibilidad de daños graves era alta. Los riesgos para la tripulación, mis amigos, también podían ser peligrosos. La cubierta de un velero exigía una maniobra puntual y precisa en un espacio extremadamente reducido. Y durante la noche, se perdía toda referencia visual con la línea del horizonte, precisamente la reguladora de nuestro equilibrio. Cortes en los dedos de las manos y pies, golpes graves en la cabeza por movimientos bruscos de la botavara y hasta caídas al agua, en el peor de los casos, solían formar parte de las historias más comunes citadas por navegantes nocturnos. En el Aventurero, el protocolo de seguridad aplicado durante la noche era el mismo que para las tormentas: estricto. Todo aquél en cubierta, durante la noche, debía seguirlo sin excepciones, poniéndose el arnés, su chaleco salvavidas y su línea de vida.

Durante la guardia recibí la visita de mis compañeros. Silvano se apareció con un complicado sextante, procurando localizar exactamente dónde rayos estábamos situados en medio del océano Atlántico. Nunca supe si lo consiguió. Sólo me dijo que íbamos bien. A las dos horas, más borracho que Judas en la última cena, apareció Charlie con media botella de un tal "Fogo Paulista", predicando sus beneficios: "un elixir tropical inductor de nuestras mejores quimeras". Y el gordo Bonavita, con más y más café. Agradeciendo a la vida por haberme puesto en ese lugar, probé un poco de todo.

Navegar de noche era como estar en otro mundo. Las constelaciones, las estrellas, los planetas, la luna, los meteoritos, el verdadero universo, aparecían ante mí proclamando mi insignificancia. Nunca me había sentido más pequeño. Nunca me había sentido más humano. Eran horas para la reflexión, la nostalgia y el deleite de estar vivo.

Faltando una hora para terminar mi turno, sucedió algo de lo cual jamás obtuve una explicación lógica. Eran casi las dos de la mañana. Estábamos navegando con la vela mayor y la genoa izadas a la mitad de su capacidad. Nuestro curso era el correcto. La velocidad era de seis nudos. El viento venía del sureste, seco y cálido. Y de repente, un ruido sordo, acompañado por una fuerte sacudida en el timón hizo explotar la adrenalina dentro de mi cerebro. El barco se elevó medio metro, por unos dos o tres segundos, como si estuviéramos montando un banco de arena. ¿Un banco de arena en medio del Océano Atlántico, a más de dos mil metros de profundidad, según marcaba el ecosonda? Imposible. Habíamos colisionado contra algo. Tomé fuerte el timón con las dos manos, apreté los dientes e intenté mirar hacia el agua en medio de la noche. Nada. Todo lo que veía era una negrura total. Vinicius asomó de improviso. Le pasé el timón. Al minuto, subió Silvano. Fui hasta la proa del barco, corriendo por estribor, con extrema precaución por si venía otro golpe inesperado. Caerse al mar en medio de la noche, era una opción terriblemente peligrosa. Miré para todos lados y escudriñé sobre el agua oscura para intentar concluir qué podría haber causado tal colisión. Todo parecía normal. De repente, sentimos un gran resuello. Era el ruido inconfundible de un cetáceo. La dirección del viento quiso que el resoplido del agua nos diera de lleno y nos salpicara. Volví a escudriñar la superficie del agua y percibí que estábamos rodeados de decenas de ballenas. Ahora veíamos sus lomos lustrosos alrededor del barco hundiéndose en el agua y apareciendo como rocas brillantes y descomunales frente a nosotros. Vinicius ordenó bajar la vela mayor inmediatamente. Y así fuimos navegando unos minutos, atravesando este prodigioso grupo de mamíferos oceánicos. Me sentí afortunado. Navegábamos entre los animales más grandes del planeta. Sentí la vida de ellos palpitando bajo el agua. ¿Estaríamos interrumpiendo una reunión familiar o habríamos fastidiado una cena entre buenos amigos? Jamás lo sabremos. En mi memoria sólo quedó grabado el éxtasis y la pleitesía hacia estos majestuosos cetáceos. Las ballenas habían evolucionado, como mamíferos marinos, a lo largo de unos veinticinco millones de años, mucho antes de la aparición del hombre y de su intrusión en los ecosistemas oceánicos. Estaban en la cúspide de las vastas cadenas alimentarias del mar, debido a su tamaño y a su distribución generalizada por todos los mares. Los cetáceos, además, tenían una capacidad increíble de enriquecer las vidas de las personas con las que llegaban a entrar en contacto pacífico. Ejercían una atracción universal única sobre el espíritu humano. Eran incomparables generadores de asombro y admiración. Alrededor de estos seres maravillosos, existía una mística que inspiraba un sentido de felicidad en personas de todas las razas y nacionalidades.

Una vez franqueada la manada de cetáceos lo más subrepticiamente posible, proseguimos nuestro rumbo. A las tres de la mañana, Silvano, que había intentado dormir algunos minutos más antes de su guardia, volvió a subir para relevarme. Las noticias eran buenas. A pesar de la aventura con las ballenas, el barco seguía entero y a flote. La noche continuaba estrellada, para su satisfacción, pues le permitió usar su curioso juguetito, el sextante.

Cuando bajé al salón, anoté en el cuaderno de bitácora la bonita frase que Vinicius me había regalado unas horas antes, además del episodio de las ballenas. Llegamos a Rio de Janeiro después de otros cinco días en el mar.

La ciudad maravillosa

La llegada a Rio fue única. Bajo un sol "muito quente" y al ver aproximarse a los famosos "morros" cariocas, todos subimos a la cubierta del Aventurero para participar del gran momento. Charlie descorchó una botella de champagne Krug Grande Cuvée Brut, almacenada celosamente durante todo el viaje, mientras Vinicius se comunicaba por radio con las autoridades portuarias para reportar nuestra llegada. Aquí sí tendríamos que hacer trámites de inmigración. Por un momento, evoqué a Agnes y lo felices que habíamos sido, sin visas, ni documentos, ni preguntas, ni papeles, ni permisos de entrada.

Finalizado el brindis, Silvano y Chabela se dieron un interminable beso, bajo la mirada complaciente del Cristo Redentor -y la nuestra-. Charlie, Vinicius y yo nos estrechamos las manos y nos felicitamos mutuamente por el buen viaje y por la amistad marinera.

Y mientras festejábamos, el gordo Bonavita, quien había desaparecido durante el brindis, reapareció todo vestido de blanco, el pelo engominado con la Glostora de Charlie y oliendo al perfume de Chabela. Llevaba una cajita marrón en la mano y secándose la transpiración de la frente, nos dijo agitado:

— Delia, mi prometida, me está esperando. Sé que está por ahí. Tengo que localizarla.— Y se fue hasta la proa del barco, para mejor escudriñar entre la gente que paseaba por los muelles.

Estábamos fondeando en el magnífico "Iate Clube do Rio de Janeiro", al pie del benemérito "morro" Pan de Azúcar. Este club era uno de los mejores de Brasil. Había sido fundado por 1920 con el nombre de "Fluminense Yacht Club", pero se lo cambiaron cuando se mudaron a un terreno cedido por el gobierno brasileño, donde había estado localizado un antiguo fuerte, en la hermosa bahía de Botafogo. Según nos contó Vinicius, la mismísima reina de Gran Bretaña, Elizabeth II, había visitado el club, algunos años atrás.

Fuimos muy bien recibidos y tuvimos acceso a todas sus instalaciones: restaurante, baños, sala de lectura, piscina, bar y otras amenidades. Amarramos en uno de sus muelles. Cada uno de nosotros recibió, además, un "Vale Caipirinha", con los saludos del Comodoro del club, el cual fue debidamente honrado horas más tarde.

Charlie y yo, una vez finalizada la maniobra de fondeo y amarre, bajamos a tierra firme. Sin embargo, cuando pisamos la superficie del muelle, algo anduvo mal. Sentíamos que nuestros pies no tocaban el suelo en el lugar donde se suponía que debía estar, parecía como si estuviéramos salteando un escalón. Se nos iba el cuerpo y sentíamos que flotábamos al caminar.

— ¡Charlie, me envenenaste! ¡Vos y tu puto champagne francés!— Le grité a mi amigo tratando de mantener el equilibrio lo mejor que podía.

Pero Vinicius, que venía atrás nuestro riéndose al vernos caminar así, como ebrios, se apresuró a explicarnos que estábamos sufriendo de un vértigo llamado "el mal del desembarco" o "el mal de tierra". Este vértigo era un síndrome descubierto hacía muchos años, que afectaba a algunos marineros recién desembarcados en tierra firme tras prolongados viajes en barco. Los síntomas eran como una sensación de oscilación o balanceo de la persona respecto al entorno. Luego de algunos días en tierra firme, el síndrome desaparecería, aunque algunos relatos indicaban, según él, que a ciertas personas los había afectado hasta por cinco años.

— Hay que tomarse unas caipirinhas bien rápido para que se nos pase.— Me respondió Charlie. Y mientras íbamos rumbo al bar del Club para curarnos, apareció el gordo Bonavita que continuaba vestido todo de blanco. Parecía un enfermero gigante.

Mientras libábamos los néctares cariocas en el bar, el gordo nos explicó que Delia no había aparecido todavía y que quería llamarla por teléfono a su trabajo. Como yo era quien mejor hablaba portugués, fui el encargado de hacer la bendita llamada. Le dije al gordo que ya había bebido demasiado, pero insistió. Fuimos hasta un teléfono público ubicado en un rinconcito dentro del bar y empecé a discar lo mejor que pude. A los números los veía repetidos. Luego de varios intentos fallidos, el gordo discó. Atendieron desde un estudio de abogados. Delia no había ido a trabajar ese día. La telefonista, que notó mi bochornoso acento extranjero, me preguntó si yo era Antonio Bonavita, el novio de Delia. A lo que respondí afirmativamente, para intentar facilitar las cosas. Entonces la muy inconsciente, sin decir agua va, me pasó con el papá de Delia, el abogado dueño de la firma. Todo duró menos de cinco segundos. Y ahí estaba yo, hablando con mi futuro suegro, en portugués, recién bajado del barco, con el endiablado "mal de tierra" y seis caipiriñas arriba.

— Oi Antônio, ¿tudo bom? ¿como foi de viagem?" —, me preguntó el abogado.

— Tudo bem. Um pouco cansativa, mais deu tudo certo. ¿A Delia não está aí, não?—, respondí intentando hacer la charla lo más breve posible. Pero el tipo insistía en hablar más y más.

— Nossa, mas você está falando português muito bem. ¡Parabéns! Olha, Delia está em casa. Vou mandar meu motorista para buscá-lo. ¿Onde estão ancorados? —, preguntó.

— Estamos no Iate Clube de Botafogo. Mas o senhor não precisa se preocupar—, esgrimí tímidamente.

— Tudo bem. O motorista vai chegar aí em 10 minutos. Primeiro você vem aqui pro meu escritório e, em seguida, vamos para casa. Delia vai ficar muito feliz em vê-lo novamente. —, culminó tajante y me colgó em la cara.

Una gota gorda de sudor caminó desde mi frente hasta mi mentón, salpicando el tubo del teléfono. Estábamos perdidos. Lo que había empezado como una inocente ayuda al amigo, se había transformado en un caso de falsificación de identidad, en un país extranjero, ante un abogado importante. Y ni siquiera habíamos completado dos horas de estadía en Rio.

— Gordo, vas a tener que aprender a hablar portugués, con acento uruguayo, en diez minutos, o se pudre todo— le dije a mi amigo.

El gordo comprendió la trascendencia del momento y volvió presuroso al barco para cambiarse de ropa y vestirse más acorde a la ocasión.

Cuando salió del velero, el chofer del abogado ya había llegado y estaba esperándolo, junto con nosotros, en la entrada del muelle. Hice las presentaciones de rigor, lo despedimos con un rápido abrazo y le deseamos buena suerte. La iba a necesitar.

Al final, nuestro amigo cocinero reencontró a su amada Delia, quien apareció en el club, al día siguiente, desplegando todo su encanto y saludando al resto de la tripulación. La cajita marrón que el gordo llevaba en la mano cuando llegamos al Club, contenía los anillos para el compromiso que se realizaría unos días después. En esa misma fiesta de compromiso, el abogado, a solas, me dijo sonriendo maliciosamente que para su sorpresa, argentinos y uruguayos teníamos, exactamente, la misma modulación de voz... La dejé pasar.

Resuelto el tema del gordo, llamé a papá desde una cabina oficial de la compañía de teléfonos carioca en Copacabana, para contarle que el viaje había sido un éxito y que estaba contento de estar en Rio. También, le pedí que me girara dos mil dólares al número de cuenta de Vinicius para continuar mi viaje. Mamá lloraba al lado del teléfono.

El bar de Arnaudo

En uno de los salones del Club de la marina, Charlie y yo habíamos conocido a dos hermosas y simpáticas chicas brasileñas, que nos invitaron a una fiesta a realizarse en un célebre barrio carioca llamado Santa Teresa a la noche siguiente. Este barrio increíble estaba ubicado encima de un "morro" en la zona sur de Rio. Había surgido en torno a un convento homónimo, fundado en el siglo XVIII. La zona, inicialmente poblada por la clase alta, había perdido su estatus de "barrio de ricos" para ganar fama como atracción turística y referente cultural de la vanguardia intelectual carioca. Santa Teresa era la meca de artistas plásticos, músicos, poetas, escritores, bohemios, libres pensadores, anarquistas, filósofos y trotamundos en general. ¡Hacia allá íbamos!

El barrio también tenía, como ícono distintivo, un llamado "bondinho", que era el último tranvía eléctrico circulando en Brasil. Todos se referían al barrio como "el Montmartre carioca". Su arquitectura tenía un fuerte perfil colonial, como si la modernidad no hubiera influido en su estética. Ostentaba una importante cantidad de edificaciones históricas antiquísimas.

Su vida social y turística se concentraba en torno del llamado "Largo dos Guimarães", con algunos bares memorables como el Bar de Arnaudo, además de otras cantinas, tabernas y bodegones. Nuestras nuevas amigas brasileñas, Ângela y Aurora, eran hermanas y vivían, precisamente, en el corazón de Santa Teresa, en la Rua Almirante Alexandrino 442, en pleno "Largo dos Guimarães", a escasos veinte metros del Bar de Arnaudo. El edificio donde vivían tenía tres pisos, con la peculiaridad de que, en lugar de subirlo, había que bajarlo, puesto que, como el común de las edificaciones altas en Santa Teresa, este edificio había sido construido al borde del "morro" y por ende, la puerta de entrada del mismo, era por el piso superior. A partir de ahí, había que ir bajando por las escaleras hacia los pisos inferiores. El frente del mismo estaba forrado con unos horripilantes azulejos azules y blancos, que se continuaban hasta un almacén anexo. Los dueños del almacén, -también dueños del edificio-, era un matrimonio de portugueses ceñudos y hostiles que nos vigilaban a Charlie y a mí, mirándonos desconfiados de reojo, cada vez que pasábamos frente a su negocio con las hermanitas de manos dadas.

Ângela y Aurora tenían diecinueve y veintiuno, respectivamente. Las dos eran estudiantes de periodismo en la Universidad Federal de Rio de Janeiro. Ângela, además, tocaba "bossa nova" en la guitarra, mientras que Aurora cantaba, con tan delicada y primorosa voz que me conmovió. Y, por supuesto, me enamoré.

Charlie ya había aprendido su primera frase en portugués y alardeó:

—¡Saúde. Nunca poupar dinheiro em bebidas! — Recitó orgulloso.

Esa tardecita, fuimos caminando hasta el Bar de Arnaudo. No recuperados aún del "mal de tierra", cada cinco o seis pasos que dábamos, había uno que no alcanzaba el pavimento. Era como un paso en falso. Las hermanitas lo notaron, pero creyendo que nuestro estado etílico ya era alto, se reían a carcajadas y nos sujetaban para evitar que nos cayéramos. Intenté explicarles sobre el síndrome que padecíamos en mi burdo portugués, pero no entendieron ni media palabra de lo que decía. Sólo sonreían.

El tranvía o "bondinho" amarillo que circulaba por la calle, nos cruzó varias veces de ida y de vuelta, haciendo un ruido ensordecedor de hierros chirriantes, tocando campanas, con gritos del guarda y del conductor, pero no pude entender su significado. Los que pagaban boleto, en este tipo de transporte, iban sentados y los que viajaban del lado de afuera del vagón, o sea de pie en las plataformas laterales, no pagaban nada. Viajaban gratis. Esta peculiaridad hacía que, algunas veces, el "bondinho" se viera desbordado con más de veinte personas colgadas en su parte exterior, mientras que en los asientos hubiera sólo uno o dos pasajeros. Era gracioso de ver.

Cuando nos instalamos en el bar eran las ocho de la noche. Pedí dos cervezas "Brahma" para las hermanitas, un "Fogo Paulista" para Charlie y una botella de un vino tinto, -bastarda imitación de Merlot-, para mí. Parecía que Ângela y Aurora disfrutaban de nuestra compañía tanto como nosotros la de ellas. A pesar de nuestro "portuñol", el intercambio básico de ideas, las bromas picarescas -e inevitables- sobre sexo y hasta las peroratas filosóficas más profundas, todo fluía con perfecta naturalidad. Íbamos bien.

Nuestra mesa daba a la calle, por lo que cada vez que pasaba el pesado tranvía, las copas y los vasos sobre la mesa, se movían un poco.

— En esta ciudad todo se mueve. ¡Me encanta!— Dijo Charlie.

A las diez de la noche en punto, un hombrecito de baja estatura y de fisonomía oriental entró al bar acompañado de dos mujeres, también orientales, mucho más altas que él. Todos iban vestidos con largas capas negras y sombreros tipo Borsalino, también negros. No bien entraron, el murmullo del bar se aplacó por un momento y todas las miradas los enfocaron. Tras saludar cortésmente e intercambiar algunas palabras con el dueño, Arnaudo, quien se encontraba de pie al lado de la caja registradora, pidió nuestra atención y advirtió que la familia Yûki haría "uma apresentação espetacular de habilidade e magia com facas". Eran lanzadores de cuchillos.

Tomé un trago más del vino bribón que tenía frente a mí, incliné mi butaca hacia atrás apoyándome sobre la pared y me dispuse a disfrutar de la presentación. Aurora asió mi mano. Noté sus ojos cargados de aprensión. Yo estaba radiante. Me encontraba rodeado de buenos amigos, en el bar más bohemio de Rio de Janeiro y a punto de presenciar un insólito espectáculo de artes marciales, -o lo que fuera-, en una cálida noche que prometía ser interminable. ¿Qué más podía pedirle a la vida?

Arnaudo ordenó retirar una de las mesas ubicadas en el fondo del salón y los tres asiáticos se dirigieron hacia allá. Noté que el color de la pared donde había estado la mesa, no acompañaba en absoluto, el tono del resto de las paredes del bar. Esta pared estaba forrada con un grueso tablero de madera clara, barnizada y brillante. El hombre de la capa se acercó hacia el panel, lo tocó con su mano izquierda unos instantes e hizo un breve gesto afirmativo con la cabeza.

Acto seguido, la mujer más joven se recostó de espaldas al panel de madera, moviendo delicadamente brazos y piernas. Se sacó la capa negra, la tiró al piso con elegancia y dejó al descubierto su cuerpo, cubierto por un ajustado traje de baño dorado intenso y adornado con cintillas negras en los bordes. Levantó ambos brazos y los dejó abiertos, como en una cruz. Permaneció inmóvil, sonriendo siempre.

El hombre, mientras tanto, se ubicó frente a ella, a unos seis metros. La mujer de más edad, ahora al lado de él, abrió ceremoniosamente un maletín y lo dejó a su alcance sobre una de las mesas. Los tres sonreían sin parar. Aunque distinguí algo de tensión y automatismo en sus gestos. Una total sincronización, en cada movimiento que ejecutaban, los aproximaba a un ballet sin música. El nerviosismo, en el aire del bar, se sentía al respirar. El humo de los cigarrillos, pipas, habanos y etcéteras, formaban una nube gris alrededor nuestro.

El hombre, entonces, movió la cabeza, como confirmándole algo a la mujer del maletín. Ésta extrajo una enorme daga plateada, llena de piedritas brillantes que forraban su empuñadura y se la entregó con las dos manos, ceremoniosamente, haciendo una reverencia con la cabeza. El hombre tomó la daga por el lado de la hoja, la movió en el aire como sopesándola, dejó de sonreír y la lanzó hacia la chica del panel con una velocidad impactante.

El cuchillo brilló como un relámpago erizado en el aire y se clavó en el panel, a unos diez centímetros de la axila derecha de la joven. Me impresionó que ella no dejara de sonreír ni por un segundo. La gente aplaudía, chiflaba, vociferaba y ovacionaba ruidosamente.

Arnaudo levantó su copa al aire, los saludó haciendo el gesto de un brindis desde la otra punta del salón y, como obedeciendo las órdenes de un maestro hipnotista, todos imitamos su gesto con nuestras copas. El tranvía volvió a quebrar el silencio tocando su campana y moviéndonos las copas encima de la mesa. Pero a nadie le importó. Y yo, hasta me había olvidado del vino exterminador que me habían servido, por tercera vez. Aurora se había recostado en mí y su cabellera perfumada era una declaración de amor platónico, por ahora.

Yûki volvió a inclinar la cabeza y la mujer extrajo del maletín un segundo puñal también plateado. Y con los mismos movimientos ritualistas, lo lanzó firme y rápido. Esta vez, se clavó casi en la axila izquierda de la mujer, a escasos centímetros de su seno. Todos volvimos a aplaudir la precisión del hombre y el coraje suicida de la joven del panel.

Pasado el clamor general, con una humilde sonrisa, Yûki pidió silencio absoluto para lanzar el tercer y último puñal de la noche. Acatamos su pedido. No volaba ni una mosca en el bar. Creo que hasta el tranvía había parado esperándolo. El humo de todos los presentes se había transformado en una niebla tan espesa que me irritaba los ojos. Las dos eficientes camareras de Arnaudo trabajando esa noche, se apresuraron a servir las últimas copas pedidas y quedaron de pie, juntas, con las manos en la boca, en clara señal de nerviosismo. Charlie me miró y con ojos rojos vidriosos me dijo:

—Si este tipo le erra y la mata, somos cómplices de homicidio. Preparáte para salir corriendo, Albertito.

Finalmente, la mujer del maletín extrajo el último puñal. Era dorado y de mayor tamaño que los anteriores. Su empuñadora, blanca como el marfil, brillaba pese a la luz plomiza del bar. Yûki dio una lenta recorrida con su mirada por todo el salón. La tensión era máxima. Hizo una leve reverencia dirigida hacia la mujer del panel. Tomó el puñal con las dos manos y lo acunó en el aire, como tanteándolo, mientras algunas mujeres se cubrían la cara o cerraban los ojos. Con su mano derecha lo asió desde la punta, lo llevó hacia atrás y lo arrojó con tanta velocidad y fuerza que generó un zumbido mientras viajaba por el aire. La mujer del panel seguía sonriendo. Se clavó a unos microscópicos cinco centímetros por encima de su cabeza. Ella enderezó su espalda y apoyó, por un momento, el borde de su cabeza sobre el filo de la lámina dorada. Y así permaneció por unos instantes, mientras el bar explotaba en vítores, palmas, gritos y más brindis.

El "bondinho" volvió a pasar. Los tres asiáticos agradecieron con extrema modestia la ovación. Desprendieron los puñales del panel, volvieron a ponerse sus capas, saludaron tímidamente y se marcharon del bar sonriendo y mirando hacia abajo. Los aplausos no paraban. Arnaudo, de prisa, y prácticamente a los gritos, fue explicando que ésta había sido la célebre familia Yûki y que en japonés significaba "coraje". De inmediato, pidió nuestro patrocinio, caso hubiéramos disfrutado de la presentación. No teníamos necesidad de desembolsar dinero enseguida. A los que consintiéramos, nos sería acrecentado un diez por ciento extra en la cuenta final del bar a beneficio de la familia oriental. "¡Qué buena idea! La manera de hacer negocios hace a las naciones", -pensé por un segundo.

Estábamos en el país real. Esto no había sido organizado por una fábrica de sueños que vendía islas tropicales repletas de cocoteros en un folleto. Esto era el Brasil auténtico y Rio de Janeiro era la médula espinal de este país, donde nos entrecruzábamos con grupos humanos genuinos, de culturas y hábitos sociales no contaminados por las esterilizadas agencias de viajes. Este amigable país-continente, meses más tarde, me revelaría su alma no convencional, a través de lugares inaccesibles al mero turista, con localidades dónde sólo pude llegar a pie, por senderos en medio de la espesura amazónica. Conocería lugares con nivel de confort exiguo. Muchos no tendrían electricidad y la única forma de acomodación sería en las casas de las familias locales.

Saliendo del bar de Arnaudo, subimos otra vez la Rua Almirante Alexandrino hasta el apartamento de Ângela y Aurora. Era una inconfundible noche carioca: treinta y tantos grados centígrados, un cielo infinitamente estrellado, hermosas mujeres morenas vestidas de percales blancos paseando, suspiros de otras parejas en medio del aire nocturno, poetas improvisando sus coplas en cada esquina y locos por doquier, queriendo besar la luna. La noche era miel, el aire incienso y el cielo terciopelo.

— No me digas buenas noches, dámelas — Le dije a Aurora. Y más tarde, descubrí que ella tenía preparada una cama repleta de rosas para mí.

Despertamos a las diez de la mañana, con el trinar de los pájaros. Charlie y Ângela ya tenían preparado nuestro primer desayuno típico carioca: café negro, "misto quente", frutas tropicales, "pão de queijo", "quindins" y "nega maluca".

Aurora, con infinita paciencia, fue explicándonos en qué consistía cada plato. Yo lo disfrutaba a pleno y ella se reía de nuestro "portuñol", al intentar pronunciar cada palabra en portugués.

— Necesito que necesites la necesidad de necesitarme —, le murmuré al oído muy bajito. Y en seguida sus cachetes se encendieron de rojo. Seguíamos haciendo el amor, pero ahora, sólo con la mirada.

Todos nos reímos cuando se me ocurrió decir que, si la chica japonesa del panel de madera hubiese tenido un peinado un poco más alto, el lanzador de puñales le habría hecho la raya al medio. Ver reír a Aurora, tan espontánea, era como ver un ave tropical disfrutar de una espléndida mojadura de lluvia en la jungla. Insinuante, le dije que su risa era lo más hermoso que me había pasado en la vida. Y me dijo sonriendo:

—Meu amor, eu aprendi a rir porque a chorar, já nasci sabendo…

Almorzamos en una pequeña cantina portuguesa del Largo do Guimarães. Aquí comí "feijoada" por primera vez en mi vida. La "feijoada" era un plato que consistía en un guiso de porotos negros con carne de cerdo, de vaca, chorizo, salchichas y morcilla; por lo general servida con arroz blanco. Originalmente, había sido un plato del norte de Portugal, pero se había convertido en uno de los más típicos de Brasil. La bebida que la acompañaba mejor era la "caipirinha". Y cuanto más, mejor. "Dona Laura", la cordial dueña de la taberna, había depositado sobre nuestra mesa, una enorme jarra de tres litros de este refrescante coctel alimonado. Tomamos como cosacos. Al final del almuerzo, Charlie se levantó solemne con su copa en la mano y dijo:

— Amigos, el alcohol produce amnesia, y otras cosas que no recuerdo…

Todos reímos de su ocurrencia, Dona Laura incluida. Nos habíamos tomado la jarra entera de "caipirinha", el piso se movía bastante y esta vez no era el tranvía. Aurora me preguntó qué ropa me gustaría más que ella vistiese en la fiesta de esa noche.

— Vos pensando qué ponerte y yo pensando cómo quitártelo —, le respondí, completamente borracho.

Pasamos la siesta juntos, sumergidos en una inmensidad de espejos, aunque luego vi que era sólo uno. De repente, calló la música y sentí, a lo lejos, un silencio de puntos suspensivos que me invitaba a hacer el amor. La tarde célibe había llegado a su fin. Y el sol, humedecido por nuestra sexualidad, se entregó al oeste de la colina.

El ladrón gentil

Ya eran las diez de la noche y teníamos toda una fiesta por delante. Mientras se vestía, Aurora, me fue comentando que iríamos a encontrarnos con un célebre ladrón internacional. Mi curiosidad se disparó de inmediato. Y en la parada del "bondinho" nos fue contando los detalles. Tomamos el tranvía y anduvimos unas doce paradas subiendo el morro de Santa Teresa, rumbo al "Largo Das Neves". Luego de intrincadas curvas, circundadas por antiguas casas coloniales y murallones de piedra viva, el guarda del tranvía, a gritos, nos avisó que debíamos bajar. Habíamos llegado a nuestra parada.

La casa en cuestión, quedaba a dos cuadras de la parada, pero la música ya se escuchaba con claridad. —"Qué vecinos tan complacientes" —pensé.

Cuando llegamos pudimos ver mejor la casona. Era una típica construcción colonial barroca portuguesa que ocupaba toda la esquina. Se entraba salvando un añejo portón de hierro fundido que daba al jardín, repleto de autos. En el umbral de la entrada principal, recibiendo a sus invitados, se encontraba el alegre anfitrión, Ronnie Biggs quien, en perfecto portugués, nos dio la bienvenida. Ângela y Aurora habían sido invitadas, a raíz de una entrevista que le habían hecho, semanas atrás a este personaje, por ser el mayor ladrón vivo del siglo.

Nacido como Ronald Arthur Biggs el ocho de agosto de 1929 en Londres, Inglaterra, Biggs había sido miembro de la banda que robó el equivalente a siete millones de dólares americanos de un tren del correo inglés, en 1963. Este incidente, más tarde sería conocido como "El Gran Robo del Tren". Biggs, en realidad, habría sido uno más en el robo, pero su fuga de la cárcel lo transformó en una leyenda.

Siendo niño, durante la Segunda Guerra Mundial, Biggs tuvo que huir de Londres por los bombardeos alemanes. Pasó dos años viviendo en pequeñas ciudades del interior de Inglaterra y cuando volvió, su madre murió a causa de una úlcera. Dentro de ese contexto, todavía adolescente, comenzó a tener problemas con la ley por pequeñas fechorías.

En 1947, se enroló en la Real Fuerza Aérea. Pero dos años después volvió a tener problemas con la policía y las autoridades militares. Dado de baja por robo y otros pequeños delitos, Biggs cumplió una corta sentencia en prisión por el robo de un auto. Posteriormente, tras más hechos criminales, fue condenado a cuatro años de prisión.

Durante gran parte de la década de 1950, Biggs entró y salió del sistema judicial penal británico por numerosos cargos relacionados con hurto. Estando en la cárcel, hizo amistad con Bruce Reynolds, futuro autor intelectual de "El Gran Robo del Tren".

En 1960, Biggs prometió enmendarse después de casarse con su novia, Charmian. Instaló una empresa de construcción con un amigo, pero las cuentas contraídas no le permitían sobrevivir. Biggs, entonces, volvió a Reynolds por un préstamo, pero éste, a cambio, lo invitó a participar en el robo del tren.

El ocho de agosto de 1963, un grupo de quince hombres armados, entre ellos Reynolds y Biggs, cometieron el famoso asalto. Robaron el equivalente a siete millones de dólares americanos en billetes imposibles de rastrear, de un tren-correo que iba de Glasgow a Londres. La banda se bajó del tren en una zona remota y huyó con el botín. Un miembro de la tripulación del ferrocarril resultó gravemente herido en el robo y la mayor parte de la banda, Biggs incluido, fue detenida casi inmediatamente.

Condenado a treinta años de prisión en 1964, Biggs pasó sólo quince meses tras las rejas. Se escapó de la prisión de Wandsworth escalando un muro de diez metros. En la huida, se dirigió primero a Francia, donde se sometió a una cirugía plástica para ocultar su identidad y más tarde viajó a Australia con nombre falso. Allí, se reunió con su esposa y sus dos hijos e incluso, vio nacer a su tercer hijo durante este tiempo en el exilio. En octubre de 1969, la policía británica cercó a Biggs en Australia. Pero él, que estaba siempre a un paso adelante de ellos, consiguió eludirlos. Ese mismo año decidió viajar a Brasil.

En 1974, un reportero del Daily Express recibió cierta información sugiriendo que Biggs estaba viviendo en Rio de Janeiro y un equipo del diario viajó hasta Santa Teresa. Confirmaron el hecho y se publicó la primicia. El jefe investigador de Scotland Yard viajó a Río de Janeiro para detenerlo pero tuvo que volver a Londres con las manos vacías. Las autoridades brasileñas habían negado extraditar a Biggs porque éste había embarazado a su novia brasileña. El gobierno de Brasil no permitía la extradición del padre de un futuro ciudadano brasileño. Además, entre ambos países, no existía un acuerdo de extradición que lo permitiera.

Para ese entonces, Biggs era un hombre plenamente libre y comenzó a sacar provecho de su fama. Daba entrevistas a la televisión brasileña, los diarios locales y aparecía en campañas publicitarias. En 1978, incluso, grabó la canción: "No One Is Innocent", con los legendarios rockeros punks "Sex Pistols", alcanzando el número seis en las listas de singles británicos. En su casa de Santa Teresa, también, daba barbacoas especiales, cobrando para comer con él o sacarse fotos.

Cuando fuimos presentados, en vez de estrechar mi mano al momento de saludarnos, me abrazó como si fuéramos amigos de toda la vida. Yo sabía que la acción del abrazo, entre amigos, era normal en la cultura brasileña, pero extremadamente inusual al saludarse por primera vez en Brasil.

Con ojos inteligentes y fríos, observándome bien fijo me dijo:

—I have something that you will remember all your bloody life— Y me obsequió una T shirt negra con letras amarillas que proclamaban: "I Went To Rio And Met Ronnie Biggs ... Honest!" Agradecí el obsequio y le entregué, de apuro, la caja de bombones que llevábamos, destinada a su novia, porque me sentí en la obligación de retribuirle el gesto de alguna manera. —"Por las dudas, quedamos a mano"—, pensé y entramos a la casa.

La segunda persona en saludarnos fue su novia: Raimunda, bailarina profesional en las casas nocturnas cariocas. Era una exuberante mulata que exhalaba un delicado aroma de un perfume, el cual nunca volví a sentir en toda mi vida. Nos pidió que, al entrar, literalmente, olvidáramos el mundo exterior y que disfrutáramos de todas las comodidades de la casa. Cuando hice referencia a los vecinos, en relación al volumen de la música, me respondió:

—Eles estão todos aqui. São nossos melhores amigos.

Charlie, seguidamente, preguntó por la policía, en el caso de alguna denuncia por ruidos molestos. A lo que Raimunda respondió, entre sonriente y jactanciosa:

—Olha, não se preocupe. Esta celebração é justamente para homenagear aos nossos amigos policiais. Eles nos adoram e virão daqui a pouco.

Con Charlie nos miramos por un momento y calculamos, instantáneamente, las probabilidades de un allanamiento policial —bueno es recordar que ambos veníamos de países con férreas dictaduras militares. Y Brasil era una de ellas. No podíamos estar, de ninguna manera, involucrados con drogas, prostitutas y ladrones internacionales, siendo turistas.

—No creo que la policía apriete la casa de este inglés. Al final, el tipo está dando una fiesta para ellos y los debe tener a todos coimeados…, —opinó Charlie. Por lo tanto, decidimos pasarla bien con las hermanitas y nuestros nuevos amigos.

Cada habitación, de las veinte y tantas que tendría la casona, estaba ocupada por entusiastas invitados. Los que querían bailar, ocupaban el salón principal con la música de una pequeña pero atronadora banda de rock, a todo volumen. Los que querían charlar, iban al jardín o al patio del fondo, en medio de rosales y antiguos bancos de piedra y los que querían más intimidad, subían a los aposentos del piso superior. Todo era muy práctico, simple y cómodo. En cada recinto de la casa, había un barman sirviendo bebidas, inclusive en las habitaciones del primer piso. Era "canilla libre" de bebidas. Las drogas estaban discretamente dispuestas en ceniceros de pie, entre las plantas interiores, para deleite de los usuarios.

Luego de bailar algún rato al son de la estridente banda, nuestros oídos apabullados empezaron a protestar. A base de señas y muecas, decidimos retirarnos al patio posterior de la casa.

Rodeados de aromáticos rosales en flor e inmersos en una atmósfera colonial, el esplendor del clasicismo carioca envolvió de deliciosos aromas la noche.

Ronnie y Raimunda aparecieron de improviso y estuvieron muy complacidos en ver que las hermanas periodistas y sus amigos extranjeros disfrutaban de su fiesta. Uno de los mozos se acercó, velozmente, con una bandeja llena de vasos y una botella de Dewar's Signature. Raimunda fue sirviendo los vasos, mientras el mozo los repartía. Se venía el brindis. Y así fue. Ronnie levantó su vaso en el aire con solemnidad y dijo:

—Sometimes, people come into your life to make you feel that you are worth loving, and I love that. Thank you lads, for coming to my humbly party. Cheers!

Brindamos ruidosamente y los dos, como por arte de magia, desaparecieron en medio de los rosales. Realmente, el tipo sabía cómo esfumarse en un segundo.

Ya a solas, Aurora y Ângela comentaron acerca del destierro emocional que, según ellas, estaba sufriendo Ronnie, lejos de su adorada Inglaterra.

—Creo que es el precio que está pagando para poder disfrutar del botín, o al menos, parte del botín que se afanó. —opiné. Charlie concordó, acomodó la botella de Dewar's Signature entre sus ropas y dijo:

—Es mi héroe. ¡Éste sí que no ahorra en bebidas!

Cientos de grillos criqueaban en una sinfonía monocorde, cuando la primera luz del sol tocó el jardín. Entre besos, abrazos y promesas de reencuentro, despedimos a nuestros pintorescos anfitriones. Había sido una velada distinta.

En el camino de vuelta al departamento, se desató un fuerte aguacero. Las tormentas, en Rio de Janeiro, eran como avalanchas de agua sin viento que duraban treinta minutos. Parecía que el reloj paraba mientras la tromba caía. Supuse que ésa era la lluvia que alimentaba la increíble floresta tropical que nos envolvía.

Como toro lujurioso, trotando libre por las praderas, atravesé la mañana del domingo, la tarde y la noche, acompañando a mi amor. En la mañana del lunes, al despedirme de Aurora, sólo dije que volveríamos a nuestro velero y que no quería lastimarla de ninguna manera al irme.

— Mi querido, lo que lastima no es el amor. Son las personas. El amor es siempre un lindo sentimiento—, me dijo sonriendo en casi perfecto español. Y agregó:

— Obrigada por compartilhar esses dias maravilhosos com a gente. Você me fez a mulher mais feliz do mundo e até que eu ainda aprendi um pouquinho de espanhol…

El barco-orquesta

A las cinco de la mañana salimos del departamento de Aurora y Ângela y fuimos a esperar por el tranvía a la esquina correspondiente del "Largo do Guimarães" para bajar de Santa Teresa. Mientras aguardábamos el pintoresco "bondinho", un suave aroma de pan recién horneado nos llegó desde la pequeña panadería situada en la misma esquina. Vistiendo las T shirts obsequiadas por Ronnie, entramos y compramos una baguette gigante recién horneada y dos litros de leche en bolsas plásticas. Dividí con Charlie la enorme pieza de pan. Y fuimos bajando el "morro", balanceándonos en las curvas, desayunando el pancito recién horneado, tomando leche helada como si fuera una bota de vino, filosofando sobre la vida y apreciando el increíble paisaje. Al pasar por los memorables arcos de la Lapa -un antiguo acueducto reformado para que el tranvía circulara encima de él-, llegamos a la estación terminal, al lado de la Catedral y del edificio de la Petrobras. A partir de allí, tomamos un taxi hasta el Yacht Club.

Ya al aproximarnos, desde lejos, distinguimos los dos mástiles y la elegancia náutica del Aventurero meciéndose en la pequeña bahía. Mi alma volvió a empaparse de mar.

Vinicius, Silvano y Chabela nos recibieron contentos de vernos. Enseguida, empezamos a discutir los preparativos de nuestra ida a Búzios. Saldríamos en dos semanas. El Comodoro del Club, enterado de nuestro próximo destino, vino para saludarnos y dejarnos algunas advertencias, especialmente, para que tomáramos extremo cuidado con la región llamada "Focinho do Cabo Frío", pues los vientos solían ser muy fuertes en esa área.

Sobre el mediodía, almorzamos en el restaurante del Club. ¡Cómo extrañábamos al gordo Bonavita! En la barra del bar, a nuestro lado, había una joven pareja de brasileños tomando cerveza. Advertí que prestaban bastante atención a lo que decíamos pues, cuando nosotros hablábamos, ellos paraban de conversar y nos escuchaban. En un determinado momento él se levantó, vino hasta nuestra mesa y nos preguntó si éramos los músicos uruguayos del velero. Como tocado por una picana en el orgullo patriótico, saqué a relucir mi banderita interior. Me incorporé y respondí sonriente:

— El único uruguayo aquí presente soy yo. Tengo alma de músico pero, irremediablemente, ningún don.— Riéndose, me explicó que ellos habían venido desde Ipanema para escuchar a unos músicos uruguayos que tocaban en un velero llamado Parergon III.

Finalizado el almuerzo, busqué el tal velero en los muelles de la marina y, efectivamente, estaba fondeado en uno de los muelles del club. Cuando me aproximé, no había nadie en la cubierta. Grité pidiendo permiso para subir a bordo y salió un hombre joven con pelo enmarañado, a medio vestir y con el rostro ajado, obviamente, venía de dormir.

—Qui êtes-vous et que voulez-vous?—, masculló en francés.

—Quelqu'un m'a dit que ce bateau avait Uruguayens—, respondí en mi francés enmohecido desde la época del liceo.

—Oh oui! Vous êtes invités à monter à bord. Vous voulez prendre une bière froide?

Acepté la cerveza y subí a bordo todavía indeciso. Una vez acomodados en la cubierta, el francés me extendió la mano, se presentó como Michel, capitán y dueño del barco. Levantó la tapa de una enorme heladerita plástica portátil cubierta con un toldo azul, llena de botellas y latas chapoteando entre los cubitos de hielo. Sacó dos botellas de cerveza y empezamos a tomar. Mientras la emprendíamos con nuestras bebidas, de pronto, una cabeza curiosa surgió por la escotilla. Inmediatamente, reconocí a un viejo amigo -un hermano- de toda la vida, Eduardo del Signore, admirado músico uruguayo, quien estaba viviendo a bordo desde hacía dos años con Michel y otros músicos. Todos habían viajado desde Montevideo a Rio en este velero. Eduardo, formaba parte de un conjunto musical llamado "Tacuabé" -en honor a uno de los últimos indios charrúas secuestrado y enviado a Francia, muerto trabajando para un circo-.

Tacuabé vivía, componía, ensayaba y tocaba desde el velero. Su música era de pura raíz latinoamericana e interpretada con instrumentos autóctonos: guitarras acústicas, quenas, ocarinas, charangos, flautas, zampoñas, flautas tarkas, bombo legüero y bongós, entre otros. Era música sudamericana, sin fronteras políticas. Típicas cadencias rítmicas de la Cordillera de los Andes se fusionaban con individualidades sonoras del Río de la Plata en un viaje instantáneo a través de los confines del continente. Desde Barranquilla hasta Ushuaia y desde Arequipa al Salvador, el continente se personificaba en la musicalidad de Tacuabé.

Con Eduardo, fuimos evocando viejas anécdotas familiares vividas y nos actualizamos con las nuevas historias. El grupo venía de grabar las primeras sesiones del disco "Clube Da Esquina 2" con el gran Milton Nascimento, cantante, compositor y guitarrista brasileño, en un estudio de Rio. Tacuabé había sido invitado a participar en varias sesiones seleccionadas para este trabajo discográfico. Sobre su música, Eduardo me decía que componía lo que el viento le enseñaba. ¡Y vaya que había tenido viento en la cara a lo largo de su viaje desde Montevideo!

—Son canciones espontáneas, de inspiración muy remota, —me comentaba. —Ando de senda en senda, siempre buscándome a mí mismo, pero mientras viajo por el camino, compongo.

A la noche, todo era fiesta, festejo, baile improvisado y ensueño al lado del Parergon III, abarloado en medio de los otros barcos. Con el sol camuflado atrás de los morros, Tacuabé -capitán incluido-, comenzaba su tarea sonora, directo desde la cubierta. Toda vez que el crepúsculo diario adornaba con millones de lucecitas la "ciudad maravillosa", los muelles del club se bañaban de harmonías sonoras. Varios navegantes, fondeados en los alrededores, también venían al desembarcadero y codo a codo con otros espectadores, -como los jóvenes del bar-, disfrutaban de esta cajita de música flotante.

La vida guiñándome nuevamente.

Vinicius, Silvano, Chabela y Charlie vinieron a ver de qué se trataba la algarabía en la que me había metido. Y, al rato, ella bailaba samba, galanteada por su amado Silvano, Vinicius fumaba algo con Michel, mientras que Charlie y yo intentábamos flechar a dos bellas cariocas, sentadas al borde del muelle que parecían indiferentes a nuestro flirteo. Habíamos intentado varias aproximaciones, sin éxito ninguno. No podíamos sonsacarles ni una palabra. Parecía que nos examinaban, mientras nosotros hablábamos como loros amaestrados. Al final, cuando yo estaba por desistir -tenía la garganta seca de tanta perorata en mi portugués destartalado-, una de ellas me preguntó, en refinado español con acento ibérico:

— ¿Eres de Montevideo o de Buenos Aires?

—De Montevideo. Pero ¡qué bien que hablás español!— "Se abrieron las puertas del cielo…", pensé.

—Gracias, aprendí español en la Universidad De Alcalá, en Madrid. Allá hice mi posgrado en Comunicación Intercultural. Además, mi papá es madrileño y mi mamá brasileña. Me llamo Fernanda— dijo extendiéndome la mano y mirándome recelosa. Yo, contentísimo no sólo porque hablaba español, sino que también me dirigía la palabra, respondí:

—Y mi nombre es Alberto. Salí de Montevideo con mis amigos en el velero "Aventurero", fondeado allá del otro lado, hace unos meses, aunque parece que hicieran años… ¿Quieren una cerveza helada? Vengan que les presentamos a los capitanes Vinicius y Michel. ¿Alguna vez subieron a un velero?

Para variar, me había enamorado otra vez y ya ni sabía lo que decía, como siempre. Todo lo que conversaba era para hacerla feliz o hacerla reír, que en el fondo era lo mismo.

Las llevamos a recorrer los desembarcaderos de la marina. En uno de ellos encontramos a Chabela, con la cual estuvieron charlando un buen rato y luego subimos a nuestro velero a buscar las cervezas, donde también conocieron a Vinicius, charlando en un portugués carioca dificilísimo de acompañar. Tacuabé, a todo esto, seguía soltando al aire sus palomas musicales, para deleite de los presentes.

Fernanda era antropóloga y tenía veintiocho años. Cultivada, inteligente, madura y minuciosa hasta los mínimos detalles en todo lo que la rodeaba, podía recitar Neruda en perfecto español, reírse de sus propios defectos, vestirse de rojo para ir a bailar u organizar una cena de gala para treinta invitados. Todo lo hacía bien. Se amaba a sí misma. Tenía el control y el poder para cuidarse sola. Ella era capaz de elegir a un hombre, no porque lo necesitara, sino porque quería estar con él.

Vivía sola en la zona sur de Rio, en Leblon -se pronuncia "Leblón"-, en un apartamento a dos cuadras de la playa del mismo nombre y a cinco de la laguna Rodrigo de Freitas. Leblon se caracterizaba por tener una simpática vida nocturna, gran cantidad de bares, restaurantes, discotecas y librerías que permanecían abiertas toda la noche. Su apartamento era iluminado, fresco y decorado con plantas naturales de todo tipo y color. A decir verdad, tenía más plantas que muebles, una pequeña televisión en el living y un poderoso estéreo en el dormitorio. Desde que entré, me sentí en mi casa.

En la primera noche que pasamos juntos, como una indefensa ovejita ciega, fue narrándome sus desilusiones más hondas, sus miedos, sus anhelos. Yo escuchaba y la acariciaba todo el tiempo. Sin decirlo con palabras, me pidió para desahogarse y así restregar la última lágrima de su pasado, de su historia de vida más reciente. Cumplí. Pasamos la noche entera charlando, aunque a veces, también riéndonos a carcajadas. Por la mañana, cuando la luz del sol nos enfocó, propuse un brindis a la vida y al amor que brotaba. Embelesados, volvimos la mirada el uno sobre el otro y nos amamos en silencio, entre samambaias, begonias, bromelias y orquídeas.

Cuando despertamos sobre el mediodía, pidió que no me fuera nunca más.

Pero a las tres de la tarde, Vinicius me estaba esperando en Copacabana para ir juntos a su banco a retirar el giro que papá me había mandado a su cuenta. Mis padres habían enviado más dinero del solicitado. Y en esa misma agencia de banco, con la intermediación de Vinicius ante el gerente de la sucursal, abrí mi primera cuenta corriente. Fue asombroso que un turista recién llegado hubiera podido abrir una cuenta de banco munido sólo con su pasaporte. Pero el dinero habló más fuerte.

Al salir, le comenté al capitán sobre Fernanda y mis planes de permanecer un tiempo más en Rio, por lo que, esta vez, no viajaría a Búzios con ellos. Él sabía que yo era demasiado tímido para pedir un consejo y demasiado orgulloso para aceptar alguno. Vio que la decisión ya estaba tomada. Quedamos en encontrarnos en el Club, al otro día, donde terminaría de organizar el almacenamiento de las últimas provisiones compradas. Charlie sería ahora el encargado de coordinar los suministros.

—Meu caro amigo, você sempre será parte da nossa equipe. Você e muito gente fina. E eu já sinto saudades de você—, me dijo Vinicius mientras me daba la mano.

Al otro día, un sábado, con Fernanda salimos muy temprano de Leblon, rumbo a Botafogo. La barra del "Aventurero" todavía dormía, excepto Charlie, que preparaba su caipirinha tempranera.

— ¡Salud queridos amigos, nunca ahorren en bebidas! Albertito, dicen que vas a casarte y a sentar cabeza... Mmmm, creo que eso es bueno... ¿Puedo darle un beso a la novia?

Al instante, aparecieron Silvano, Chabela y Vinicius para saludarnos y confraternizar un rato. Nos quedamos a almorzar a bordo. Fernanda preparó una "paella a la marinera", con frutos de mar, pescado y crustáceos. Mientras salía la comida, le expliqué a Charlie los detalles del aprovisionamiento. La posta había sido pasada.

El plan fue que Vinicius llevaría el velero hasta Búzios. Allí fondearían por unos cuantos meses, o tal vez un año, haciendo cruceros para turistas y excursiones, paseando por las increíbles playas de este maravilloso balneario al norte de Rio. Al año siguiente, seguirían rumbo hacia a las Antillas, bordeando la costa de Brasil, hasta llegar a Miami, donde Vinicius pensaba vender su velero por el doble de lo pagado en Buenos Aires. Lo bueno de este plan era que si yo decidía no quedarme en Rio, podría reengancharse con mis amigos en Búzios o en algún puerto al norte de Brasil, para seguir viaje rumbo a Miami, una ciudad que siempre había querido conocer.

En la despedida con mis amigos no pude dejar de sentir un terrible ahogo en el pecho. Habíamos compartido varios meses de profunda lealtad, desafiando los peligros del mar y riéndonos de la vida en tierra firme. ¡Qué fantástico y maravilloso fue descubrir que tenía amigos entrañables!

Todos insistieron para que volviéramos al día siguiente y que fuera yo quien soltara la última amarra del velero desde el muellecito del Club. Agradecí el honor, pero decliné la invitación para no arriesgar un probable quebranto emocional frente a Fernanda. Preferí despedirme ese mismo día, con besos, abrazos, algunas lágrimas de Chabela y muchas promesas de reencuentro. Luego de bajar del velero, ya alejándonos por el muelle, Charlie me gritó:

— ¡Albertito! ¡Hermano querido! Sólo vivimos una vez, pero ¿cuántas veces morimos? ¡Nos vemos!

Volviendo al departamento de Fernanda, encontré un mensaje del gordo Bonavita en la maquinita del teléfono. El gordo se había enterado que me quedaba en Rio, al menos por un tiempo y nos invitaba a cenar. Él y Delia habían alquilado una simpática casita de dos pisos en Flamengo, al sur de Rio. Aceptamos la invitación y allá fuimos al día siguiente. El gordo, con parte de su dinero ahorrado y otra parte gracias a Delia, estaba reformando la planta inferior de la casa para abrir un restaurante italiano. "Pasta Amore" había sido el nombre elegido. Y me pareció genial.

Fernanda y Delia ya habían hecho buenas migas, por lo que, con el gordo, decidimos encontrarnos más veces. Además, su casa y su teléfono serían los puntos de contacto con el "Aventurero", a lo largo de su estadía en Búzios y luego, tal vez, en su rumbo a Miami.

En Leblon, con Fernanda vivíamos huyendo del superficial bullicio carioca, explorábamos los sitios más incomparables; lugares que yo recordaría toda mi vida. Los días pasaban llenos de playa, sol, museos al aire libre y excursiones al Mirante de Leblon, desde donde se podía apreciar toda la avenida costanera, hasta la playa de Ipanema y la "Pedra de Arpoador". Vivíamos en la Avenida Gral. San Martín 319, en un edificio de tres pisos, con ventanales hacia la calle. El balcón había sido decorado con auténtica flora nativa, por la mamá de Fernanda y había sido tomado, al cabo de los años, por las contumaces plantas, que habían encontrado un hábitat perfecto, pero ya no dejaban entrar a nadie. Fue el preludio de la jungla que un día me atraparía.

En la tarde del domingo siguiente, decidimos pasar por el club, para saludar a Eduardo y a la simpática barra del Parergon III. Al final, había sido gracias a ellos que nos habíamos conocido. Aproximándonos por el muelle donde estaban fondeados, ya podíamos escuchar los inconfundibles acordes de Tacuabé, traídos por el viento.

Michel, el capitán, me vio y nos hizo subir a bordo con un corto ademán. Fumamos algo de cannabis en cuanto Tacuabé sonaba su música latinoamericana libertando blancas palomas de sus jaulas, tucanes brasileños, cóndores andinos, churrinches uruguayos, pequeños chorlitos chilenos y orgullosos chajás argentinos. Vi volar a todas estas aves sobre el cielo de Botafogo, llevando arpegios en sus picos, en un atardecer rojo de fuego. Todo era amistad y ritmo en la dulce bahía. El sol poniente se había enamorado de esta música; nos hablaba de pasión. En los labios de Fernanda experimenté todo el sabor de su juventud. Y nos dejamos envolver por ese ocaso escarlata, mientras mi corazón vagabundo anidaba dentro de ella.

Eduardo se acercó y me dijo que estaba feliz de vernos. También, me avisó que cerraban el ciclo Rio y se iban a Búzios.

— ¿A dónde? —grité, recordando el próximo destino del Aventurero.

—Sí, terminamos las grabaciones y seguimos con Michel en el velero, hasta Búzios, para ver qué nos depara la vida por aquellas arenas.

Nos dimos un abrazo de despedida, sin imaginar que sólo volveríamos a encontrarnos muchos años después, en Los Ángeles, California.

Capítulo 3

El buen Dr. Färber

Al final de la noche, infinita e inolvidable en la cajita de música flotante, volvimos gratificados a Leblon canturreando en el auto, a toda voz. Las plantas de Fernanda, cual mascotas obedientes, nos esperaban ansiosas para la regada nocturna. Por lo menos no había que sacarlas a pasear.

El final de esa noche fue diferente a las otras. Luego de acostarnos, ella me comentó que necesitaba escribir una tesis para su doctorado en antropología. Había estado haciendo planes y proyectos al respecto. Yo sólo escuchaba y hacía preguntas de vez en cuando.

Al otro día temprano, fuimos hasta la biblioteca de la facultad a buscar algunos de los libros que serían necesarios para la tesis en cuestión: "Factores Determinantes En La Extinción De Los Pueblos Indígenas Al Norte del Río Amazonas". Ése sería el título. De acuerdo al reglamento universitario, esta tesis requería un mínimo de doscientas páginas de extensión. Por lo tanto, pasamos el día entero entre anaqueles seleccionando el material bibliográfico. Una vez clasificados los libros, empecé el trasiego con un carrito prestado oportunamente por la amable señora bibliotecaria, hasta el auto. Llené la valija y el asiento trasero con más de cien obras, entre tratados, digestos, manuales, apuntes, epítomes y compendios. Nunca había visto tanto papel mezclado en tan poco espacio. Vagamente, recordé con cariño la novela distópica "Fahrenheit 451", de Ray Bradbury, y sentí algo de simpatía hacia Montag, el bombero quemador de libros…

Tras ubicar los mamotretos, como pude, entre las plantas, Fernanda inició un proceso de entusiasmo lector. Pasó horas y horas leyendo, tomando notas y grabando ideas en su moderno radiograbador a cassettes. Escribía los conceptos, a medida que aparecían en su cabeza, sin consideraciones de forma o metodología. Sólo le importaba pasar al papel o a la cinta, pensamientos básicos que pudiera modificar y mejorar, más tarde.

Entretanto, yo, con mi reconocido espíritu organizativo, -puesto a prueba en alta mar-, la asistía hasta en los mínimos detalles. Fernanda aspiraba que su tesis doctoral pudiera ser un aporte ejemplar a la causa indigenista amazónica.

Y así pasamos algunos días, leyendo todo lo relacionado sobre tribus aborígenes, siempre rodeados de las sedientas plantas y escuchando Pink Floyd. Era una realidad casi psicodélica. El único paseo que nos permitíamos, era ir caminando hasta la playa, zambullirnos y retozar entre las olas un rato en las tardecitas, viendo la caída del sol. Y al volver, como un limosnero del amor que siempre fui, reclamaba mi cuota de pasión por las noches.

Fernanda, volcada de lleno al éxito de su tesis doctoral, fue creciendo cada vez más en su empeño de distinguirse mediante un sólido aporte científico. Sin embargo, toda la información bibliográfica recabada, no hacía más que redundar sobre temas archiconocidos dentro de la comunidad investigadora. Y una tesis, asentada sobre la base de lo escrito y ya publicado por otros, no contribuía a enriquecer ningún aporte académico. Cuando me planteó el problema, sólo tuve un comentario:

— ¿Querés conocer a los indios verdaderos? Entonces tenemos que ir al Amazonas—. Me miró despacio con sus ojos verdes de gata y me dijo con su acento madrileño:

—Eres la persona más divina que conocí en mi vida. ¿Me dices que estarías dispuesto a viajar hasta el Amazonas sólo para ayudarme a completar mi tesis?

—Mi amor, ya hice peores locuras. En ésta, por lo menos, tengo una excusa científica.

Siempre lo peor en nuestra vida es que de cien caminos que se nos presentan, hay que elegir uno. Y luego, nos pasamos pensando sobre los otros noventa y nueve que no tomamos. Yo había elegido la platónica aventura de ayudar a Fernanda. Mi única preocupación era que los indios fueran caníbales. Negado rotundamente este prurito, le dije que el mundo había sido creado para ser descubierto. Y empezamos los preparativos del viaje.

Lo primero a definir fue la extensión de la pesquisa a ser desarrollada, el trabajo científico de campo, el área geográfica a ser cubierta, las ciudades más próximas, las vacunas necesarias para prevenir enfermedades endémicas, las comunidades indígenas a ser estudiadas, la financiación del viaje y los contactos en la importante ciudad de Manaus. El viaje tendría una duración de tres meses. Durante ese lapso, la hermana de Fernanda cuidaría del apartamento y las plantas.

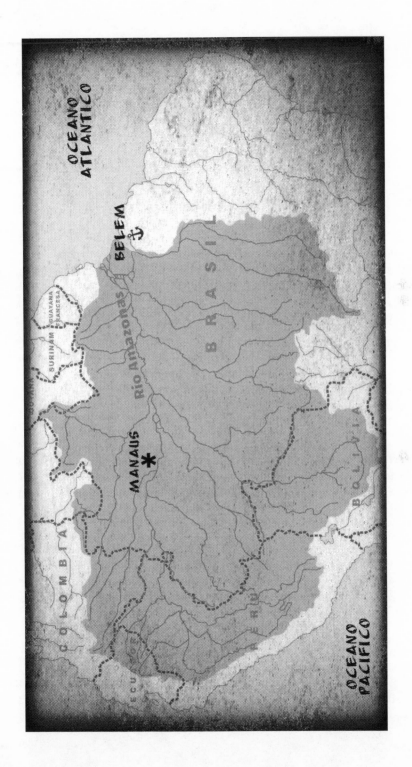

Los preparativos nos llevaron casi dos meses. Todo había sido planificado hasta el más mínimo detalle. O, al menos, eso habíamos pensado. En las mochilas acondicionamos ropa cómoda cien por ciento pura de algodón y de colores claros. Los tonos oscuros atraían a los insectos, me enteré. Compramos zapatos cerrados y botas altas de caucho para andar en las zonas pantanosas. Sabíamos de muchas historias sobre viajeros que habían pasado malos ratos a consecuencia de las sanguijuelas. Pero como los peligros no sólo podrían venir del agua, sólo llevábamos camisas de manga larga para evitar las picaduras de mosquitos o insectos que pudieran contagiarnos enfermedades. También, compramos pantalones especiales para expediciones en la selva, fabricados con materiales de secado rápido.

En la mochila asignada como botiquín, dispusimos de analgésicos y antihistamínicos. Servirían para calmar los dolores de cabeza, el malestar producido por la exposición constante al sol, o por las picaduras de insectos. Llevábamos diez repelentes de insectos de distintas marcas, por las dudas. Nunca serían demás. Era preferible frotarse constantemente con este incómodo líquido aunque quemara la piel, a sufrir las picaduras de peligrosos mosquitos. Igualmente, nos vacunamos contra la fiebre amarilla y el tétano quince días antes de nuestro viaje. Otros detalles, no menos importantes fueron: la compra de dos buenas cantimploras térmicas, pastillas para potabilizar agua y, por supuesto, rollos de papel higiénico -que, como era de esperar, resultaron insuficientes-.

El costo total estimado de la aventura, incluyendo el equipamiento, los boletos de avión hasta Manaus -sólo de ida-, más la estadía y los traslados en barco, fue calculado en $3.750 dólares americanos. De ese total, la universidad colaboró con el cincuenta por ciento, gracias a una beca que Fernanda nunca había usufructuado y tenía en su haber. Unos días antes de partir, su papá depositó $4.000 dólares americanos en su cuenta "para gastos varios", según nos dijo. Estábamos cubiertos.

La semana antes de la partida, llamé al gordo Bonavita para contarle la locura en la que me había metido. El gordo, que no sabía dónde rayos quedaba Manaus, me dijo:

—OK, dos días antes del viaje, están invitados a casa para una cena de despedida. Antes que te pique una víbora, quiero verte esa cara fea otra vez…

Y así fue. En nuestra despedida participó la familia de Delia, junto con los padres y la hermana de Fernanda. Entre brindis, dedicatorias, buenos deseos y consejos, llegué a la conclusión de que el pueblo brasileño era el más simpático y generoso que había conocido en toda mi corta vida. La amabilidad y cordialidad de esta sociedad con todo aquél que llegaba a sus tierras se respiraba en el aire de Rio y en cualquier lugar que fuéramos. El pueblo brasileño había heredado el buen humor de los italianos, el empeño de los portugueses y la humildad de los africanos.

Antes de retirarnos de la casa del gordo, éste me llevó hacia un rincón privado para decirme que Silvano lo había llamado para avisarle que estarían sólo cinco o seis meses más en Búzios y luego iniciarían viaje hacia el norte, haciendo diversas escalas en las costas de Brasil. Silvano había preguntado por mí e, informado de mi incursión al Amazonas, ofreció encontrarnos en Belém do Pará, última escala del "Aventurero" antes de salir del territorio brasileño. La idea era fenomenal, para decir lo mínimo. Pero no la comenté con Fernanda.

Más cargados que los Reyes Magos, salimos para al aeropuerto de Rio contentísimos. Y tras casi cinco horas de un vuelo bastante agradable, llegamos. El Aeropuerto Internacional Eduardo Gomes, en Manaus, había sido inaugurado hacía tres años y tenía dos modernas terminales para pasajeros con aire acondicionado. Luego de arribar, al salir del aeropuerto, encontramos 41 grados centígrados y una humedad del 97%. Una bocanada de aire me achicharró la cara y sentí que me atravesaba la ropa hasta llegar a mi piel. Mientras caminábamos hacia la fila de taxis, empujando el carrito con las mochilas y los bolsos, gordas gotas de transpiración brotaban y corrían por mi espalda. El plan era pasar la noche en un hotel próximo al aeropuerto y refrescarnos antes de ir a visitar, al otro día, a un tal Dr. Färber, nuestro contacto de la universidad, quien se encargaría de darnos hospedaje e infraestructura logística para el viaje.

Esa primera noche en Manaus fue la única noche de sueño profundo que tuve por los siguientes sesenta días.

A la mañana, tomamos un taxi hasta la dirección que teníamos escrita en un papelito. El Dr. Ulysses Färber, antropólogo alemán, nos estaba esperando en el porche de su casa, ladeado por sus dos fieles ovejeros, cuando llegamos. Era un hombre de unos setenta años, de baja estatura y extremadamente cortés. Hablaba seis idiomas a la perfección –alemán, inglés, portugués, español, húngaro e italiano- y usaba un gastado sombrero de paja que no se lo sacaba ni adentro de la casa. Vivía solo con sus perros en una amplia vivienda, tipo cabaña, en un barrio llamado Ponta Negra, al oeste de Manaus, rodeado de una frondosa floresta natural atiborrada de cacatúas. Al cerrar la puerta del taxi de un golpazo, una bandada de unos cien loros verdes levantó su vuelo intempestivamente, yendo y viniendo en el aire, como molestos por el ruido. Mientras nos saludábamos con el doctor, iban posándose, de nuevo, en el mismo lugar desde donde habían salido. El Dr. Färber, que había notado mi interés en el movimiento de las aves, me dijo:

— Este foi sempre o território delas. Aquí, nós somos os invasores, pelo menos enquanto a humanidade sobreviva na Terra.

Con esta simple frase el Dr. Färber se había ganado mi estima. Al entrar a la casa, lo primero en lo que reparé fue la asimetría de los muebles. Nada seguía las líneas convencionales de decoración. Todos los muebles habían sido construidos a mano, por él mismo, en un pequeño taller anexo. La mesa del comedor, por ejemplo, era una pieza maciza de madera rústica, cortada directamente a partir de un gran tronco de árbol. Tendría unos quince centímetros de espesor por unos cuatro metros de largo y dos de ancho. Cada silla que la acompañaba, era una pequeña obra artesanal en sí, trabajada a mano en la misma madera.

El Dr. Färber había construido su cabaña aprovechando un declive del terreno, armonizando distintos niveles en el suelo de la casa. El salón principal tenía tres diferentes alturas de piso, formando pequeños y agradables ambientes independientes, decorados con almohadones o butacas. La asimetría en los ángulos de construcción y en toda la decoración, transmitía una sensación de frescor, irregularidad visual y lozanía estética.

— Es un estilo característico de algunas cabañas a orillas del Danubio—, me explicó. Y continuó en perfecto español:

— Para la construcción de esta casa y de todos sus muebles, no fue necesario derrumbar ningún árbol vivo. Todo fue construido a partir de troncos caídos, encontrados selva adentro.

Cuando se hizo la hora del almuerzo, mi temor fue, viendo tanta ecología y naturalismo, que el Dr. Färber fuera vegetariano. Para mi suerte, no lo era. A la una en punto, el científico me dijo:

— Tengo entendido que los habitantes del Río de la Plata son buenos con la carne asada. Dicen que ni siquiera hay vegetarianos por aquellos lugares. Se los deben comer… ¿Quieres hacerte cargo del almuerzo?

Dos horas después, salía medio cordero que hallé en la heladera. Lo adobé con un poco de ajo, perejil, orégano y aceite de oliva, asándolo sobre la brasa viva, con leña nativa y regándolo, de vez en cuando, con un delicioso vino blanco alemán Riesling, que encontré en la cocina del doctor. Thor y Höðr, los ovejeros alemanes, también se vieron favorecidos. Yo nunca había visto perros comiendo con tantas ganas. Se comieron hasta los huesos y terminaron lamiéndome la cara entre ellos de tanta alegría.

Tras el brindis de bienvenida y los elogios del anfitrión por el delicioso "Cordero a las Brasas con Vino Blanco" —así lo llamé—, nos abocamos a conversar sobre los detalles de nuestros posibles hospedajes transitorios en la selva, a la logística de nuestra primera exploración y a las advertencias sobre los primeros contactos con las comunidades indígenas.

El Dr. Färber vivía hacía más de veinte años a orillas del río Amazonas y había incursionado innúmeras veces en la jungla, manteniendo encuentros con los pueblos aborígenes como parte de sus estudios antropológicos. Su experiencia y recomendaciones fueron vitales para nuestros propósitos. Su primera advertencia fue:

—Todos los animales son peligrosos. Desde un inocente mosquito hasta un hambriento yaguareté —una especie de jaguar—, pasando por el propio hombre, porque hay indígenas hostiles al hombre blanco. No confíen en nada ni en nadie. Hace unos tres años, un gran amigo mío, Augusto Ruschi, gran ecologista y naturalista brasileño, fue picado por sapos de la especie dendrobatidae que le inocularon una toxina llamada phyllobates terribilis. El pobre Augusto estuvo internado con espantosos dolores varios meses y nunca se recuperó. Murió unos años después con terribles sufrimientos. Y bueno, por lo menos, no presenció la decadencia de la floresta amazónica...—, concluyó.

Luego de contarnos estos detalles, el buen doctor propuso que nuestro guía fuera su propio asistente personal y amigo, quien lo habría conducido en más de veinte expediciones en los últimos diez años. Se llamaba Krahô y era proveniente de una comunidad indígena del Amazonas llamada Jarawara. Aceptamos, inmediatamente, tan generoso ofrecimiento.

A esa altura de la noche, entre la historia de los sapos venenosos y los indígenas hostiles yo estaba más nervioso que madre de torero. Mientras Fernanda tomaba nota fiel de todo lo que el doctor decía, éste prosiguió con otros relatos. El hombre era un libro abierto.

Según él, las tribus indígenas del Amazonas habían estado siempre amenazadas, empezando en la conquista española y portuguesa, siglos atrás. Por aquellos tiempos, los métodos de los conquistadores siempre habían sido muy simples: asesinar o esclavizar a todo o casi todo grupo indígena, lo más rápido posible. En esa época, nada se hacía en nombre del rey ni en nombre de Dios, sino en nombre del libre mercado, en nombre del vulgar dinero. Incontables tribus indígenas del Amazonas brasileño habían sido exterminadas por la industria forestal.

El Dr. Färber tenía información fidedigna de que, en algunos casos, las máquinas excavadoras habían arrasado los plantíos indígenas sin ningún tipo de aviso, obligando a las familias a salir corriendo en medio de la jungla para salvar sus vidas; además de destruir sus hogares, también, se había destruido su hábitat.

Estas tribus jamás podrían sobrevivir sin la floresta. Los "animales con la piel de metal" —como los llamaban—, los habían echado de sus tierras. Pero el gran negocio de la madera no era sólo talar árboles. Las máquinas excavadoras nivelaban grandes extensiones de terrenos y luego criaban ganado en el territorio, que alguna vez, había pertenecido a los indígenas. En Brasil existían, por lo menos, cincuenta y ocho comunidades indígenas que nunca habían tenido contacto con el mundo civilizado. La mayoría de ellas era descendiente directa de poblaciones desaparecidas después de la nefasta "fiebre del caucho", donde había habido otro genocidio, basado en torturas, esclavitud y asesinatos.

A la medianoche. Fernanda arregló el amplio cuarto de visitas. Encendió un incienso de sándalo para el buen humor y la mente creativa y nos fuimos a dormir. O al menos, lo intenté. Cerré los ojos pero por mi cabeza volaban sapos gigantes, antiguos conquistadores españoles con arcabuces enormes, ciénagas monumentales, un hombre rengueando en medio de la jungla y hasta una bandada interminable de loros volando en un mismo sentido formando una nube negra. En un flash, también, se me apareció en la lejanía, la cara y el dedo índice gigante del Dr. Färber diciéndonos: "¿Vieron? ¡Yo se los dije!". No fue una noche de sueño placentero.

A la mañana siguiente me desperté tempranísimo. Eran las cinco. Me di una ducha rápida. Fernanda todavía dormía. Fui al salón central de la casa para ver el amanecer por las ventanas del este y mientras subía uno de los niveles que daban al balcón, percibí que unos ojitos me seguían y me observaban caminar. Miré hacia el costado y vi a un hombre joven, de muy baja estatura y pelo negro azabache cortado en redondo con un perfecto cerquillo sobre la frente. No me saludó, pero sonrió sin mirarme directamente a los ojos. Era Krahô. Estaba vestido con unos pantalones caquis nuevos, una camisa de mangas cortas color marrón oscuro y sandalias hechas a mano con alguna fibra vegetal. Un extenso collar rojo y verde, de finas mostacillas brillantes, lo atravesaban desde su cuello hasta la cintura. Y en el lóbulo de su oreja derecha, exhibía un pequeño fragmento de hueso, de unos cinco centímetros, clavado de punta a punta en su lóbulo. Me impresionó la humildad de su mirada.

El Dr. Färber apareció de repente por la puerta de la cocina y dijo en portugués:

— Alberto, deixe-me apresentá-lo ao meu amigo Krahô. Ele é o melhor guia para a Amazônia.

Me acerqué y le di la mano, respetuoso. También le agradecí que hubiera aceptado ser nuestro guía. Le pregunté si sabía de los detalles de la expedición que íbamos a emprender y me contestó:

— Ele já explicou tudo. Só que não me disse que tribos a gente vai visitar.

— A primeira comunidade é o povo dos Omagua—, dije, en mi mejor tono de antropólogo aficionado.

— Tudo bem. Conheço a tribo. Eles são gente boa. Plantam mandioca e banana ao lado do rio.

Por suerte, Fernanda apareció dándonos los buenos días a todos, en ese preciso momento. Mi portugués de turista había llegado al límite de lo inteligible. Se acercó a Krahô y le extendió la mano. Él la miró de arriba abajo, con extremado respeto, en silencio y se la estrechó, serio, haciendo una parca inclinación con su cabeza. Nos sentamos para discutir los arreglos de nuestra expedición. El Dr. Färber tenía preparado un enorme mapa de la cuenca del Amazonas hasta el Perú, donde se desarrollaría nuestra navegación a través de una barcaza a motor. Quedé impresionado de ver la grandeza de este gran río, con sus miles de afluentes, riachuelos, brazos y canales. El científico nos recomendó hacer nuestra última escala técnica en una ciudad llamada Tefé, a orillas del río Solimões. A partir de ahí, estaríamos encontrando las primeras aldeas de los Omagua.

La última recomendación estuvo relacionada con la conducta a seguir frente los indígenas, una vez que hiciéramos contacto.

— La base de todo el relacionamiento con ellos debe ser el respeto.—, nos dijo el doctor. Antes de tomar una foto, debíamos pedir permiso. Y, eventualmente, pagar por ella con algunas monedas o pequeños regalos. Nos recomendó que evitáramos recolectar muestras de la fauna o de la flora autóctona y que prescindiéramos de llevar elementos contaminantes del ecosistema local. Todos los desperdicios inorgánicos que generáramos, deberían ser guardados en una mochila y desechados a nuestro regreso. "Si volvemos vivos…", pensé. Zarpamos esa misma tarde.

El infierno verde

Al apoyarme en una de las barandillas en el malecón del puertito desde donde partiríamos, para ver el barco que nos llevaría a lo más profundo de la selva, mi corazón se arrugó. Fernanda lo notó y preguntó inquieta.

— ¿Viajamos en eso?

— Creo que sí-, respondí, intentando calmarla con la apatía de mi respuesta.

Miré el enorme río, miré el cielo. Las nubes se movían despacio, bajo un horizonte verde oscuro infinito. Las aguas del Amazonas estaban planchadas de color castaño rojizo. El ajetreo en el desembarcadero era enorme y una pequeña multitud se abría camino entre bolsas, cajas, jaulas y fardos de mercancías. Voluminosas bandadas de pájaros que nunca antes había visto, iban y venían como si también ellos fueran a viajar.

Cuando llegó el momento de abordar, Fernanda vio la tabla estrecha que nos llevaría a la cubierta de la barcaza y perdió la sonrisa. Cargando su mochilita y un bolso en cada mano, avanzó temblequeando delante de mí. Y al iniciar la subida por el angosto tablón, se detuvo. Respiró hondo. Miró hacia atrás y me dijo aterrorizada:

— ¡No puedo! ¡Nunca voy a poder subir por aquí!

— Ahora ya no podés parar. -Le dije al oído y la fui empujando hasta que lo consiguió.

A la barcaza en cuestión, todos la llamaban "gaiola". Era una embarcación de madera, con unos veinticinco metros de eslora y dos cubiertas. La inferior estaba cerrada y tenía ventanales a su alrededor. La superior era abierta, con un techo sujetado por tirantes metálicos. La habían bautizado con el nombre de "Tartaruga". Tal vez, en alusión a lo pachorriento de su navegación.

Una vez a bordo, nos ubicamos en la cubierta superior. Y en menos de media hora zarpamos. El Dr. Färber, desde el muelle, nos saludó agitando su sombrero blanco. "Bueno, ahora estamos por las nuestras", murmuré, mientras Krahô terminaba de acomodar nuestro equipaje. Para dormir, instalamos tres redes atadas a los tirantes, sobre la proa. A su vez, todos nuestros bártulos, por seguridad, estaban amarrados entre sí por una cadenita metálica, cuyo extremo terminaba en el cinturón del pantalón de Krahô. Con una sonrisa le dije:

— Se houver um naufrágio, você vai perder até as calças. — Pero no festejó la ocurrencia. Ni se inmutó. Llegué a la conclusión de que Krahô no poseía sentido del humor. Aunque después, se me ocurrió pensar que la inseguridad física de estar sobre el agua flotando en una barcaza podía dejar tensas a muchas personas, especialmente a los indígenas.

Dormir sobre redes colgantes era confortable. En Manaus habíamos comprado unos buenos mosquiteros individuales que se adaptaban perfectamente a éstas y dejaban circular el aire. Así, quedábamos protegidos de los peligrosos insectos.

Mirando a través del mosquitero, vi pasar las riberas como sombras interminables. Me dormí enseguida, pero al rato, Fernanda saltó sobre mi red. Me susurró que no podía conciliar el sueño, que todo se movía. Estaba mareada. Le expliqué que estábamos navegando en una pequeña barcaza y encima, acostados sobre redes que también se movían. Era normal sentir algún tipo de mareo. La abracé y le dije:

— No mires para afuera. No mires ningún punto fijo. Cerrá los ojos y recordá la playa de Leblon en el atardecer y cuando caminábamos por la arena… Creo que no había terminado de hablar cuando ya se había dormido. Miré a Krahô de reojo y seguía despierto, imperturbable, con su mirada fija sobre la ribera que pasaba. Creo que el hombre no durmió en toda la noche. Yo descansé como un bebé, abrazado a Fernanda.

A la mañana, nos despertó una campanada del "Tartaruga" anunciando la llegada a algún lado. Era Codajás, una ciudad situada a orillas del río Solimões. Tendría cinco o seis mil habitantes y un puertito que lucía bastante limpio. En realidad, éramos sólo dos embarcaciones fondeadas. Nosotros no desembarcamos. Y lo más interesante que pude distinguir a lo lejos, fue una iglesia y una prostituta.

Fernanda preparó nuestro primer desayuno a bordo: pancitos untados con paté de pollo y café negro. El "Tartaruga" tenía un pequeño espacio en la cubierta inferior para preparar comidas y lavar los platos. Yo lo llamé el "selva-service". Zarpamos después del desayuno. Nuestra próxima parada sería Coari -en portugués se pronunciaba "Coarí"-.

La cuenca del Amazonas, formada por el río Amazonas y sus afluentes, era la mayor concentración de agua dulce en el mundo. Fecunda en biodiversidad de flora y fauna, además, colaboraba con el equilibrio del clima mundial. Este formidable caudal de agua, que nacía en la cordillera de los Andes, en el Perú, recorría casi siete mil kilómetros hasta su desembocadura en el Océano Atlántico. Era un río típico de las planicies y la gran mayoría de sus afluentes eran navegables. A decir verdad, tenía tres partes: en la naciente, los países andinos lo llamaban río Marañón, al cruzar la frontera brasileña lo llamaban río Solimões y después de recibir las aguas del rio Negro lo denominaban río Amazonas. Su anchura media era de unos cinco kilómetros, aunque en algunos lugares, desde una de las márgenes, era imposible ver la orilla opuesta debido a la curvatura de la superficie de la tierra. La navegación hacía parte del cotidiano y de lo más esencial en el modo de vida de su población ribereña y de los pueblos indígenas, quienes sólo tenían los recursos de la floresta y de los ríos como fuente de sobrevivencia.

Al finalizar la cena, tras la puesta del sol y antes que nos diera sueño, una de mis actividades favoritas era sentarnos con Fernanda en la proa del "Tartaruga" para sentir la brisa fresca en la cara y admirar la misteriosa grandeza de esa selva interminable. Así nos encontraba la noche, bajo cielos increíblemente estrellados, hablando de amor y haciendo proyectos.

— Te quiero tanto que si te vas con otra, yo me voy con ustedes—, me dijo riéndose una noche.

Viajando por el río Amazonas era común ver enormes delfines rosados zambulléndose y ondulando en las aguas a la distancia. Los llamaban "botos" rosados. Existían dos tipos de "botos" en la Amazonia, el rosado y el negro. Eran de diferente especie y con diferentes hábitos. Ambos rodeados de historias y leyendas locales. Al "boto" rosado se le adjudicaban historias que los habitantes de la bacía amazónica repetían como verídicas. Ellos decían que durante las noches de mucho calor, a mediados de año, cuando las jóvenes estaban en busca de un nuevo amor, el "boto" rosado aparecía transformado en un hermoso y elegante joven, usando un sombrero. Según los lugareños, como su transformación nunca era completa, el "boto" debía cubrirse la cabeza con algo para no dejar al descubierto sus narinas sobre la cabeza. Y así, como un caballero seductor, conquistaba a la primera joven bonita que encontraba para llevársela al fondo del río. Esta leyenda la escuché, con algunos matices, contada cada vez que avistábamos alguno de esos hermosos animales en el agua. Por esa razón, durante las festividades de junio en el río Amazonas, cuando un joven aparecía usando un sombrero, la gente le pedía que se lo sacara para probar que no era un "boto".

La campana del "Tartaruga" volvió a sonar. Estábamos llegando a Coarí. Esta ciudad, más grande que la anterior, tenía casi treinta mil habitantes, según mi mapita de viajero. Estuvimos amarrados en un fondeadero que distaba a más de un kilómetro del borde de la propia ciudad. Desde el barco no se veía nada más que árboles y agua. Fernanda y yo bajamos para caminar descalzos por la arena de una playita bien blanca, mientras Krahô cuidaba del equipaje. Zarpamos al mediodía rumbo a Tefé. Ésta sería nuestra última ciudad antes de adentrarnos en la Amazonia profunda.

Como todos los ríos del mundo, el Amazonas tenía dos sentidos, a favor o en contra de la corriente. Los viajeros entendidos, aquellos que habían subido y bajado el río varias veces, decían que la mejor manera de apreciar la Amazonia de barco era navegando en contra de la corriente, como lo estábamos haciendo nosotros. Nos explicaban que cuando el barco "subía" el río navegando cerca de alguna de las márgenes, se lograba una mejor observación de la selva porque la navegación era más lenta, ya que el barco estaba obligado a ir más despacio en contra de la corriente.

Cuando arribamos a Tefé, habíamos navegado más de 520 kilómetros desde Manaus. Ya sabíamos que, pasando esta ciudad encontraríamos los primeros poblados indígenas. Por eso, Fernanda empezó a preparar el equipo de estudio. Cuando terminó, se peinó con el pelo recogido hacia atrás y sus mejillas rosadas le brillaron en la cara como dos manzanitas maduras. Se veía nerviosa.

— Estoy un poco tensa. Creo que, en el fondo, tengo miedo de lo que nos vamos a encontrar por allá—, me dijo.

— Mi amor, no te desanimes. Recién empezamos. Lo que podemos hacer, si te sentís muy incómoda, es acortar nuestra estadía. Pensálo y después lo hablamos.

Desde nuestra salida de Manaus, Tefé había sido la ciudad más importante que visitaríamos en toda nuestra travesía por el río Amazonas. Según mi mapita-agenda tenía más de cuarenta mil habitantes. Había sido fundada en el siglo XVII con otro nombre, por el padre Samuel Fritz, quien había sido enviado por España para fundar las primeras misiones jesuíticas y catequizar a los indígenas. Algunas décadas más tarde, los portugueses, en una clara violación del Tratado de Tordesillas, avanzaron por el río Solimões ocupando tierras donde estaban instaladas las misiones españolas. Esto generó un fuerte conflicto entre estas dos naciones que perduró hasta 1750 cuando se firmó otro tratado.

La noche en Tefé fue la peor del viaje. Por un pequeño orificio en mi mosquitero, se habían colado insectos amparados por la oscuridad. No pude dormir ni un minuto. Recién a las cuatro de la mañana, gracias a mi linternita de bolsillo, descubrí el agujero y lo até como pude. Pero ya era muy tarde. Cuando me levanté, tenía ronchas ardientes en los párpados, los brazos y las piernas. Mi cara, toda hinchada, parecía una caricatura de mí mismo. Yo sabía que era una utopía estar en el Amazonas sin ser picado por los mosquitos. Aquí les llamaban "carapanã". Eran pequeños, con menos de un centímetro de largo, muy delgados y de largas zancas. Podían causar malaria, dengue y fiebre amarilla. Y eran más activos al amanecer y al atardecer. Cuando navegábamos por el río, a causa del viento, nos daban cierta tregua. Pero cuando fondeábamos, volvían al ataque. Contrariamente a lo que yo creía, el principal riesgo, cuando se viajaba por el río Solimões, no eran los feroces jaguares, ni los hambrientos caimanes. Eran estos miserables zancudos.

Cuando se despertó Fernanda, lo único que le pedí fue una buena taza de café negro. Apenas podía abrir los ojos por la inflamación de los párpados. Krahô le dio a Fernanda un ungüento casero, hecho por él, para pasarme sobre las picaduras, supuestamente mágico. Era a base de hojas de menta y otras plantas medicinales. Lo que me dijo un pasajero amigo, compadeciéndose de mi suerte, fue que estas hojas tenían propiedades antinflamatorias y antisépticas. Y Fernanda fue curando todas mis ronchas, una a una, al igual que mi orgullo herido, al vaivén de la red.

No habían pasado unas tres o cuatro horas, cuando recibí la interesante visita de Manuel, el capitán del "Tartaruga", un portugués de ojos negros penetrantes en el cuerpo de un hombre recio, curtido por la intemperie, los accidentes y otros padecimientos de la selva. Venía a traerme una botella de "pinga" para ayudar en la cicatrización, según me dijo entusiasmado. "Éste es amigo de Charlie", -pensé. Sacó el corchito con el pulgar y primero le dio un largo trago por el pico. Me la pasó y no tuve más remedio que hacer lo mismo. El licor bajó hiriendo mi garganta como si hubiera engullido mil agujas. A sus setenta y tantos años, este hombre era una exposición andante de espantosas cicatrices en el rostro, brazos y piernas. Según Krahô, había sido picado por cuanto bicho se arrastraba en la jungla. Le faltaban dos dedos de su mano izquierda, el meñique y el anular. Ambos habían ido a parar al estómago de un caimán negro cuando aún era niño. Más tarde, Pedro, el encargado de las maniobras del "Tartaruga" y su amigo personal, -quien también vino a compadecerse de mí y tomar unos tragos de pinga-, me contó que en la década del 50, Manuel había sido cazador de anacondas en el Alto Amazonas. Por aquellos años, organizaba expediciones, localizaba y abatía a estas gigantescas serpientes que asolaban a los poblados ribereños. Según él, lo había conocido en esa época y para probarlo, me mostró una vieja foto de ellos juntos que cargaba entre sus documentos personales, posando detrás del cadáver de uno de estos reptiles cuyo grosor les llegaba hasta la cintura. El bicho tenía más de veinticinco metros, me aclaró. Por aquel entonces, Pedro había sido reclutado por Manuel para formar parte de las expediciones de caza. Era un grupo de seis. Se movían a remo en dos canoas rápidas y muy angostas. El ruido de los motores asustaba a las "sucurís" —como él las llamaba—. Un día, al oeste de Santarém, habían sido contratados para cazar una gran anaconda que hundía las canoas de los pescadores y se había comido a varios. Después de acechar durante cuatro noches, camuflados en el río, vieron una enorme serpiente llevada por la corriente. Era descomunal. La tripulación dejó de remar, temblando de miedo al ver las dimensiones del animal. Según Pedro, mediría unos 30 metros de longitud y tendría un grosor similar al de un barril de aceite. "Cuando estuvimos suficientemente lejos, los remeros recuperaron un poco el habla y me dijeron, asustados aún, que aquella serpiente los hubiera aplastado como a una cáscara de nuez en el agua, sino fuera por la feliz coincidencia de que, en esos momentos, se encontraba haciendo la digestión de algún banquete de peces". A la noche siguiente, volvieron más preparados para enfrentarla. Era casi medianoche. La "sucurí" se había movido hacia el centro del río. "En ese momento vi que se removían las aguas como si estuviese pasando a nuestro lado un enorme barco a vapor y observé, a unos metros por encima del agua, dos luces verdes azuladas, parecidas a las luces de posición de un barco fluvial. Manuel, que no la había visto todavía porque estaba buscando los cartuchos de la escopeta en una bolsa, intentó tranquilizar a los hombres diciendo que se trataba de algún barco y que apartáramos las canoas para darle paso. Pero yo sabía lo que habíamos visto y se trataba de la mayor "sucurí" que nos habíamos topado", agregó Pedro, excitado, al recordar la historia. Según él, cuando Manuel vio que las luces no eran de un barco, eran dos ojos resplandecientes que se dirigían hacia su canoa a una velocidad diez veces más rápida que la de él, quedó petrificado. "Y cuando parecía que iba a embestirnos, el monstruo esquivó las dos canoas y vimos cómo se dirigía, de nuevo, hacia el centro del río. Manuel, entonces, agarró su Sarasqueta de dos caños, calibre 12, y se posicionó parado en la proa de la canoa. Ordenó en voz baja, a los remeros, que impulsaran las embarcaciones hacia el centro del río. Cuando llegamos al medio del canal, nos detuvimos para escuchar en silencio. Nada se oía. De repente, una fuerte oscilación en la canoa, casi lo hizo perder el equilibrio. La enorme "sucurí" había pasado por debajo nuestro a una velocidad increíble". Manuel, despacio, le sacó el seguro a la escopeta y esperó el ataque, que era inminente. A los cinco minutos, los mismos ojos refulgentes volvieron a brillar sobre el agua. La "sucurí" venía otra vez a toda velocidad hacia la canoa de Manuel con la cabeza fuera del agua. La dejó avanzar hasta que la tuvo a unos veinte metros y disparó dos veces. Le dio de lleno en la cabeza. El enorme animal se contorneó de dolor, generando una ola que movió las canoas peligrosamente. Pedro, que ya tenía un gancho con punta preparado, ensartó a la "sucurí" y la sujetó, antes que se fuera al fondo. Todavía tenían que cortarle la cabeza y llevarla, para cobrar la otra mitad del pago. Cuando le levantaron la cabeza fuera del agua, con su mano izquierda le clavó otro garfio en el único ojo que le quedaba y con la otra mano se la fue cortando con un machete bien afilado. "Regresamos en silencio. Cobré mi parte, me despedí de Manuel y me fui. Sólo volvimos a encontrarnos al cabo de unos años y me ofreció trabajar en el Tartaruga", finalizó.

A Manuel, tampoco le quedaba ningún diente, sin embargo, esto no le impedía reírse a carcajadas toda vez que veía turistas viajando por el Amazonas vestidos con ropas de ciudad o sin el equipo apropiado.

— Hey, você tá maluco? A floresta vai te engolir como um doce de goiaba. —, les gritaba riéndoseles en la cara. Y los tipos, percibiendo que su error les podía hasta costar la vida, le agradecían el consejo y subrepticiamente corrían para cambiarse de ropa. Así era Manuel. Después de Krahô, jamás hubiera confiado en nadie más por estas latitudes.

Medio día después de haber zarpado de Tefé, Manuel, volvió a subir hasta nuestra cubierta. Traía un enorme cacho de bananas de regalo. Alegre como siempre, nos dijo que llegando a "Aldeia Igarapé Grande", encontraríamos los primeros caseríos Kambebas. Ahí podríamos desembarcar. Ese era nuestro destino final. Y mirando de reojo a Fernanda me recomendó:

— Cuide bem dessa menina. Ela tem os olhos e o coração da Virgem de Fátima.

La tierra no es de nosotros. Nosotros somos de la tierra.

El pueblo de los Omagua, llamados también Kambeba, había sido uno de los mayores y más importantes pueblos viviendo en las tierras de la cuenca del Amazonas. En un pasado no muy lejano, muchos viajeros europeos que los encontraron, se habían maravillado de ver el tamaño de sus aldeas y plantaciones. Plantaban alimentos muy variados: mandioca, maíz, banana, boñato, maní, frijoles y ananá, entre muchos otros frutos. También, cultivaban tabaco y algodón. Éste lo usaban para hacer ropas, elogiadas por la belleza de los tejidos y sus colores llamativos. Sólo las mujeres tejían y pintaban los lienzos.

Cuando el río Amazonas crecía, no plantaban pues sus tierras quedaban sumergidas, aunque nunca faltaba comida. Los Omagua usaban técnicas propias para guardar sus alimentos, haciendo harina y enterrando la mandioca directamente en el barro. Solían cazar tortugas, que criaban para comerlas en época de inundaciones.

Este pueblo, que había vivido siempre en la cuenca del Amazonas, sabía que la tierra, después de las crecidas, era más fértil para plantar. Dominaban las técnicas de la pesca y decían que jamás se acostumbrarían a establecerse en tierra firme, porque la vivienda de sus antepasados había sido, invariablemente, "el gran río".

De la tierra firme y seca, los Omagua aprovechaban la caza de animales silvestres, el açaí, las castañas y las maderas que derribaban. Sus casas eran alineadas paralelas a la margen del río y solían ser grandes y rectangulares, con puertas laterales y techos de palmeras. Eran diferentes de las casas de otros pueblos porque ellos construían las paredes con tablas de madera de cedro. Dentro de cada casa vivía una familia extendida: padres e hijos casados, con sus respectivas proles. Todas las tareas domésticas, desde el plantío, la caza y los trabajos en general, las hacían siempre juntos.

Las aldeas de los Omagua se circunscribían, únicamente, en las islas del río Amazonas. Era su manera de protegerse de los ataques de otros indios provenientes de tierra firme. Y como sabían construir eficientes canoas, otros indígenas no podían invadir sus aldeas esparcidas, sin sufrir importantes bajas.

El territorio de este pueblo era extenso, llegando, en algunos tramos del río, a setecientos kilómetros de longitud, siempre al borde del río Amazonas. En una época, la tierra de ellos empezaba en São Paulo de Olivença, en el Alto Solimões, e iba hasta el Perú. Si bien era muy difícil calcular cuántos habitantes de esta comunidad vivían, por el 1500 se sabía que había más de cuatrocientas aldeas y que cada aldea tenía casi mil personas.

Para diferenciarse de los pueblos de tierra firme, los Omagua se achataban la cabeza. Empezaban cuando el niño era todavía muy pequeño. Ataban a la cabeza del bebé una pequeña plancha de piedra o un entretejido de pesados juncos, con un poco de algodón para no herir la cabeza del chiquillo. Luego, el niño era colocado dentro de una pequeña canoa que oficiaba de cuna. La cabeza del niño comenzaba a quedar achatada poco a poco. Esta costumbre se valorizaba como expresión de belleza y se mofaban de los pueblos de tierra firme, diciendo que tenían la cabeza redonda como una calabaza. Es por esa costumbre que los Omagua fueron también llamados Kambeba. Este nombre provenía de su propia lengua: "canga-peba", que significa "cabeza chata".

Para este pueblo, las fiestas eran siempre un acontecimiento importante. Duraban días y ocurrían siempre en momentos importantes. En ellas, tomaban bebidas como el "pajuarú" y la "caiçuma", hechos de mandioca, maíz, boñato o cacao. En esas festividades se divertían, pero también hacían alianzas con otros pueblos y planeaban distintas formas de defender sus aldeas o atacar a los enemigos. Los rituales durante las conmemoraciones, también servían para agradar a los espíritus que protegerían las plantaciones y las aldeas durante todo el año.

Los Omagua fueron célebres por ser excelentes navegantes. Sabían construir robustas canoas y dominaban la intrincada red de canales que los rodeaban. Eran respetados, igualmente, por ser bravos guerreros.

La invasión de tierras en el Amazonas se llevó a cabo a través del propio río. Por esta circunstancia, ellos, que vivían en sus márgenes, sufrieron directamente el impacto de la llegada del hombre blanco. Muchos huyeron lejos, hacia las cabeceras de los pequeños afluentes o para tierra firme, donde no les gustaba vivir. Los que se quedaron fueron tratados como esclavos por los europeos. Desde el 1600, los religiosos entraron en las aldeas y comenzaron a catequizar a la comunidad. Muchos fueron convirtiéndose al catolicismo. A partir de ahí, la comunidad Omagua disminuyó su número drásticamente, o sucumbiendo ante nuevas enfermedades o huyendo lejos, desmembrando la comunidad. Dejaron atrás sus construcciones y el rico conocimiento de la vida en las tierras bajas.

Hasta hacía muy poco tiempo, se pensaba que los Omagua no existían más. Sus sobrevivientes, temiendo ser atacados y maltratados de nuevo, continuaban refugiándose en lo más impenetrable de la jungla. Sin embargo, en 1970, algunos de estos supervivientes, al inicio de las Asambleas de Encuentros Indígenas, organizadas por la brasileña Fundación Nacional del Indio, se habían identificado como pertenecientes al pueblo Kambeba u Omagua.

Para ese entonces, muchas cosas habían cambiado, especialmente, las costumbres, la manera de organizar la vida, el trabajo en las aldeas. Pero la lógica del diario vivir, la idiosincrasia y la identidad, se habían mantenido indemnes. Todavía eran el orgulloso pueblo de las aguas.

Después de la visita de Pedro, Fernanda se quedó dormitando en su red, bajo la mantilla transparente, mientras yo leía un libro prestado por el doctor, sobre remedios naturales ante emergencias en la jungla. "Nunca se sabe", pensé al aceptarlo. El calor húmedo era penoso y yo estaba más sudado que caballo de bandido. Los mosquitos, atraídos por el vaho de mi transpiración, seguían revoloteando sobre mi cabeza como un enjambre de abejas prontas a atacar. Desperté a Fernanda porque percibí que estábamos llegando. Con Krahô fuimos juntando el equipo pesado y nos reunimos los tres en la cubierta baja del barco. Eran inminentes las campanadas del "Tartaruga". Puse mi atención en la ribera a la que nos aproximábamos y, a lo lejos, lo primero divisable fue una playita de arena bien blanca y un poco más lejos, una casona con una cruz desvencijada en el techo. Era la capillita. Y Manuel tañó la campana.

—Por lo menos son cristianos—, murmuré al oído de Fernanda. Ella sonrió pero no me respondió.

A medida que nos aproximábamos, aparecieron otras pequeñas construcciones de madera, alineadas entre sí. Conté cinco casas en total, más la capilla. Unos niños jugaban desnudos en la playita del río. No se veía ningún adulto. Manuel, mientras finalizaba la maniobra de aproximación, me preguntó cuánto tiempo permaneceríamos en el área, pues él estaría retornando a Manaus al cabo de un mes. Presuroso, fijé fecha y hora. Algo me decía que iríamos a echar de menos la seguridad de su barco.

Una vez en tierra firme, todos los niños que estaban jugando vinieron a saludarnos, revoloteando alrededor nuestro y hablando en una lengua que sólo Krahô entendía. Manuel, mientras se alejaba por el río, hizo sonar la bocina de niebla con un toque largo, a modo de despedida. Enseguida, en la capilla, se abrió la puerta principal y aparecieron los adultos. Había tres hombres. Uno de ellos, el más alto, era un sacerdote vistiendo una sotana color arena. Los otros dos eran indígenas vestidos con sus indumentarias nativas. Es decir, casi desnudos. El religioso levantó la mano desde lejos para saludarnos y nosotros le correspondimos. Fuimos subiendo rodeados de niños hasta salvar una pequeña barranca. Nos encontramos todos en el pasto, a mitad de camino. Yo hice las presentaciones.

—Boa tarde padre. Nós somos da Universidade do Rio de Janeiro. Estamos aqui para realizar alguns estudos de antropologia sobre o nobre povo Omagua.

— Seja bem-vindo meu filho. Está no lugar certo. Vocês estão com fome? Vamos comer alguma coisa… Deve ter sido uma viagem muito cansativa. Vocês saíram de Manaus?

—Sim, padre saímos de Manaus. E para dizer verdade, estamos com um pouco de fome. Muito obrigado pelo convite. Mas deixe-me apresentar aos meus colegas. Fernanda, antropóloga especialista em etnologia. Nosso guia, Krahô. E o meu nome é Alberto, jornalista, marinheiro e aventureiro diplomado. — El sacerdote entendió la jocosidad de mis palabras, soltó una fuerte carcajada y agregó:

— Adorei! O meu nome é Agustín, sou franciscano. Eu sou o vigário desta pequena igreja. Venho uma vez por mês para batizar, confessar, fazer algum casamento e celebrar a missa.

Fernanda abrió la mochila de los regalos y empezó a repartir juguetes entre los niños. Cuando llegó la hora de los adultos, Krahô me pasó la otra mochila y fui entregando algunos obsequios: una flauta dulce, dos harmónicas, camisetas con diseños de papagayos y muchas barras de chocolate medio derretidas por el calor. Todos quedaron contentos. Al padre Agustín le obsequiamos una buena navaja de pesca, multiuso.

Subimos hasta la más grande de las casas, siempre rodeados por los niños. En realidad, era una especie de salón comunitario. En el centro había una mesada con dos bancos largos a ambos lados. Cabrían unas veinte personas sentadas. Los niños no entraron. Una vez sentados, tomé la palabra y le pedí al padre que fuera traduciendo a la lengua local lo que queríamos decir. Les expliqué que el gobierno de Brasil, por intermedio de una de sus grandes escuelas, nos había pedido que los visitáramos para saludarlos y saber cómo podían ayudarles a mejorar. El padre Agustín fue traduciendo mis palabras lo mejor que pudo y la respuesta de uno de ellos, el mayor en edad, fue inmediata. Y en portugués me dijo: "lo que dicen que necesitan", -nos fue interpretando el padre-, "son medicamentos contra las enfermedades más comunes de aquí: el dengue, la malaria y la fiebre amarilla, pero principalmente, que se respeten sus tierras, su territorio".

Mientras Fernanda tomaba nota y grababa todo, prometí, con más quijotismo que potestad, hacer todo lo posible para que el pedido llegara a las autoridades de "la gran escuela -la universidad-, y por medio de ellos, al gobierno federal. En realidad, las mejores chances de los Omagua era la tesis de Fernanda que, luego de aprobada, tendría bastante difusión, podría ser desarrollada en formato de libro y hasta ser presentada a algún ministerio público. Así se lo explicamos al padre, quien agradeció la sinceridad y prometió ayudarnos a recabar la mayor cantidad posible de información.

Cuando sirvieron la comida, el padre Agustín nos dedicó la oración previa, agradeciendo nuestra presencia y pidiéndole a Dios por nuestro resguardo físico y espiritual. La cena fue un sabroso pescado llamado "Piranambú", de unos diez quilos, cocido con hierbas locales y frutos silvestres, acompañado con mandioca tostada al fuego directo. Todo había sido preparado por el padre. Pasamos la noche en esa misma casa, durmiendo en redes alineadas con mosquiteros individuales.

Acunado por la hamaca, soñé con el vaivén del "Aventurero" navegando en medio del mar. Y me sentí inmensamente feliz.

Al otro día, bien temprano, los tres salimos con el padre y Lelé, su guía, a visitar otra aldea Omagua, distante a algo más de diez kilómetros. Allí, seríamos presentados al jefe de esa comunidad.

Caminar por la selva requería extrema atención. Especialmente, adonde se ponían las manos, sin olvidar nunca de mirar por encima de nuestras cabezas, ya que la mayoría de las serpientes descansaban sobre los árboles. Andar por la jungla podía, al principio, parecer entretenido, pero lo cierto es que además de peligroso era extremadamente difícil. La espesura del follaje hacía que fuera muy fácil perderse y que tuviéramos que ir provistos de varios machetes bien afilados para abrirnos camino entre la maraña. Según el padre Agustín, en la jungla que nos envolvía abundaban las "surucucú", que eran las mayores serpientes venenosas del continente. Estaban todas por ahí, en algún lado.

Aproximadamente, tres horas después, a fuerza de machetazos para limpiar la maleza del camino que el Padre Agustín había elegido, llegamos a la orilla de un gran rio por el que, de vez en cuando, se veía navegar unas canoas largas y delgadas. Comenzaron a aparecer algunas edificaciones desperdigadas por ambas orillas y pequeños huertos rudamente labrados. Las casas eran todas construidas con gruesos tablones de madera y elevadas del suelo por unos troncos de caña de bambú de unos veinte centímetros de diámetro. El barro y la tierra mojada indicaban que el río pasaba debajo de ellas cada vez que había creciente. Mantener la casa elevada las preservaba del agua y de los animales indeseables. Estas cabañas eran todas de una sola pieza. Tenían formato alargado, con varias aberturas enormes, a modo de ventanas, y techo de traviesas de madera, cubierto de grandes hojas de plátano y palmera.

Krahô iba delante del grupo. Lo seguía el padre Agustín al lado de Fernanda y yo detrás, junto a Lelé. Cuando llegamos al borde del agua, éste emitió un potente chillido, muy gutural, parecido al de algunos pájaros de la selva, que fue escuchado desde la otra margen. Rápidamente, tres canoas vinieron a nuestro encuentro. Lelé y Krahô se adelantaron, se encontraron a la orilla del río e intercambiaron unas pocas palabras, en medio de gesticulaciones y movimientos gestuales absolutamente desconocidos para mí. Nadie sonreía, pero todo parecía normal. Subimos a las embarcaciones embarrados hasta las rodillas y cruzamos hacia la otra ribera. El calor de más de treinta grados centígrados, la humedad del cien por ciento, el barro y los mosquitos, a pleno rayo del sol, resultaban insoportables.

Desembarcamos y estábamos enfilando hacia la más grande de las casas, cuando fuimos interceptados por un grupo de nativos que venía escoltando al jefe de esa comunidad. Krahô y el padre lo saludaron más formalmente que de costumbre. Su nombre era Kayé. Y en seguida, como era de rigor, desplegamos nuestros regalos. El jefe salió favorecido con un machete de buen tamaño, decorado en su empuñadura de madera, con vistosos motivos geométricos. El resto del séquito recibió sandalias de caucho, tipo hawaianas y camisetas promocionales de los neumáticos Pirelli —gentilmente cedidas por el papá de Fernanda—.

Una vez finalizadas las presentaciones y aclarado el motivo de nuestra visita a su comunidad, Kayé nos autorizó a sacar fotos y andar libremente por donde quisiéramos. También dispuso una cabaña para pernoctar y dos canoas para movilizarnos. El padre Agustín, más tarde nos dijo que el jefe había quedado encantado con nuestra actitud de respeto hacia él y su gente. Y que ya sabía de nuestra presencia en el área, desde el día anterior.

Mientras el padre se dedicaba a propagar su fe entre la colectividad, nosotros buscamos hacer contacto con las mujeres y algunos hombres a fin de conseguir información de primera mano, útil a la investigación de Fernanda. Con la ayuda invalorable de Krahô, quien nos asistía como intérprete y guardaespaldas al mismo tiempo fuimos obteniendo provechosos testimonios de valor antropológico. De hecho, ya llevábamos más de seis horas grabadas en cassettes, unos seis rollos de fotos en colores, dos libretas completas de anotaciones, dibujos y mapas. Fernanda rebozaba de entusiasmo. Pese a las carencias que nos rodeaban, ella veía belleza en todo. Nuestra intimidad había sido puesta en lista de espera. Tal vez por ese motivo, buscaba compensarme con toda su simpatía y alegría. Sin embargo, sentía que la jungla me abrumaba, me entristecía. Veía angustia en los ojos de los indígenas adultos. Ser testigo presencial de la desesperanza de este pueblo humilde, cansado ya de tanto luchar contra el hombre blanco en una guerra interminable de siglos, que los había empujado hacia el destierro o la muerte, me arrugaba el alma.

Por aquellos años, sólo ciento cincuenta pueblos vivían en la selva de la Amazonia brasileña, con una población de, aproximadamente, doscientos mil individuos. Allí, habitaban los "resistentes", o sea los integrados que mantenían sus tradiciones y los llamados "pueblos libres", los que no tenían ningún contacto con el hombre blanco. Ya la propia palabra "Amazonia" generaba controversia a nivel mundial. Sobre esta única palabra recaían afirmaciones como: "el pulmón del mundo", "la floresta tropical de mayor biodiversidad en todo el planeta", "la región que poseía el río más grande de la Tierra", "su territorio posee casi un tercio del agua dulce del mundo, etc., etc.

Hacia esta exuberante y rica región se volvían las miradas de varios países, organizaciones mundiales, empresas particulares, científicos, iglesias y universidades. La Amazonia era un tema obligatorio en los círculos de los investigadores brasileños pro-nacionalistas, preocupados por el futuro del planeta. Todos ellos se aferraban a ella para afirmar que el futuro del planeta dependía necesariamente de esta región.

El avance del capitalismo extremo sobre este territorio, fue una aplanadora imparable. Moto-sierras, tractores, aviones, camiones, autos y helicópteros, fueron parte de los programas oficiales que, desde Brasilia, habían promovido la devastación, al igual que la nefasta carretera transamazónica. Grandes aserraderos que habían agotado las posibilidades madereras en otras regiones del mundo, fueron derecho hacia el Amazonas, vestidos con piel de oveja, bajo slogans como "granja de trabajo" o "devastación sustentable", presentando inclusive, el bochornoso "certificado verde", que se emitía oficialmente, o diplomas y proyectos "autosustentables", para operar en la cuenca del río Amazonas.

Las mayores empresas mineras y petroleras también habían clavado sus uñas en estas tierras para poder escarbar más profundo, más rápido y así acumular más capital globalizado. Por aquellos años, ejercieron fuerte presión sobre el Congreso brasileño para que fuera aprobada la llamada "minería regulada" en tierras indígenas. Y salió la ley.

La Amazonia, con su exuberante y frágil naturaleza, había sido el hogar de una gran diversidad de individuos a lo largo de la historia. Después de la conquista, en 1500, estas personas llegaron a ser llamadas, genéricamente, "indígenas". Los relatos de los cronistas en los primeros viajes de los portugueses y españoles, a lo largo de los ríos Solimões y Amazonas, en los siglos XVI y XVII, hacían numerosas referencias a la abundancia de comida que se encontraba a lo largo de los principales ríos y sus afluentes y a la alta densidad poblacional de muchas naciones que habitaban la región. Proyecciones, a partir de documentos y estudios arqueológicos, estimaban que la población indígena total, en el momento de la conquista, oscilaba entre tres y cinco millones de personas, sólo en la Amazonia brasileña.

La perspectiva histórica de estas personas se vio interrumpida abrupta y violentamente con el proyecto colonial, las guerras, la esclavitud, la ideología religiosa y las enfermedades traídas por el hombre blanco. Estos factores engendraron uno de los más grandes genocidios en la historia humana.

La participación de la Iglesia en este proceso, tuvo a los jesuitas en un papel protagónico. Éstos, atados a la corona portuguesa por el régimen de patronato y con la genérica misión de convertir a los indios al cristianismo, fueron incapaces de darse cuenta del valor de la agricultura indígena y, por lo tanto, desvalorizaron su histórico proyecto. Sin embargo, muchos misioneros se rebelaron ante tantas atrocidades, pero terminaron perseguidos, encarcelados y expulsados de las congregaciones, por haber denunciado la violencia y la injusticia cometida contra los indios.

Otras masacres contra los pueblos indígenas volverían a repetirse entre los años 1960 y 1970 por las políticas de desarrollo e integración en la Amazonia, que empezaron a desintegrar la floresta debido a la apertura de cinco gigantescas carreteras que la atravesaron de punta a punta.

Unos meses antes de nuestra llegada a Manaus, fuentes oficiales brasileñas habían reconocido que los crímenes se remontaban a más de treinta años y que habían significado el aniquilamiento de varios cientos de millares de aborígenes. Sin embargo, recién ahora empezaba a conocerse la verdad de los hechos, con el agravante de que el propio servicio de protección a los indios también había sido implicado, por complicidad, en el exterminio generalizado. La tesis de Fernanda documentaría, fehacientemente, parte de esta infamia.

Los mosquitos de toda la selva, mientras tanto, seguían encarnizados sólo conmigo. Dos mil vilipendios y veintisiete días después, decidimos volver a la aldea de la parroquia. Sin embargo, la rutina de nuestro último día en esta aldea, se vio afectada por un accidente bastante grave. Uno de los jóvenes cazadores de tortugas había sido picado por una raya venenosa, mientras caminaba en medio de unos juncos al borde del río. Nos enteramos por los gritos de los niños que vinieron hasta el campamento a avisarnos, mandados por el jefe Kayé. Fuimos corriendo hasta el lugar donde lo habían encontrado sangrando tan rápido como pudimos, cargando la mochila con el botiquín de primeros auxilios. Cuando llegamos, al joven cazador, un robusto indígena de unos veinticinco años, lo tenían acostado sobre el pasto al lado del río. Estaba semiinconsciente y había perdido mucha sangre. Según nos explicó Krahô, el joven había pisado una raya camuflada en el fondo arenoso mientras caminaba con el agua por la cintura, atrás de una enorme tortuga que se le escapaba entre unos pajonales. La "arraia", como la llamaban, lo había ensartado con su aguijón envenenado en la pierna derecha. Las rayas venenosas del Amazonas pasaban la mayor parte de su tiempo en el fondo de las partes llanas de los ríos con el cuerpo casi hundido en la arena, desde donde acechaban pacientemente a sus presas. Cuando una raya se sentía amenazada o era pisada, se ponía a dar furiosos coletazos hacia los lados. ¡Pobre del pez o del desafortunado bañista al alcance de este aguijón acerado como una espada! Ese arpón podía medir hasta treinta o cuarenta centímetros de largo. Al clavar su aguijón, la raya transmitía su veneno a través de una mucosidad adherida al mismo. Una vez que esta espada serrada entraba desgarrando la carne, la secreción venenosa pasaba al torrente sanguíneo. El veneno era fulminante y actuaba sobre el corazón, los nervios y la respiración, además de provocar violentos dolores. Fernanda limpió la herida lo mejor que pudo, con el agua de nuestras cantimploras y un poco de jabón común. La desinfectó con alcohol y la pinceló con "Mentheolate". Finalmente, cubrió la herida con gasas de algodón y al joven le inyectó lidocaína para el dolor y un antiinflamatorio; servicio completo. Kayé observaba atentamente cada movimiento de las manos de Fernanda, pero el herido seguía más muerto que vivo. Con la ayuda de varios, lo cargamos hasta nuestro campamento y lo instalamos en una de las redes. El padre Agustín tomaba su temperatura a cada rato. A las dos horas, abrió los ojos y dijo algunas palabras en su lengua. Enseguida, les grité a los niños: "Kayé, Kayé" para que corrieran a llamarlo. Éste vino acompañado de otros dos indígenas que traían un envoltorio de lona. El jefe miró al joven en la red con los ojos abiertos, balbuceando palabras, se acercó hasta mí y sonriendo me obsequió el paquete, que se movía: era una enorme tortuga viva recién agarrada. El padre Agustín nos explicó entonces, que el joven herido era el sobrino de Kayé, quien, para despedirnos, lo había mandado a cazar una tortuga al río. Fue cuando sufrió el accidente. Y ese niño caprichoso que es el destino, quiso que fuéramos nosotros mismos quienes salváramos su vida. Agradecí a Kayé, boquiabierto tanta hospitalidad, la hermosa tortuga que nos había obsequiado y partimos al amanecer del otro día.

La despedida del jefe y su encantadora gente había sido, como mínimo, apasionante. Hasta Fernanda había derramado algunas lágrimas. El joven herido también se había levantado rengueando, para saludarnos. Prometimos al jefe enviarle las fotos que nos sacamos juntos, por intermedio del padre, una vez reveladas en Rio de Janeiro. Por su cara, Kayé no entendió de qué rayos estábamos hablando. Si bien me consta que, unos meses después, recibió todas nuestras fotos —plastificadas para repeler la humedad de la selva—. Hasta hoy, no consigo imaginar la cara de este mortal al verse retratado a sí mismo. El padre Agustín, en una carta enviada algunos años después, me escribió lo que Kayé le había comentado de nosotros. Para el jefe, éramos nativos de alguna floresta lejana, muy lejana. Y tenía toda la razón.

El regreso al poblado de la parroquia me pareció más breve de lo esperado. Nunca pensé que, al final, estuviera acostumbrándome a caminar por la jungla. Antes de llegar a la aldea, a pedido de Fernanda, liberamos a la pobre tortuga que ya estaba más asustada que gallina en Haití. En unos días más vendría Manuel a buscarnos.

Cuando llegamos a la aldea del padre, decidí montar la carpita anaranjada que habíamos llevado, para no pasar la noche en la casa grande con el padre Agustín y Krahô. Luego de armarla, la cerqué en todo su contorno con dos vueltas de nylon de pesca atado a cuatro estacas de madera que clavé en la gramilla formando un rectángulo. En cada uno de los lados colgué nuestras tazas y platos de aluminio, atados de tal manera que, ante cualquier encuentro con un animal intruso, tintinearan alertándonos. Cansados después de la caminata, entramos a la carpita y nos acostamos dentro del sobre de dormir. Fernanda, sedienta de amor, me besó como si su vida dependiera de ello, como si sus labios murieran de sed y en mi cuerpo encontrara alguna forma de agua. Y bajo la luz cómplice de una luna que nos observaba somnolienta, fui trepando por su candor de nieve. Su cuerpo blanco se proyectaba en la difusa luz, con la misma voluptuosa desnudez de una diosa griega. Y entre suspiros y ayes eróticos, entregué mi alma de alfombra.

A la mañana siguiente, fuimos despertados por los niños más tempraneros de la aldea que, curiosos ante el descubrimiento de una preciosa carpa anaranjada en su área de juego, vinieron corriendo para verla más de cerca llevándose por delante mi novedosa alarma-anti-animales-feroces.

Platos y tazas de aluminio volaron lejos en un bullicio inusual para la rutina de la selva. Fernanda ni se inmutó y siguió durmiendo a pesar de la batahola. Con la ayuda de algunos niños, fui juntando, uno a uno, los abollados cacharros de aluminio y los guardé en la mochila de utensilios.

Y así, los días fueron pasando lentamente. Durante el día, Fernanda era como una esponja absorbiendo toda la información necesaria para el proyecto; grabando, tomando notas y haciendo preguntas a todos. Y durante la noche, siempre teníamos tiempo de abrazarnos en nuestro nidito anaranjado.

A la mañana del cuarto día de estar en la aldea del padre, Krahô vino a saludarnos y a decirnos que el barco de Manuel estaba llegando antes de lo previsto y que atracaría en unas dos horas. Nunca pude entender cómo, en medio de la selva, sin radio, sin relojes, sin teléfonos, sin electricidad y sin binoculares, los indígenas podían saber, inequívocamente, quién se aproximaba por el río. Dos horas de navegación, a una velocidad promedio de quince nudos a favor de la corriente, equivalían a cincuenta y cinco kilómetros de distancia. La sagacidad era el alfabeto con el cual los dioses de la selva habían bosquejado el mundo de los indígenas.

Luego de desalojar a Fernanda y a más de diez niños que se divertían jugueteando dentro de la carpita, empecé a desarmarla y a organizar nuestra partida. Cuando todo estuvo pronto, ella y yo subimos hasta la parroquia para agradecer por nuestra bienandanza, pedir protección en nuestro regreso a Manaus y despedirnos del padre Agustín. Nos estaba esperando. Le di el número telefónico del Dr. Färber para que lo llamara, avisándole de nuestro regreso en la fecha que llegaríamos a Manaus. Y al rato, bajó con nosotros hasta la playita para esperar la barcaza. Al cumplirse las dos horas anunciadas por Krahô, apareció a lo lejos la proa del "Tartaruga". Abracé al padre Agustín y le dije, en portugués, que nunca me olvidaría de él y de nuestro viaje al pueblo de los Omagua. El padre, en perfecto español y levantando el índice de su mano derecha me respondió sonriente:

—Nunca digas nunca, porque nunca, nunca es nunca.

Tiré del cabo de proa que Manuel me lanzó, sin embargo, no tuve donde amarrarlo ya que, obviamente, no había ningún tipo de cornamusa o trinquete disponible. Se trataba de tirar del cabo, con fuerza, para aproximar al "Tartaruga" lo más cerca posible del barranco. Una vez que la banda lateral del barco tocó el barranco, le pasé mi cabo a Lelé para que lo sujetara y me dispuse a tironear del cabo de popa amarrándolo alrededor de una roca. Al abordar, le dije a Manuel que lo había extrañado.

— ¡Eu sei! Todos os gringos me dizem o mesmo—, dijo riéndose a carcajadas, mientras me ofrecía una lata de cerveza.

Alejarnos de los Omagua había sido lo mismo que distanciarnos de un grupo de amigos. Kayé y su pueblo me habían confirmado su pasión por la vida natural. Para ellos, las mejores cosas de la vida no eran las cosas, era la vida misma.

El viaje de regreso a Manaus en el "Tartaruga" fue ideal para ordenar, clasificar y etiquetar la enorme cantidad de material colectado durante la estadía con este pueblo vernáculo. En esto, Fernanda era técnica versada. Sabía que el éxito de su tesis no se lograba sólo con contarla, debía probarla. Era un trabajo de mucha paciencia, método y clasificación. En tal sentido, la ayudé a ordenar gran parte del material obtenido en una clasificación primaria, una tarea que nos llevó dos días enteros. La minuciosa labor de codificación de las grabaciones de audio, fotos y apuntes, mientras navegábamos por las perezosas aguas del Amazonas, hizo nuestro viaje más placentero. La costa verde se deslizaba a ambos lados, como un pasillo verde eterno.

Pero la noche antes de llegar a Manaus sucedió algo inesperado. En un pueblito ribereño llamado Mirapenima, subió una pareja joven, que yo identifiqué como europeos, en una primera instancia. Como nosotros, ellos también venían cargando enormes mochilas a sus espaldas. Al abordar, saludaron a Manuel con un ademán, como si lo conocieran de antes y vinieron hasta nuestra cubierta. La chica empezó a instalar las redes en el otro extremo del barco, mientras él hilaba un cigarrillo. Cuando ella terminó de armarlas, se acercaron a nosotros. Sonriente y hablando en "portuñol", me pidió fuego. Le presté mi Ronson y por el acento, vi que eran argentinos de Buenos Aires. Al responderle en español, obligatoriamente, tuve que identificarme como uruguayo. Él se llamaba Gustavo y ella, Lilian. Les pregunté qué los traía por estos pagos de fin de mundo y me dijo que habían estado viviendo en la selva, a orillas del río Solimões, cerca de la frontera con Perú desde hacía un año y medio, en una comunidad tomadora de Ayahuasca. Les presenté a Fernanda, quien los miró algo desconfiada y enseguida Gustavo y Lilian empezaron a contar los milagros del famoso brebaje alucinógeno y los detalles de su aventura en la selva, mientras yo, discretamente, encendí el grabadorcito, para no perdernos el mínimo detalle.

Él nos explicó que la Ayahuasca era una liana o enredadera amazónica que poseía propiedades alucinógenas, potenciadas por otras varias mezclas añadidas a un brebaje que se cocinaba a fuego lento y luego se tomaba. Los tomadores de Ayahuasca se reunían en torno de un "chamán", quien administraba la "toma" y los "viajes" de cada uno de sus acólitos, a fin de obtener beneficios místicos, contemplativos y de autoconocimiento. Las sesiones eran generalmente nocturnas, en un promedio de dos a tres veces por semana. La iniciación al ritual de la toma de la Ayahuasca imponía condiciones estrictas de aislamiento en la selva, cierto ayuno, abstinencia sexual, no tener contacto con fuego, exclusión total de tabaco, alcohol, drogas y una dieta alimenticia especial, antes y después de la ingesta del brebaje. Las sesiones tenían lugar en la casa comunitaria del "chamán", llamada "maloca", quien desde temprano, tenía preparada la "toma". La cocción del brebaje requería de cuatro a seis horas. Esta preparación debía luego enfriarse a temperatura ambiente en un recipiente abierto. Gustavo nos contó que las sesiones empezaban a las diez de la noche en punto. Después de realizar un breve ritual de "limpieza espiritual" del lugar y de su propio cuerpo para prevenir la intervención de malos espíritus, el "chamán" perfeccionaba la preparación protocolar de la infusión. Tomaba un cigarrillo de tabaco fuerte y comenzaba a cantar un cántico ritual. Encendía y soplaba el humo del cigarrillo en el interior del recipiente que contenía la Ayahuasca, mezclando el humo con el líquido oscuro y sacudiendo el frasco. En seguida, llamaba a cada uno de los participantes y les servía una medida que él calculaba en el momento, en función de la complexión de la persona, la naturaleza y gravedad de su enfermedad o del motivo que lo llevaba a tomar Ayahuasca. Los primeros "efectos" se percibían en plazos diferentes según las personas, pero generalmente aparecían tras quince minutos, cesando a las seis horas de bebido. El "chamán" siempre intervenía dirigiendo el "viaje".

Lilian, por su parte, contó que la toma de Ayahuasca estaba continuamente supervisada por el "chamán", ya que la experiencia del "viaje" no estaba exenta de peligros. Ella misma había experimentado una fuerte alteración psíquica, en una de sus primeras tomas, que desencadenó un estado de pánico. Se vio perseguida por descomunales engendros que corrían detrás de ella en medio de una selva que no era verde, sino gris y el agua del río era roja oscura como la sangre. Llegando al borde de un gran barranco, se tiró al agua, desesperada, desde esa gran altura, pensando que había llegado el momento de su muerte. Sin embargo, buceó hasta sacar su cabeza fuera del agua sanguinolenta y flotó hasta conseguir la costa. Con su cuerpo teñido de carmín, vagó por la floresta gris, por horas, hasta encontrar la "maloca" del "chamán", quien la hizo sentar sobre una gran roca blanca y la bañó con agua limpia, cristalina. Según ella, se sintió renacer pura. Despertó de su "viaje" y se calmó al verse rodeada de amigos.

Gustavo nos confesó que las alucinaciones producían diversos tipos de bellas imágenes con sensaciones abstractas de formas y figuras nunca antes vistas por la persona. Él, por ejemplo, veía colores que no existían en la vida real, imágenes de ángeles o personajes de apariencias fantásticas, animaciones de objetos contiguos, percepciones del pasado y del futuro, visiones cosmológicas y experiencias místicas. "Es un viaje al infinito del ser interior", nos decía exaltado.

Y Lilian, mirando a Fernanda directamente a los ojos, percibiendo algún tipo de reprobación, explicó que, lamentablemente, los estudios sobre la Ayahuasca nunca habían ido más allá del ámbito botánico. Pocos científicos habían intentado estudiar el fenómeno a través de experiencias personales. Fernanda levantó el guante y respondió que ella había estudiado la alteración de los estados de conciencia en algunos grupos humanos y consideraba que esos momentos de alucinación no aportaban nada, excepto aquello que la propia persona ya poseía en su interior psíquico. "Algunas drogas alucinógenas pueden soltar nuestros más profundos sentimientos, alegrías, afectividades, miedos y deseos reprimidos, muy fácilmente. Es todo una cuestión de encontrar la disposición para tomarlas y la dosis exacta de la droga…", remató. Lilian, entendió y enseguida cambió de tema. Se interesó en saber el motivo de nuestro viaje al Amazonas.

Mientras Fernanda le explicaba nuestra experiencia con los Omagua y Gustavo conversaba conmigo, Krahô se aproximó para decirme que, en menos de una hora, estaría amaneciendo. O sea que en seis, estaríamos arribando en Manaus.

Gustavo sufría de logomanía aguda, entre otras manías bien reconocibles. Como si yo estuviese interesado en saber, se había enroscado en explicarme acerca de su "búsqueda existencial de la felicidad del ser humano", como él la llamaba. Hablaba sin parar. Afortunadamente, las pilas de mi grabadorcito habían pasado a mejor vida hacía ya una hora. La Ayahuasca, de alguna manera, había transformado su percepción de la cotidianeidad a tal punto, que no conseguía acompañar la evolución de un diálogo simple, sobre temas vulgares o triviales. Todo tenía que ser trascendente, cósmico, espiritual o mágico.

—La felicidad experimentada por el hombre, a lo largo de toda su vida, debe tener prioridad ante cualquier reflexión sobre su existencia. El placer da bienestar, esa es mi filosofía de vida y mi búsqueda. —Me decía.

—Pero Gustavo, vos me estás hablando de hedonismo… ¡Eso más viejo que el Mar Muerto! Es lo que decía, con algunas variaciones, el griego Epicuro, allá por el 300 AC.

—Sí, lo ubico. Pero esto es distinto. ¡Yo quiero alegría, placer y goce para todos los seres humanos! No existe una única fórmula mágica para ser feliz, sino muchas. Y la Ayahuasca es una de ellas. Me gustaría que todos los seres humanos la probaran, en algún momento de sus vidas, para que se miren con el rabillo del ojo, el ombligo existencial y tomen conciencia del majestuoso universo que nos rodea—, discursó con los ojos arrebatados.

En ese instante, Fernanda, que seguía la conversación desde lejos, nos interrumpió sutilmente, salvándome de contestarle a Gustavo que, con su línea metafísica estaba más enredado que una pelea de pulpos. Poco a poco lo fui desacelerando y lo persuadí para volver a la realidad y resignarse ante este mundo aburrido que nos alojaba provisoriamente.

Empecé a preparar nuestros bártulos para desembarcar. Había sido una noche interesantísima. Me despedí de Gustavo y Lilian intercambiando abrazos, deseos de buena suerte y direcciones: ellos la de sus padres en Buenos Aires y yo la de los míos en Montevideo. Jamás llegó una carta de ellos. Yo tampoco escribí ninguna.

Como en una rutina de danza muchas veces ensayada, Krahô me ayudó a cargar las mochilas casi mecánicamente. El sol del amanecer, tal vez producto de la gran humedad reinante, subía rojo por sobre la jungla verde. Era una combinación de colores que nunca había visto. La bruma cubría gran parte de los árboles, como si fuera una nube horizontal, alargada. Y el ruido de los pájaros era estridente. Bandadas de ellos pasaban cruzando encima del barco, de un lado al otro, como anunciándonos la proximidad de un gran acontecimiento. ¡Parecía mentira volver a la comodidad de la ciudad! Anhelaba tomar un baño de inmersión con agua tibia, limpia y perfumada. Ese era mi verdadero mundo y en el que había vivido toda mi vida. Somos lo que mamamos.

De un salto, subí hasta el pequeño puente del "Tartaruga" a fin de admirar la destreza de Manuel al realizar la maniobra de aproximación al muelle y despedirme. Nos prometimos mil cosas que, luego, con el pasar de los años, nunca cumplimos. Entre ellas, emborracharnos juntos, algún día, con algunas prostitutas de la Lapa, en Rio de Janeiro, y tirar unos tiros al aire con su vieja escopeta. Manuel había sido un buen amigo. Mantuvo su palabra y nos condujo, tanto de ida como de vuelta, en su humilde barco, con seguridad, amabilidad y destreza, en medio de aguas infestadas de caimanes negros, pirañas y piratas disfrazados de pescadores. Nada se parecía más a un hombre honesto que este capitán dominando su barco y respetando a sus pasajeros. En agradecimiento, le dejé de regalo mi brújula portátil, la cual no quiso aceptar. Al final, se la escabullí en un cajón dentro de su mesa de capitán.

Desde la proa, con la ayuda de mis prismáticos, identifiqué al Dr. Färber, allá lejos en el muelle, esperando nuestro arribo. Me quedé contento que el padre Agustín hubiera podido llamarlo. Con extrema efusividad y alegría, el Dr. Färber fue saludando al aire cuando vio aparecer al "Tartaruga" remontando el gigante río. Fernanda se aproximó y nos juntamos en la proa para también saludarlo agitando los brazos. El profesor, cuando nos distinguió en la proa de la barcaza, sacó su sombrero y lo agitó en el aire, aún más contento. Creo que, en el fondo, no daba crédito a que volviéramos vivos.

Nuestro amigo alemán llevaba un elegante sombrero tipo Panamá, blanco, y vestía un conjunto caqui, de cazadora y pantalón. Empuñando un bastón de madera rústica en su mano derecha, nos contó, de inmediato, que había sufrido un pequeño percance pisando una víbora "casi venenosa" a la entrada de su tallercito. Más tarde nos enteramos que había sido mordido por la mortal Lachesis Muta Rhombeata en el fondo de su casa. El reptil picó primero a los dos perros del doctor, quienes murieron en el acto y luego mordió a nuestro amigo, quien recibió la menor dosis de la ponzoña. Sus perros le habían salvado la vida. Cojeando dolorosamente, tomó el primer machete que encontró y persiguió al ofidio hasta alcanzarlo. Lo enfrentó, lo miró a los ojos por un instante y le cortó la cabeza de un golpe. Thor y Höðr fueron enterrados en el jardín posterior de la casa, junto con sus juguetes.

El futuro que nos imaginamos

De camino a su casa, el Dr. Färber reveló que tenía reservada una sorpresa para nosotros. Había invitado a tres científicos sociales, dos periodistas, un diplomático americano, un médico, dos biólogos y varios indigenistas amigos, a una reunión social en su casa, esa misma noche. Viendo mi cara de estupor empezó a reírse y me dijo que nosotros tendríamos, aún, tiempo suficiente para tomar nuestro baño de espumas aromáticas, antes de la "Kameraden Sitzung".

Esa misma tarde hice dos llamadas por teléfono. La primera fue a mis padres para contarles dónde estaba y qué estaba haciendo. Tras un extracto de nuestro viaje al Amazonas y la breve estadía con los Omagua, resultó difícil que no me vieran como un loco extraviado. Papá me preguntaba por los indios y mamá por Fernanda. Nada era tan dulce como sentirse comprendidos por nuestros padres.

La segunda llamada fue para el gordo Bonavita. Sus últimas noticias eran que el Aventurero estaba subiendo hacia el norte por la costa brasileña, haciendo escalas en varias ciudades litorales y que planeaban recalar en Belém, un puerto sobre la desembocadura del río Amazonas. Vinicius, además, me había mandado un recado por intermedio del gordo: "Diz pro Alberto que a gente vai ficar uma semana em Belém do Pará. Se ele quiser vir conosco é sempre bem-vindo. Vamos celebrar o Natal e a passagem do ano novo no barco todos juntos. Vai ser uma puta festa! ". En ese momento, para mí, lo difícil no fue olvidar el pasado, fue olvidar el futuro que me imaginaba.

Mi baño de sales fue paradisíaco. En la alacena de mi baño había encontrado unas viejas sales italianas de Eucaliptus. Era un paquete de medio kilo, pero todo fue a parar al agua caliente. Vapor, vapor y más vapor, el vapor subía hasta el techo y el agua había quedado verde de tantas sales. Deben existir pocas cosas tan relajantes y placenteras en el mundo como tomar un tibio baño de inmersión.

La reunión, convocada para las 20:00 empezó a las 20:00, algo inusual en Brasil. Y como huestes sarracenas invadiendo Alemania y sitiando sus castillos del siglo XV, fueron llegando los invitados del Dr. Färber, todos juntos a la misma hora, para sobresalto de la bandada de loros posada a la entrada de la casa.

Con Fernanda y él formamos una especie de comité de recepción para ir saludando a los participantes mientras entraban. Fernanda se vistió toda de blanco, con un vestido largo de lino natural ajustado al cuerpo. Krahô se había engalanado con los adornos distintivos de sus ascendientes y yo estrené un par de zapatos negros que me torturaron toda la noche, además de una camisa de polyester, también nueva, que se me pegaba al cuerpo como una ameba porfiada. Esa noche sudé más que un testigo falso.

Con elegantes palabras, el Dr. Färber nos fue presentando ante sus invitados. Inicialmente, hizo alusión a la causa indigenista y al genocidio indiscriminado llevado a cabo en la jungla. Acto seguido, destacó la importante tarea de Fernanda, en aras de la pesquisa antropológica y el desarrollo humano sustentable. Todos escucharon atentos y aplaudieron al final de la presentación del doctor, solicitando la palabra de Fernanda y la mía. Ella fue lacónica. Sólo dijo que el material ya había sido colectado y que, a partir de ahí, sería analizado para verterlo, integralmente, al conocimiento académico general.

Cuando fue mi turno de hablar, yo hubiera querido quebrar una lanza por los Omagua al grito pelado de "Libertad o Muerte", pero percibí que no era el momento ni la audiencia adecuada. A puro "portuñol", intenté expresar en portugués que, en lo personal, había sido gratamente deslumbrado por un pueblo de personas sensitivas, respetuosas de la naturaleza y la familia. Señalé que este pueblo ni siquiera sabía que eran brasileños, viviendo en un país de límites políticos y geográficos. Para ellos, "su país" era la selva amazónica y su río eterno, el Amazonas.

Al cabo de unos diez minutos de verbosidad pseudo científica, con mis pies pidiendo socorro a gritos y la camisa quemándome los sobacos, bajé la intensidad de los conceptos y di por finalizado el monólogo. Para mi sorpresa, los participantes aplaudieron satisfechos, mientras Krahô, a lo lejos, devoraba un enorme cangrejo colorado.

Uno a uno, fui saludando, otra vez, a todos los amigos del doctor hasta llegar a Frank Walker, cónsul general americano de visita oficial en Manaus, quien me dijo sin rodeos:

— Nice speech. You should live in the United States. In my country we value educated people like you who have something to say.

—Well, thank you sir. Can I take your comments as an invitation?

— Sure! You can get a visa in Sao Paulo or at any port of entry on the American territory. This is my card. Call me.

— Thanks for the tip Frank. I'll arrive by sailboat in Miami, Florida, in a few months.

Levantando su copa de vino blanco en el aire, Frank se despidió con una amable sonrisa.

Mi cabeza, víctima del Liebfraumilch helado, o sorprendida por lo que acababa de oír, empezó a rodar, confrontando dos posibilidades: volver a Rio de Janeiro con Fernanda o seguir viaje hacia el norte con mis amigos del Aventurero. Miraba la tarjeta del Cónsul sin poder creerlo. Quizás mi confusión era proyectada en mi cara de alguna manera y se hizo demasiado evidente, porque el Dr. Färber, desde la otra punta del salón, levantó su mano pidiéndome que lo esperara y vino hasta mí, rengueando. Mencionó que varios de sus amigos estuvieron encantados ante la vehemencia de mis palabras, considerando mi extranjerismo. Agradecí la deferencia con una humilde sonrisa y le pregunté, a quemarropa, cómo se llegaba a Belém do Pará desde Manaus. Tomado por sorpresa, el doctor acomodó sus lentes mientras pensaba. Era un hombre listo. En español, susurrando, me dijo: "Puedes tomar un vuelo de avioneta hasta Santarém y de ahí, otro hasta Belém. Es un viaje de unas cuatro horas. O un vuelo directo a Belém por VARIG, de unas dos horas. Creo que en algún lado tengo un mapa para obsequiarte".

Sobre las doce de la noche se fueron los últimos invitados. Luego de ayudar al doctor a amontonar en la cocina la vajilla dispersa por el salón, con Fernanda nos retiramos al dormitorio y encendí una pequeña vela aromática. Yo estaba más cansado que galán de película porno. Aunque en mi mente sólo prevalecía un único pensamiento: transmitirle mi deseo de seguir viaje, sin herir sus sentimientos. Ya lo había decidido. Pero creo que la humedad del ambiente y el calor, empeoraban el contexto aún más. Tomé otro baño antes de acostarme. Mis axilas estaban rojas, paspadas, por la puta-camisa-ameba y mis pies tenían ampollas. ¡Malditos zapatos nuevos! Fernanda sanó mis magulladuras y serví dos enormes copas del Liebfraumilch cabezón, con la supuesta intención de que la embriaguez me ayudaría a elegir mejor las palabras. Decidiría mis planes en la cama. "Al fin y al cabo, entre las sábanas nunca me fue tan mal", pensé.

Como sabía que para decir la verdad no podía haber matices, resolví encarar el tema de nuestro futuro inmediato y explicarle, en pocas palabras y sin rodeos, que había tomado la decisión de viajar a Belém para reencontrarme con mis amigos.

—Fernanda, somos muy distintos. Vos sos una científica y yo un loco aventurero. Vos tenés raíces aquí en tu país, yo no. Mi patria son los amigos que me rodean. Estoy seguro que en el futuro no podría hacerte feliz, como tanto te merecés. Yo siempre me estoy yendo. Ésa es mi naturaleza y nunca podré cambiar. Te ayudé en esta expedición lo mejor que pude. Te protegí, te mimé, te di fuerzas y te seguí hasta este fin de mundo porque te quiero. Pero mi amor eterno dura sólo dos o tres meses. Así soy yo. Es mejor que lo sepas por mí—. Éste había sido mi discurso. Me pareció demoledor. Pero Fernanda no se dio por aludida.

—Alberto, conmigo nunca te va a faltar amor. Y si te hace falta, lo hacemos…—, me replicó con una sonrisa maliciosa.

—Vos sabés que no es falta de amor. Yo sigo a mi estrella. En un par de días viajo a Belém. Pero antes, quiero organizar tu viaje a Rio y acompañarte al aeropuerto para terminar la expedición.

Fernanda no me respondió. Sólo me abrazó bien fuerte. La luz de la vela que había encendido, terminó por apagarse. No podía ver sus ojos, pero sentí húmedas sus pupilas. Ya no había nada más para decir. De improviso, sus senos desnudos se me aparecieron como una luna llena iluminándonos y en mis labios sentí sus besos mojados, excitados, deseosos de placer. "Si la vida es una fiesta, quiero que me saques a bailar", me dijo melosa. ¡No había escuchado nada de lo que había dicho! La empecé a mimar y a acariciar suavemente, hasta que el instinto, al igual que el viento en las velas de un velero, nos impulsó al amor.

Cambia de vicios, pero no cambies de amigos

Cuando despertamos, todavía eternizábamos nuestro abrazo. Un lejano y delicioso aroma a café, proveniente de la cocina, había perfumado nuestro dormitorio. Fernanda me dio un beso rápido y entró al baño.

—Espérame para el desayuno, por favor. —Me gritó antes de entrar a la ducha.

En la cocina, el Dr. Färber tenía pronta una enorme jarra de café negro y panes caseros recién horneados. Había encontrado un enorme mapa de la Amazonia donde trazó nuestro viaje a la región de los Omagua y otro mapita con la ruta que yo debía tomar para llegar a Belém do Pará. En una hojita suelta, me fue anotando horarios de los vuelos, compañías de avionetas que operaban la escala en Santarém y hasta los riesgos de volar en una avioneta pequeña donde el piloto pudiera estar alcoholizado. Todo estaba muy claro. Le comenté que todavía tenía que hacer una llamada telefónica a Rio a los efectos de sincronizar mi encuentro con el barco de mis amigos en Belém y que, obviamente, necesitaba que me dijera el costo de la conexión para abonárselo inmediatamente.

—Alberto, tú eres mi amigo ahora. ¡Hay tantas cosas en la vida más importantes que el dinero! Cuando llegues a dónde quieres llegar, acuérdate de este viejo explorador y mándale una postal bien bonita.

En ese momento, Fernanda entró en la cocina, tan fresca como una rosa blanca mojada por el rocío. Su semblante irradiaba la felicidad de sentirse amada y eso me inquietó un poco, dadas las circunstancias. Volvió a darme otro beso y le dijo al doctor que volvería a Rio al día siguiente para empezar a trabajar en su tesis de inmediato. Me ofrecí a hacer la reserva del vuelo por teléfono. Aceptó. Entonces, le propuse trabajar un rato más, durante la mañana, para terminar de ordenar y clasificar más material del viaje. También aceptó.

Cuando los tres nos disponíamos a iniciar la tarea de codificación y ordenamiento de las grabaciones de audio, Krahô vino a despedirse. Rápidamente, tomé el sobre que tenía preparado con su paga y se lo entregué. También, le regalé mi machete alemán Solingen, con cincuenta centímetros de hoja, empuñadura de aluminio pulido y vaina de cuero repujado. No lo quiso aceptar.

— Krahô, adonde voy, no puedo llevar machete. Voy a vivir en un barco en medio del mar. — Le dije, sin pensar que mi amigo no había visto el mar en toda su vida. —Te pido que aceptes este regalo con alegría en tu corazón, para que me recuerdes cada vez que lo uses. —Insistí.

Los nativos como él no se despedían, ni estrechando la mano ni abrazándose. Los hombres de su estirpe nunca se tocaban, excepto para pelear en la guerra y aniquilar a sus enemigos estrangulándolos hasta la muerte. Consciente y respetuoso de ello, seguí el protocolo lo mejor que pude. Puse el bendito machete al alcance de sus manos, con firmeza, para que lo asiera. Y finalmente, lo hizo. Antes de retirarse, prometió cuidarlo hasta que yo regresara al Amazonas, luego me lo devolvería.

No se despidió de Fernanda. Sólo la miró respetuoso e inclinó su cabeza ligeramente. Entendimos que, despedirse de ella con algún tipo de saludo, hubiera significado una ofensa hacia mi hombría y hacia nuestra amistad.

Años más tarde, el Dr. Färber, en una de sus cartas, me contó que Krahô había fallecido víctima de una fulminante infección de tuberculosis contagiada por el hombre blanco. Antes de morir, pidió a su familia que entregaran el machete al doctor para que siguiera guardándolo hasta mi retorno al Amazonas. Jamás lo usó. Murió con treinta y cinco años.

Finalizada la revisión y el registro de gran parte del material, excepto las fotos que aún no habían sido reveladas, fui a comprar los pasajes al aeropuerto. Fernanda y yo partiríamos hacia nuestros respectivos rumbos, al otro día.

Esa tarde dedicamos todo nuestro tiempo a acompañar al doctor. Lo ayudé a completar algunas pequeñas reparaciones domésticas ante su imposibilidad de subir escaleras debido a su herida en la pierna, aún fresca, causada por la feroz dentellada de la víbora. Arreglamos tres lamparitas de luz quemadas, reparamos el mosquitero de una ventana y le cambiamos las bujías a su Jeep. Él siempre filosofando sobre la vida, mientras que yo le contaba mis historias vividas en el mar. "Comunista hasta hacerse rico, feminista hasta que se casa y ateo hasta que el avión empieza a caer. Ésos son los principios del ser humano de hoy, querido Alberto...". Me decía.

Fernanda, mientras tanto, había llevado flores a la tumba de Thor y Höðr, enterrados al final del jardín en el fondo de la casa. Una vecina artesana, amiga de él, les había tallado dos bellas placas de madera maciza con sus respectivos nombres.

A la noche, preparé unas suculentas chuletas de cerdo a las brasas, maceradas previamente con un licor de ciruelas que encontré en la despensa. Salieron acompañadas con una típica ensalada alemana de papas, especialidad preparada por el doctor y Fernanda. Llamé al plato: "Chuletas de Cerdo a la Färbersalat". Al final de la cena, entre risas y más copas de Liebfraumilch, nos retiramos a la habitación. Dimos unas pitadas a una pequeña colilla de cannabis guardada desde hacía tiempo y prendí un incienso de sándalo.

"Sé que en el fondo me amas", me susurró Fernanda. Y con la dulzura de una paloma, fue besando mi cuerpo desnudo. El tiempo se había detenido, pero sólo por esa noche.

Fuimos escalando la montaña de la pasión, palmo a palmo, disfrutando nuestra propia ondulación corporal, exentos de ansiedades terrenales. Evocamos tierras esplendorosas que nos rociaban bálsamos fantásticos, riendo de nuestro caleidoscopio humano, mientras cabalgábamos uno sobre el otro, probando geometrías físicas inimaginables. Todo su cuerpo se dejó penetrar mil veces. Gemidos, súplicas, sollozos, suspiros, ahogos y jadeos resonaron tan alto como un mar enfurecido golpeando las rocas del acantilado. Cada pellizco, cada mordida, cada gesto, cada meneo, cada respiro, todo era un torbellino de mimos y arrumacos. De pronto, perdido en el laberinto de nuestras piernas, encontré su alma. "Te amo", gimió plena de erotismo. Y el cielo, en ese momento, nos iluminó con una lluvia de cometas.

Cuando dieron las seis, todos los duendes insomnes que deambulaban por el amanecer ya nos habían descubierto. Con todo, aún no habíamos intercambiado ni un sólo reproche. Recostada sobre mi pecho, Fernanda empezó a hablar de mi viaje.

—Linda, tengo dentro de mí todos los sueños. Te lo repito, no puedo hacerte feliz como te merecés.

—Lo que estás buscando quizás no exista como tú te lo imaginas. Tal vez sea una ilusión—, me retrucó.

—Puede ser. Pero tengo que descubrirlo.

—Vuelvo hoy de tarde a Rio y, pasado un tiempo, es probable que no nos veamos nunca más. ¿Es eso lo que quieres?

—Fernanda, lo que yo quiero es ser feliz, igual que vos, igual que todo el mundo. Vinimos a este mundo para ser felices.

—Pero podemos ser felices juntos viviendo en Rio. Sé que es una ciudad que te gusta por el clima y por la costa. Yo no estoy hablando de casarnos y tener cinco hijos dentro de quince días. Podemos comprar un velero. Y si deseas trabajar, mi papá conoce a todo el mundo. Él puede ayudarnos a que consigas algo interesante.

— Fernanda, para mí, vivir es una aventura atrevida o no es nada. Por eso nos conocimos aquél día en el muelle, por eso hoy estamos juntos y por eso me vine hasta este fin de mundo. ¿O no es verdad?

— Estás buscando aventuras, no una esposa. Es una pena. No sabes lo que te pierdes.

Fui hasta el baño. Tomé una ducha demorada con bastante vapor. Me afeité. Me perfumé y retorné al dormitorio. Serví otras dos copas de vino blanco, como desayuno. Tomé la mía casi de un trago, dejé la otra sobre la mesita de luz al lado de ella y volví a acostarme. Fernanda dormitaba. Cuando me vio otra vez bajo las sábanas, juntó su cuerpo al mío, apoyó su boca en mi hombro y dijo que le gustaba mi aroma.

—En realidad no es mío, es de un tal "Azzaro"…, fue el último regalo de mamá antes de partir. Nunca pude usarlo en el velero porque los perfumes no estaban permitidos y en la selva menos, porque no sé dónde leí que a los aborígenes no les gustaba sentir aromas artificiales. Se rió y me dijo que los aborígenes, en realidad, no sabían lo que eran olores artificiales. Pero que, de todos modos, era muy probable que les hubiera gustado mucho más mi olor a sudor.

—Bueno, pues, en ese caso, fui muy, pero muy bien gustado… —, respondí sonriendo.

Volvió a reírse, la abracé y la besé. Se subió encima mío jugueteando. Y en esta posición, empezó a mordisquear mis labios con sus dientes. "No tengas miedo, no muerdo… bueno, a veces sí, pero despacito y sólo cuando hacemos el amor", me dijo. Su cabello cubrió ambos lados de mi cara y la luz de la mañana, láctea, difusa, que entraba por la ventanita de la habitación, como queriendo fastidiar, se hizo todavía más tenue. Fernanda sintió mi rigidez -siempre puntual- entre sus piernas, las abrió y dejó penetrarse despacio, sin apuro, ajustando de ojos cerrados el balanceo en cada movimiento para que todo fuera perfecto. Sus uñas, clavadas como zarpas en mi nuca me lastimaban el cuello tras cada jadeo. Fuimos cambiando de posición hasta que ella quedó sentada sobre mí. Tomé sus senos con las dos manos y dejó escapar un gemido gutural, profundo, levantó la mirada hacia el techo y abrió la boca en busca de más aire. "Perdóname si te llamo amor, es lo mucho que te adoro…", me dijo.

....

Cuando subió la escalerilla del avión a Rio, algo se desgarró en mi pecho. Jamás había sentido nada parecido. Fue un dolor punzante que me acompañó durante meses. Separarnos así, rápido, tajante, fulminante, fue el acontecimiento más terrible que había experimentado en toda mi vida. Fernanda se había despedido diciéndome: "Hasta siempre mi amor, recuerda que te amo hasta el infinito, no te olvides de mí, ni de lo felices que fuimos".

Mi vuelo a Belém do Pará partió algunas horas más tarde. Preferí tomarme el vuelo directo de VARIG para no correr riesgos con avionetas. Antes de abordar, hice una última llamada al gordo Bonavita, para ultimar los detalles del encuentro con la tripulación del Aventurero en Belém. El gordo me confirmó que Silvano había llamado hacía unas horas para decirle que ya estaban fondeados en el puerto de esta ciudad, esperándome para partir. Le pedí que confirmara mi llegada cuando llamara de nuevo. Llegaría a la noche, o sea en dos horas más, por el cambio del fuso horario hacia el este.

Mientras el Boeing 727 carreteaba por la accidentada pista del aeropuerto de Manaus, rememoraba la partida de Fernanda y sus últimas palabras. ¿Era locura dejar el amor de una bella e inteligente mujer, para ir atrás de nuevas aventuras en medio del mar? ¿Me esperaría si yo quisiera regresar en un tiempo prudencial? Inmediatamente, percibí que sólo podría escribirle sin la dirección del remitente, pues el navegar tornaba imposible recibir cualquier tipo de correspondencia mientras estábamos embarcados. Me hice la promesa de enviarle la primera carta que escribiera, desde el primer puerto donde fondeáramos.

Cuando finalmente el avión se elevó sobre Manaus buscando su ruta hacia el este, observé, hasta donde mi vista podía alcanzar, el interminable manto verde de la selva. Era consciente de que mi visión, por más global que fuera desde la altura del avión, no llegaba ni al uno por ciento de toda la jungla. Vi el rio Amazonas serpenteando en medio de ese infierno verde como una gigante anaconda marrón. Y al recordar a los Omagua, a Krahô, a Manuel y al Padre Agustín, cuyos semblantes y expresiones pasaron por mi mente, me alegré hondamente de haberlos conocido y sonreí al evocar las últimas palabras del Dr. Färber, en nuestro abrazo de despedida: "Nunca nos olvidarás, Alberto. Ya tienes, dentro de tu corazón, el amor por la selva y su gente. ¡Disfrútalo y algún día cuéntale al mundo lo que viste por aquí!

Mientras nos aproximábamos a Belém, fui escribiendo en mi libretita de viajes lo que debía concluir antes de zarpar hacia el norte. Primero, retirar todo el dinero de mi cuenta del banco brasileño (unos mil dólares) y cerrarla. Segundo, llamar al consulado americano para hablar con Frank y pedirle instrucciones sobre cómo obtener la visa de entrada a su país por barco. Tercero, llamar a mis padres. Y cuarto, comprar una botella de buen ron para la barra del Aventurero. Según indicaciones del gordo, el velero estaría fondeado en la ciudad vieja de Belém, en una marina ubicada cerca de la Praça do Relógio, al sur del aeropuerto. Llegué de noche, por lo que me fue imposible cumplir con los tres primeros puntos de mi cronograma de prioridades. Pero antes de salir del aeropuerto Val-de-Cães —nunca supe por qué le habían puesto tan divertido nombre a un aeropuerto internacional-, compré una botella de un ron de Guyana, carísimo, con quince años de añejamiento, llamado "El Dorado" y una caja de bombones belgas, en el polvoriento Duty Free. Entre mi mochila, pesando unos buenos veinticinco quilos y las tres bolsas de mano que llevaba, estaba al borde de mis fuerzas. Al llegar a la fila de taxis, tomé el primero que apareció. Era un "fusca" viejo y despintado, adaptado miserablemente para su tarea de taxímetro, donde habían retirado el asiento delantero del pasajero para que subieran y bajaran del vehículo. Un taxista maloliente y ordinario me llevó hasta la tal Praça do Relógio, dando algunas vueltas extras, una vez que notó mi acento extranjero. Pero estaba todo bien. Me sentía muy cansado y con ansias de llegar. No quería pelear. No obstante, cuando el pestilente hombrecito fue llegando a la plaza, la mejor revancha que se me ocurrió fue arrugar, en forma de bollitos bien apretados, los billetes con los que iría a pagarle. Llegado el momento de pasarle el dinero, primero bajé cuidadosamente mi equipaje, lo deposité sobre la vereda y antes de cerrar la puerta, le tiré seis pelotitas de papel, junto con algunas monedas en el piso del taxi.

— ¡Guarda o troco! — Le grité.

Me miró con cara de pocos amigos, se inclinó y fue recogiendo lo que le había tirado. Pero antes que me retrucara, vociferé:

—E da próxima vez, pelo menos limpa o táxi, nojento! Os índios da Amazônia são bem mais gente do que você!

Creo que el tipo, por un segundo, evaluó mi cara de loco y mi metro ochenta de estatura, puso primera en su "troncomóbil" y salió disparado sin decir palabra. ¡Qué bien había empezado mi vuelta a la sociedad!

Cargando mis bártulos como pude, me dirigí hasta donde me pareció que podría estar ubicada la entrada a la marina. Caminé unos metros y una brisa salobre refrescó mi memoria. El olor era inconfundible. Atravesé la calle y enseguida vi mástiles de veleros a lo lejos. Hacia allá debía dirigir mis pasos. Pero, exhausto por cargar mis bultos, me detuve y busqué identificar los mástiles de los barcos para acortar el camino. Al cabo de un minuto y con el aliento recuperado, identifiqué los dos mástiles del "Aventurero". Un bienestar me invadió el alma. Era como volver a casa.

Con mis últimas fuerzas arrastré los bártulos hasta la punta del muelle. Y a unos veinte metros, de rodillas, vi a Charlie inclinado sobre una cornamusa intentando amarrar un cabo. Le grité con todo el aire de mis pulmones:

— Che, porteño de mierda, ¿no tenés nada para tomar?

— ¡Albertito, no puedo creerlo! ¡Ya estás aquí! Dijeron que venías mañana. ¡Qué alegría! ¡Ahora estamos todos!

— Charlie, ¡qué grande verte de nuevo! Ayudáme con este muerto, por favor. ¡Tengo los muñones dormidos! ¿Vos cómo estás?

— Yo estoy bárbaro. ¿Pero cómo andás vos? Vinicius nos contó que estuviste viviendo entre los indios del Amazonas. ¡Sos un loco! ¿Pero qué tal las indias? ¿Es verdad que andan en bolas todo el tiempo?

— Más o menos. Pero después hablamos de eso. Ahora sólo quiero terminar de llegar, descargar y relajarme. Traje una botellita especial para compartir con la barra...

–¡Albertito, amigo querido, jamás dejemos de ahorrar en bebidas!

Con su ayuda, fui tirando los bártulos sobre el cockpit del barco. Cuando puse mi pie derecho –el de la buena suerte- sobre la borda del "Aventurero", Chabela, que estaba enfriando un postre recién hecho en la sillita de la proa, me gritó:

— ¡Alberto, no puedo creerlo! Pensamos que nunca más vendrías. Creímos que te habías casado con la carioca y te habías olvidado de nosotros. ¡Bienvenido a bordo!

—Gracias Chabela. ¡Ahora me siento en casa! ¿Qué preparaste de rico ahí?

—Es el budín de leche condensada que tanto te gusta. Y como no teníamos ninguna lata de leche a bordo, mandé a Vinicius a un supermercado que queda en el orto del mundo, para que me comprara seis latas. Me puteó, lógico. Pero quedó como a vos te gusta, con bastante caramelo. ¡Te extrañamos mucho, boludo!

—Gracias, loca. Yo también los extrañé muchísimo. Es por eso que estoy aquí.

Vinicius y Silvano, advertidos por la batahola, subieron al cockpit. Y entre los tres, nos dimos un fraternal abrazo. Hasta alguna lágrima se me cayó, que intenté disimular mirando hacia el costado, secándola con la mano. Pero Vinicius lo notó y me dijo:

— Meu amigo, a cura para tudo é sempre a água salgada: do suor, das lágrimas ou do mar. Seja bem-vindo a bordo!

Del Paraíso al Infierno

Congregarnos para la cena en el salón principal de nuestro velero fue un bálsamo para el alma. Allí estábamos todos de nuevo, los amigos, esas lámparas eternas de la vida, descorchando botellas, compartiendo los chorizos a las brasas hechos por Silvano en el muelle arriba de una vieja chapa oxidada, riéndonos a carcajadas, fumando y contando todo tipo de historias; hoy especialmente, mis historias. Entre copa y copa, empecé enhebrando los relatos, con especial mención para mi romance con Fernanda. Les conté acerca de la belleza del río Amazonas, la tragedia de los Omagua, mi viaje con el entrañable Manuel y su "Tartaruga", la expedición con el bienaventurado padre Agustín, la fidelidad de Krahô y la grandeza del Dr. Färber. Todos ellos estuvieron en mi relato. Mis amigos habían quedado extasiados con mi aventura en la selva y habían sido transportados, a través de mis palabras, hacia las propias entrañas de la floresta. Silvano, notando que mi corazón seguía muy sensible al recuerdo remató:

— Al final, todo sale bien. Y si no es así, es porque no llegó el final...

—Brindemos por eso —Agregó Charlie y las copas tintinearon.

Chabela, sin más, empezó a servir mi budín de leche condensada. Luego, fumamos algo que Charlie nos invitó y empezamos a hablar de los preparativos para la Navidad y el Año Nuevo. Vinicius tomó la palabra.

— Em dois dias será Natal. E amanhã, Silvano, Alberto e eu, vamos para o centro da cidade para comprar tudo o que ainda está faltando para a viagem. Zarpamos na quinta-feira.

A la mañana siguiente, un sol fastidioso se coló a través de una de las ventanitas del velero enfocándome de lleno en la cara. Yo ya estaba despierto hacía un rato, pero escuchaba, aletargado, el suave crujir del barco y el repiqueteo de un obenque suelto que golpeaba contra el mástil principal, insistentemente. Miré el reloj. Eran casi las siete. Charlie preparaba el desayuno. El aire de la cabina olía a café, pan tostado y ron. ¿Ron? Sí. Había sobrado una generosa copa de la botella y ésta formaba parte del desayuno promovido por nuestro porteño amigo. La libertad a bordo era un lujo que todos podían permitirse.

Luego de tomar una ducha fría, o sea templada, por la temperatura de Belém, en el baño de la marina, volví al velero para desayunar. Como siempre, los desayunos a bordo eran esencialmente personales. Cada uno elegía lo que más le satisfacía, se servía y se sentaba en cualquier lugar confortable del barco, de preferencia con una buena vista, a degustarlo. En alta mar, la tripulación de los veleros cohabitaba las veinticuatro horas del día en espacios muy reducidos y el desayuno era, a veces, una oportunidad de encontrarse a sí mismos al inicio del día, para retomar contacto con la brújula interior. En mi caso, tomé una taza de café negro, sin leche y sin azúcar, unas tostadas con bastante manteca y el último pedazo del sabroso budín de Chabela. El dulce del postre tanto embelesó mis insaciables endorfinas que, a los quince minutos, tenía todo el plan del día pronto en mi cabeza. Vinicius y Silvano aparecieron por el muelle a buscarme para hacer las compras. Antes de partir, entré al velero, tomé mi libretita de teléfonos, mis documentos y salimos hacia el centro de Belém en un taxi, felizmente, limpio.

Belém, la capital del estado brasileño de Pará, tenía una población de poco más de un millón de habitantes. Era el principal punto de entrada para la Amazonia, pues se encontraba ubicada en la propia desembocadura del río Amazonas. Era una pintoresca ciudad de origen portugués, fundada en el siglo XVII. En esa época, había sido un puerto estratégico para los portugueses porque podían controlar la navegación de toda la región, impidiendo invasiones extranjeras.

El taxi nos dejó en el centro de la ciudad. El plan era retirar todo mi efectivo de la cuenta del banco, cerrarla, convertir los cruzeiros en dólares americanos, llamar al Consulado de los EEUU en São Paulo para intentar localizar a Frank y comunicarme con mis padres para contarles el cambio de planes. La verdad, no sabía qué decirles. Qué sería peor: la selva Amazónica o los huracanes del Caribe. En fin, algo tenía que comentarles, por lo menos, que estaba vivo. También, quería hablar con Fernanda para saber si había salido todo bien en su regreso a Rio de Janeiro.

Cumplida la diligencia del banco, buscamos un teléfono público para hacer una llamada a cobrar a la casa de mis padres. Ellos estaban bien y como siempre, deseándome la mejor de las suertes. Mamá me hizo jurar por Dios y la Virgen Santísima que usaría mi chaleco salvavidas durante toda la travesía por el Caribe. Con Fernanda hablé unos quince minutos. Nos pusimos al día con nuestros propios planes. Prometió mandar copias de las fotos de nuestro viaje a la casa de mis padres. Era la única dirección posible. Le pedí que también mandara copias al Dr. Färber y al Padre Agustín. Le dije que la extrañaba porque me lo preguntó a quemarropa. Pero mentí. Mi adorable carioca no lo percibió y se puso contenta. Antes de cortar, prometí llamarla desde algún puerto del Caribe, aunque nunca lo hice. No volví a saber de ella hasta que, tres años más tarde, el Dr. Färber me escribió que Fernanda, había publicado, con mucho éxito, su tesis, citándome en los créditos, como "expedicionario investigador" y "perito en exploraciones fluviales". Un inmerecido honor dirigido hacia este pertinaz viajero.

Para las compras de provisiones fuimos al histórico Mercado "Ver-o-Peso", de taxi. En esta ocasión, el destino nos había mandado un frenético corredor de carreras. Era un joven de unos veinticinco años, con pelo largo que le llegaba hasta los hombros enroscado en forma de trenza equina, manejando una Brasilia como si fuera una Ferrari Testarossa. Sentado en el asiento de atrás, a las dos cuadras de iniciado el viaje, le dije que no estábamos apurados por llegar a nuestro destino y que lo nuestro no era un asunto de vida o muerte. No hubo caso. El tipo seguía encarnizado con el acelerador. El velocímetro indicaba que viajábamos a noventa kilómetros por hora mientras cruzábamos la zona céntrica de la ciudad. ¡Una locura! Vinicius, desde el asiento delantero, se destornillaba riéndose a carcajadas. Y me decía en portuñol: "No te preocupes Alberto, el pendejo sabe o que faz". Pero a mí, me importaba un comino su sapiencia automovilística. Íbamos a noventa cruzando las calles céntricas de la ciudad. ¡Era más peligroso que un cirujano con hipo! A las cinco o seis cuadras le toqué la espalda y le grité:

—Cara, se você quer morrer, está tudo bem. Mas eu quero morrer de uma puta doença venérea e não num acidente de trânsito. Dirige devagar ou você não vê um tostão da gente.

El taxista disminuyó un poco la velocidad, aunque no mucho. Yo cerré mi puño derecho esperando una reacción en contra. Pero nada pasó. Entonces retrucó sin mirar para atrás:

— Parece que o amigo estrangeiro tem medo de morrer. Mas não fica com medo, não. Eu sei muito bem o que eu faço.

— E eu sei muito bem o que eu quero. Por isso estou te falando: vai devagar, se não vai levar porrada mesmo… seu filho da puta!

Las palabras salían de mi boca sin ningún control. Hablaba primero y pensaba después. Especulé que, siendo tres contra uno, nuestras chances serían buenas. Pero después, reflexioné que el tipo podría estar armado, tener un revólver o un cuchillo bajo el asiento. Ya era tarde. La puteada había sido lanzada como un coctel molotov en medio de un ataque alienígena. Sin embargo, era una buena puteada, tenía fuerza, era clásica. La había aprendido a la salida del Bar de Arnaldo, en Santa Teresa, mientras se peleaban dos borrachines. Y me había gustado tanto que hasta la había memorizado en portugués.

El taxista, observando mi cara desde el espejito dentro del auto, evaluó mi grado de locura y osadía en un santiamén. Su frágil posición, de espaldas hacia mí, prevaleció más que mi temeridad, porque me respondió más apacible:

— Tudo bem. Quem paga é você. — Y ahí, hicimos las paces.

El mercado Ver-o-Peso, fundado en 1901, me encantó. Estaba situado en la esquina del Boulevard Castilho Franca, en la Ciudad Vieja de Belem, a orillas de la bahía de Guajará. Era un punto turístico y cultural en la ciudad, considerado el mayor mercado al aire libre de América Latina. Había sido candidato a una de las siete maravillas de Brasil. Estaba rodeado por cuatro torretas coloniales en cada una de sus esquinas, lo que le infería un aspecto ancestral, clásico. Vendía todo tipo de alimentos, bebidas locales y yerbas medicinales traídas desde el Brasil profundo. Para nosotros, fue muy fácil encontrar lo que queríamos, fresco, natural, barato y abundante.

Salimos cargando tres bolsas de alimentos, café, tés medicinales, algo de cannabis y hasta un papagayo que nos regalaron por ser buenos clientes, venía atado con una cuerdita en su pata izquierda. Lo llamamos Perico y lo liberamos en el parque al lado de la marina. Voló hasta el árbol más alto y se paró en una rama, nos miró incrédulo, tal vez agradecido, nunca lo sabremos, picoteó su pata unos instantes, como cerciorándose que ya no llevaba la atadura y desapareció planeando rumbo al río. Viéndolo elevarse, me chisporroteó en la cabeza la letra de una música de Luis Alberto Spinetta: "Tengo que aprender a volar, entre tanta gente de pie…". Se lo comenté a Silvano y ambos subimos al barco cantando la preciosa música del flaco.

Yo, nuevamente, fui el encargado de almacenar las provisiones. El "método Font", como lo llamaban, funcionaba a las mil maravillas puesto que todos me ayudaban a mantener la codificación de lo aprovisionado en el cuadernito para tales efectos. Sin el gordo Bonavita, la cocina pasó a estar a manos de Cha-Cha-Chá (los Chantas Chabela y Charlie), como le pusimos bromeando a los nuevos cocineros. Y a la noche, salió una típica cena argentina de carne asada con chorizos y ensalada mixta de lechugas, cebollas y tomates. Durante la comilona, los chicos me pidieron que contara más aventuras de la selva y los complací. Les relaté la historia de la raya que picó al joven pescador de tortugas y nuestro encuentro con Gustavo y Lilian, los tomadores de ayahuasca. Estuvimos disfrutando la charla como hasta las tres de la mañana, cuando se largó una furiosa lluvia con viento, cerramos todo y nos fuimos a dormir. Ya era Nochebuena.

Me levanté antes que nadie y preparé el desayuno para todos; serían las nueve. Hice el café como a mí me gustaba, bien cargado y calenté al horno unas empanadas rellenas de carne del día anterior. A Charlie, por supuesto, le puse en el hielo su cerveza matinal. Por fortuna, la lluvia había parado aunque la humedad aún era alta. Cuando subí a cubierta para estirar las piernas, decidí caminar por el muelle y noté que estábamos inmersos dentro de una nube de cerrazón que cubría todo el fondeadero y gran parte del río. Volví enseguida y cerré algunos tambuchos y escotillas para que la humedad no entrara al interior del barco. Poco a poco mis compañeros fueron despertando medio ensordecidos por las bandadas de pájaros gorjeando rabiosamente a nuestro alrededor. Sobre las diez, todos habíamos desayunado a excepción de Charlie. Me acerqué para despertarlo, lo zarandeé un poco y le dije:

— ¡Dale porteño, te la pasás durmiendo! ¡Acá tenés tu cerveza esperándote!

— ¡Hola Albertito! Lo que pasa es que soy tan buen tipo que no madrugo, para que Dios ayude a otra persona…

Después del desayuno fuimos con Silvano, Chabela y él hasta el bar de la marina para usar el teléfono. Hicimos varias llamadas "a cobrar". Yo hablé con mis padres y los saludé por la Navidad. Intenté comunicarme con Fernanda, pero no la encontré en su casa, supuse que estaría con su familia y desistí de llamarla. También llamé al Consulado de los Estados Unidos en Rio de Janeiro. Me pasaron con Frank. Le expliqué que ya estaba en el velero rumbo a Miami y me sugirió que cuando llegara a esta ciudad, pidiera la visa de entrada directamente con los oficiales de inmigración. Además, me dijo en inglés, "tú tienes mi tarjeta para que me llamen por cualquier duda". Luego, nos dirigimos hasta la oficina de inmigración brasileña para que sellaran nuestros pasaportes con la salida de Brasil, lo que sucedería al otro día. Al principio, se negaron a hacerlo aduciendo que tenían que sellar la salida el mismo día de la partida, algo imposible dada la hora en que zarparíamos. Finalmente, Charlie les regaló las dos botellas de "Velho Barreiro" que habíamos comprado para hacer "caipirinhas" durante el viaje y los tipos visaron, firmaron, sellaron, rubricaron, lacraron y legalizaron nuestra salida en menos de un minuto, sin siquiera objetar que nuestras visas para seis meses de estadía en territorio brasileño ya estaban vencidas. ¡Nunca vi un matasellos moverse tan rápido!

Esa Nochebuena la pasamos todos a bordo del Aventurero concentrados en los preparativos de nuestro inminente nuevo viaje por alta mar. Destino: Cayena, a unas 520 millas náuticas, en la Guayana Francesa.

Zarpamos bien temprano en la mañana. Dejábamos Brasil navegando por una de las extremidades del río Amazonas, al sur de la Isla de Marajó. Pusimos rumbo NE y al pasar por la Bahía de Santo Antonio, llegando al enorme canal central, varias bandadas de aves multicolores nos sobrevolaron. Deleitaron mi vista y me alegró verlos volar tan alegres. Pensé enseguida que Perico podría estar entre esas aves y me alegré por un instante. Eso era bueno, especialmente en una partida, siempre había algún dolor que distraer, alguna historia que olvidar.

Mientras atravesábamos la desembocadura del enorme río en busca del océano Atlántico, pude ver que estábamos rodeados, casi continuamente, de enormes troncos de árboles llevados por la fuerte corriente. Éstos flotaban hundidos, a nivel de la superficie del agua, en la misma dirección del barco. Gracias a una constante brisa de popa, pudimos apagar el motor y subimos la vela mayor para mejor estabilizarnos y hacer menos ruido. Enseguida, tomé conciencia de que mis amigos habían desafiado todos esos troncos para irme a buscar a Belem. Habían navegado por la desembocadura del río Amazonas en contra de la corriente, sorteando todos estos riesgos, sólo para esperarme. Me sentí agradecido y percibí que cuando decíamos "amigos verdaderos", "verdaderos" era una redundancia.

A medida que nos aproximábamos a la desembocadura, el color del agua fue cambiando de marrón oscuro impenetrable a marrón translúcido. La brisa que nos había impulsado a la salida, se había transformado en un soplo de viento constante y favorable a nuestro rumbo. Subí la guenoa. Algunos troncos seguían amenazantes a nuestro lado y los pasábamos, a veces, restregando el casco del barco. Silvano timoneaba. Yo iba sentado en el banquillo de proa, escrutando el horizonte y el agua, para no toparnos con alguno atravesado. Al cabo de algunas horas habíamos pasado la Bahía de Marajó y Chabela nos sugirió en aquel momento, cambiar a rumbo norte para atravesar la línea del Ecuador en pleno océano. Así fue. Dejé mi puesto en la proa y me instalé al lado de Silvano. Olas más grandes nos sacudían. Y otra vez, el bendito olor a mar penetraba mis sentidos, embriagándome de historias por vivir.

A la línea del Ecuador la cruzamos a los W48°07'48". ¡Ya estábamos en el hemisferio Norte! Ahora faltaba la fiesta que Chabela había organizado con atuendos alegóricos comprados en Belem.

La ceremonia del cruce de la línea ecuatorial, se había originado en tiempos de los griegos. Éstos la practicaban cuando cruzaban ciertos paralelos de latitud. Posteriormente, antiguos navegantes utilizaron esta ceremonia para congraciarse con Neptuno, Rey del Mar, a quien temían. En el Aventurero, la ceremonia del cruce de la línea ecuatorial tuvo un carácter teatral y divertido. En ella se "bautizó" a todos los novatos que la cruzaban por primera vez, o sea, Charlie y yo. Todo empezó cuando el velero llegó a latitud de 0 grado. Bajamos las velas y quedamos derivando en un mar planchado por falta de viento. En ese momento apareció Neptuno (Vinicius) de barba blanca, tridente y una corona que se veía más falsa que un diente de madera; la Reina Anfítrite (Chabela) de vestido largo azul y collares estaba igualita a Yemanjá; el Médico Real (Silvano) y otros seres de la mitología griega invocados a grito pelado, quienes constituyeron la corte. El Médico Real preparó entonces un "tablón" (el tangón del spinnaker) saliendo por la borda, donde luego de haber recibido un buen baño de harina en nuestras cabezas, rociado por la Reina Anfítrite, fuimos obligados a caminar por él hasta caer al agua de espaldas, para que los "tiburones" nos recibieran. Volvimos al barco nadando y limpios de las impurezas mundanas. Subimos por la escalerilla de popa ayudados por el propio Neptuno que nos extendió su tridente (el bichero) cortésmente. Terminada la ceremonia y aceptados por el Dios del Mar, se nos entregó un diploma que nos acreditó como miembros del "Reino de Neptuno".

Una vez recuperado de la ceremonia ecuatorial, me dediqué de lleno a la pesca. Con mis amigos Omaguas había aprendido algunos pequeños trucos que quería probar. ¡Qué gran maestra era la práctica! Era sólo tirar y recoger. Luego de unas tres horas, que se me pasaron volando, había capturado cuatro hermosos atunes. Dos de ellos volvieron coleando al agua a pedido de Chabela, pues nuestra capacidad de almacenamiento había sido superada. El hielo comprado en Belem ya se había transformado en agua y la única alternativa era consumir el pescado inmediatamente o limpiarlo y salarlo para que durara un par de días más, porque no cabía en la heladerita del velero. De todos modos, ya teníamos unos ocho quilos de carne fresca a disposición, para que Cha-Cha-Chá cocinara algo rico, aprovechando las recetas que el gordo nos había dejado de regalo. Y esa noche, nuestros cocineros se lucieron con una de las más ricas cenas experimentadas en toda esa travesía: Atún Con Salsa De Pimienta Negra y Nectarinas Fritas. "Conmover antes que alimentar" nos dijo Chabela al servir. Y Charlie nos regaló una divertida payada al son de las bordonas:

> ♫ Rechonchos dioses de la mar
> Guiaron nuestras manos
> Para hacerte saborear
> Este plato supra-humano.
> La cocina es nuestro templo
> Y sus fogones nuestro altar.
> Nunca verás mejor ejemplo,
> ¡Hasta el Peñón de Gibraltar!
> Si valorás comer a bordo
> Arrimate a Cha-Cha-Chá
> Que la Vida es una dicha
> Por las recetas del Gordo... ♫

La noche, en alta mar, nos encontró compartiendo éstas y otras. Todos habíamos bebido y fumado más de la cuenta. Las primeras cuatro horas de guardia estaban a cargo de Vinicius, luego iba Silvano y a las siete de la mañana empezaba mi turno. Tendría tiempo para leer algo antes de dormir y, tal vez, esa noche, soñar con Fernanda a quien ya empezaba a extrañar. Pero no fue. Soñé con el Uruguay y su gente. Soldados armados entraban a mi casa y se llevaban a papá porque habían encontrado un libro de tapa roja titulado "Sociología". Papá les decía: "No, no quiere decir "Socialismo", no tiene nada que ver. Están confundidos. Déjenme ir, por favor". Y se lo llevaban mientras mamá lloraba. Fue una pesadilla aterradora. Estábamos en alta mar, a más de cinco días de viaje para alcanzar algún teléfono y eso me atormentó. Cuando Silvano me llamó para tomar mi turno, estaba despierto hacía rato. Subí caminando como un zombi.

Cuando llegamos al final de la costa este de Brasil, encontramos una fuerte corriente que subía hasta el norte y nos llevaría directo hasta las Antillas. Era muy fuerte, provenía de África, cruzaba el Ecuador y pasaba por el Caribe. Era constante, o sea que si quisiéramos volver con nuestro velero por el Atlántico, tendríamos que ir hasta las Antillas, cruzar a Europa o África y volver con los vientos alisios, que eran casi permanentes, hasta el sureste de Brasil.

Sin embargo, desde que atravesamos la línea del Ecuador, habíamos entrado en una calma absoluta con escasísimo viento. Casi no nos movíamos. Según nuestro capitán, era normal en esta área oceánica y podíamos pasar así varios días más. En la antigüedad, la tripulación de los barcos que llegaban a esta zona, consumía casi todos los víveres y muchas veces tiraban los caballos por la borda, pues estos animales tomaban demasiada agua. Generalmente, pasaban muchos días a la espera de que alguna corriente los llevara hacia donde soplaban los vientos. Los alisios del noreste, en el hemisferio norte y los alisios del sureste en el hemisferio sur, lo mismo que sucedía con los huracanes que se producían en ambos hemisferios, jamás llegaban a encontrarse porque los separaba, de hecho, esta franja conocida desde hacía siglos como "la zona de las calmas ecuatoriales". Así, ningún huracán podía formarse en un hemisferio y cruzar la línea del ecuador hacia el otro.

Al cabo de unas seis horas, ya cuando caía el sol, entramos en la corriente de la Guayana y a pesar del poco viento, ésta nos fue llevando hacia el NE como una gran mano invisible. Nuestro plan era fondear en Cayena, capital de la Guayana Francesa, para abastecernos de frutas, verduras, carnes y auténtico ron, por supuesto. La única opción era el puerto de la ciudad pues no había embarcaderos públicos o marinas privadas donde anclar. Todas las costas de esta ciudad, ubicada sobre la desembocadura del río Cayenne, habían sido saturadas de arena y barro que el río había ido depositando al cabo de los siglos. Sólo su puerto, de mediano tamaño, era dragado constantemente para permitir el acceso de los buques cargueros.

Cayena lucía bastante próspera, con cafés de estilo francés, boutiques, panaderías y parques bien cuidados. Hasta tenía un zoológico que exhibía extrañas criaturas de la selva local. A lo largo del antiguo muelle de piedra, en el paseo marítimo, había un animado mercado de verduras y pescado que ofrecía todas las frutas tropicales típicas, además de otros manjares como cocodrilo ensopado, carne de mono y por supuesto, los famosos y picantes ajíes de Cayena. Si bien esta ciudad tenía mayor variedad de productos que Belem, los precios eran exorbitantemente caros. Compramos solamente lo imprescindible, pasamos la noche abarloados a un remolcador medio abandonado y nos escapamos rumbo a Kourou, a la mañana.

Kourou estaba a unas treinta millas al NW de Cayena. Era una ciudad viejísima, fundada por los jesuitas en el 1710. Habíamos sido advertidos, por varios amigos navegantes, que esta ciudad tenía una alta tasa de robos, especialmente a turistas. Así que decidimos ser breves y precavidos.

A sólo siete millas de la costa de Kourou se encontraba la ex colonia penal de la Isla del Diablo. Para cualquiera que haya leído el libro "Papillón", de Henri Charrière, esta isla evocaba escenas de inmenso sufrimiento e intentos de fuga dramáticos. Varios de mis compañeros y yo habíamos esperado una oportunidad como ésta para descubrir los mitos y las verdades sobre esta isla tan denostada. A la colonia penal de Cayena se habían deportado unos ochenta mil presos en menos de un siglo y todo estaba preservado, desde la antigua colonia penal para prisioneros comunes, hasta el hospital y la capilla. En toda la zona, además, se podía practicar la pesca deportiva y capturar meros, sábalos e incluso enormes tiburones, que era lo que más abundaban.

Pese a que los vientos y la corriente nos llevaban suavemente a lo largo de la costa de la Guayana, jamás imaginamos que la Isla del Diablo y sus dos islas vecinas, la Isla Real y la Isla San José, presentaran tan difícil navegación. Habíamos entrado en una maraña de corrientes entrecruzadas que nos hacían salir del curso constantemente. Este grupo de tres pequeñas islas volcánicas eran llamadas "Îles du Salut", o sea, Islas de la Salvación. Su extraño nombre había sido adjudicado por los supervivientes de una expedición francesa fallida, en 1763, donde unos cientos de colonos, sobrevivientes de un grupo original de once mil, se habían refugiado aquí de las enfermedades transmitidas por los mosquitos de la parte continental. La historia volvió a repetirse cuando los franceses establecieron la colonia penal en las islas, en 1852. Las islas fueron utilizadas como un establecimiento penal de Francia, tristemente recordadas por la inhumanidad con que eran maltratados los condenados.

A la mayoría de los prisioneros franceses, por aquellos años, se les daba la opción de cumplir sus condenas en Francia o en Guayana y muchos optaban por ésta. Se establecieron enormes campos de prisioneros en la parte continental y en las islas, siempre acuciados por constantes brotes de fiebre amarilla y otras enfermedades tropicales que, periódicamente, exterminaban, de a miles, a los condenados.

El fondeadero principal de las tres islas estaba en la llamada Isla Real, debajo de una casa rosada de dos pisos que colgaba de una empinada ladera. Cuando llegamos, había sólo otros dos veleros anclados, uno tenía bandera norteamericana y el otro, panameña. Este ancladero, fangoso y llano, con un máximo de tres metros de profundidad, no era apropiado para pasar una estadía. Fuertes corrientes nos mandaban violentos bandazos laterales que, para neutralizarlos, tuvimos que tirar otra ancla desde la popa, manteniendo la proa del barco apuntando siempre hacia el oleaje. Según Silvano, el viento era normal para esa época del año y coincidía con la información de las cartas náuticas. Ubicadas a los cinco grados de latitud norte, estas islas estaban bajo la influencia de los vientos alisios del NE y a veces, de la llamada Zona Intertropical de Convergencia. El fondeadero nos daba sólo una protección parcial, por lo que fue necesario estar muy atentos al pronóstico del tiempo y preparados para una salida de apuro si se largaba alguna borrasca. Chabela y Charlie, permanecieron a bordo a tales efectos.

Con Vinicius y Silvano remamos en nuestro botecito inflable hacia el muelle principal, lo amarramos a unas viejas argollas de hierro oxidado y subimos por una calle empinada, rodeados de plátanos, papayas y cocoteros. Las calles estaban adoquinadas con bloques de piedras grises cortadas a mano y puestas en su lugar con extrema precisión por generaciones de prisioneros. Muros bajos, de esta misma piedra, bordeaban todos los senderos y servían como un malecón de aspecto natural a lo largo del puerto.

Situado cerca de la cima de la colina, supongo que para recibir la brisa fresca del océano en la cara, encontramos al único gendarme encargado de la isla. En un dialecto criollísimo, compuesto de francés, inglés, español, portugués y otras mezcolanzas africanas y amerindias, nos pidió identificación. Tomó nuestros nombres, el nombre del barco, nuestro propósito en la isla y los fue anotando en un cuadernillo de tapa negra, con primorosa letra manuscrita. Parecía que dibujaba en vez de escribir. Como yo era el único que chamuyaba algo de francés, mis compañeros me cedieron el honor del trámite. Ojalá todos las gestiones fueran así de rápidas. En menos de dos minutos, el amable gendarme nos había despachado, no sin antes advertirnos sobre los objetos del presidio y las plantas de la isla. No era permitido tomar ni cortar nada. Asentí con una falsa sonrisa y seguimos subiendo.

Llegando a la cima de la colina, la vista era asombrosa. El azul del mar contrastaba con el verde brillante de los cocoteros y la brisa de la tarde producía espuma blanca encima del lomo de las olas, todo brillaba bajo los rayos del sol. Una línea de ondas rompientes se quebraba sobre las rocas negras volcánicas, creando una escena típica de Gauguin. Al cabo de un rato, medio cansados por la subida, nos detuvimos a descansar. Silvano abrió tres cocos verdes con el machete para saciar la sed, mientras enormes cacatúas revoloteaban entre los árboles. Un mono pequeño apareció, nos vio, chilló y se escondió entre el follaje. Toda la isla estaba poblada de agutíes, que eran unos simpáticos roedores sin cola, bastante grandes. Aquí los llamaban "picurés" y me recordaron a los "carpinchos" uruguayos y argentinos.

Cuando llegamos a la cima, nos encontramos con el faro de la isla. Y al lado, una capilla de madera. Entramos por curiosidad, más para protegernos del sol que para satisfacer nuestra religiosidad, ya que Silvano era agnóstico, Vinicius espiritista y yo cristiano olvidadizo. Pero encontramos algo especial. Algunas paredes y parte del techo de la capilla estaban decorados primorosamente, con representaciones pictóricas que imitaban los frescos de Michelangelo en la Capilla Sixtina. Según la reseña histórica escrita en uno de los cuadros, todos habían sido pintados por un prisionero francés llamado LaGrange, famoso falsificador que estuvo aquí prisionero, durante algunos años. Devuelto a Francia al final de su condena, también escribió un libro, relatando los horrores en las cárceles de las islas.

La Isla Real, en la que nos encontrábamos, era la más grande de las tres. Tendría un quilómetro y medio de ancho y había sido el centro administrativo de la colonia penal. Aquí, los prisioneros habían trabajado descargando los buques, haciendo el mantenimiento de los edificios, cuidando de los jardines, cortando e instalando las rocas para hacer los muros, las carreteras y las escaleras que pisábamos. Según una de las reseñas que leímos en la capilla, luego de matar a un guardia, cientos de ellos habían sido guillotinados en un día.

Ya era de tardecita cuando volvimos al Aventurero con las mochilas repletas de cocos verdes, mangos y papayas. Pero la bajada no fue nada fácil. Entre la humedad del ambiente, el calor, el sudor, el apuro por llegar, el peso de las frutas en la espalda y la imperiosa huida de la vista del gendarme, la bajada se hizo más peligrosa que la infancia de Al Capone. Chabela y Charlie ya tenían pronta la cena, por lo que decidimos pasar la noche en ese ancladero fangoso y cruzar, de mañana, hacia la Isla San José. Charlie preparó la bebida tradicional de la Guayana francesa, el "ti'punch", (ron, jarabe de azúcar y zumo de lima), que tomamos sin hielo, pero acompañado, en un vaso aparte, con agua helada. Según él, así debía tomarse esta bebida. Chabela, por su parte, había preparado otra receta del gordo: Pollo Guisado, con ananá, jengibre y cilantro. Nos fuimos a dormir tardísimo, contando historias espantosas de prisioneros torturados y leyendo, en voz alta, pasajes enteros del libro Papillón.

La Isla San José era la isla más meridional de las tres Islas de la Salvación. Durante el período en que éstas fueron utilizadas como colonia penal, había estado reservada también para el confinamiento en solitario. Con una altura aproximada de sólo treinta metros sobre el nivel del mar, era también la isla menos alta del grupo y la mayor parte de su extensión estaba cubierta de una densa vegetación. En esta pequeña isla había funcionado una cárcel con más de dos mil prisioneros, como lugar de confinamiento, manicomio y cementerio. Las ruinas más importantes todavía podían verse en medio de la selva, lo que daba al lugar un entorno espeluznante. Este sitio remoto y aislado era conocido como el "devorador de hombres" por los presos, especialmente aquellos que eran enviados a la "solitaria" o encerrados como criminales dementes. Restos de barras de acero y cadenas, utilizados para inmovilizar los prisioneros a sus camas, todavía se encontraban dispersos a través de los pisos de tierra desnuda de las celdas. Hoy, la cárcel era hogar de cientos de monos, donde imponentes cocoteros crecían a través de las rejas encima de las celdas, los mosquitos y las arañas invadían el aire húmedo en la espesura, junto con plantas enredaderas que se aferraban a los barrotes.

A esta prisión llegaron los peores delincuentes, estafadores, ladrones y homicidas, aunque muchos fueron exiliados de Francia por razones políticas. El caso más destacado fue el de Alfred Dreyfus. En 1894, el capitán Dreyfus fue condenado con falsos cargos de traición y sentenciado a cadena perpetua en la Isla del Diablo. Durante más de cinco años de una existencia miserable, fue encerrado en una celda solitaria de dos por dos, amueblada sólo con un pequeño banco para sentarse a esperar por una posible libertad, siempre prescrita, desde el otro lado del mar. El caso del capitán Dreyfus fue bien conocido en la historia por la controversia moral y política que produjo. Había incitado a los medios de la época y dividido a la opinión pública. Inclusive, Émile Zola, llegó a publicar un libro titulado "J'Accuse", apoyando la causa de Dreyfus. Eventualmente indultado por el gobierno de Francia y completamente exonerado de cualquier crimen en 1906, Dreyfus fue ascendido al cargo de comandante y galardonado con la Legión de Honor francesa.

En nuestra caminata por la playa, también encontramos una especie de piscina natural, rodeada de un anillo de rocas, indudablemente construida por los presos, que era utilizada aún por los gendarmes actuales como un lugar de baño a prueba de tiburones. Estaba al lado de una construcción maciza, hecha de piedra sobre piedra. Gigantescas higueras crecían dentro del edificio sin techo, empujando sus raíces a través de donde alguna vez hubo puertas y ventanas. Bañados en sudor y respirando el aire el caliente y húmedo, casi podíamos oír las raíces creciendo y presionando a través de las paredes. Aunque la única indiscutible actividad estaba a mis pies, donde largas filas de hormigas negras llevando cortes de hojas, volvían a sus hormigueros, creando un interminable desfile de diminutas sombrillas verdes.

Para entrar al salón del comedor principal tuvimos que cruzar dos enormes portones construidos sólo con barras de hierro que estaban en posición entreabierta y descubrimos las filas de celdas "solitarias", erguidas en sólido concreto. Aquí fue donde Papillón estuvo encerrado durante un año por intentar escapar.

Fugarse de la Islas de la Salvación era difícil porque los presos estaban muy bien custodiados y a menudo encadenados a sus camas por la noche. Las fuertes corrientes de los canales y el miedo a los tiburones, mantenían fuera del agua a la mayoría de los hombres. Los mejores guardianes eran el mar y la propia selva. El mar circundante estaba infestado de tiburones, los ríos con pirañas y caimanes. Toda vez que intentaban la fuga, si no eran comidos por los tiburones en el agua, sus huesos eran roídos por ejércitos de hormigas en la selva y enseguida rogaban para regresar. Luego, recibían severos castigos. Los encerraban en las "solitarias". En el primer intento los dejaban dos años. En el segundo, cinco. La muerte era el verdadero escape.

No bien llegaban a las islas, los prisioneros eran sometidos a esfuerzos físicos agotadores para quebrarles el alma. Desnudos, excepto por los zapatos y un sombrero de paja, eran obligados a cortar un metro cúbico de madera dura todos los días en las ciénagas, con el agua por la cintura, o no recibían su ración diaria de comida que consistía sólo en un pedazo de pan viejo. Si los campos de madera estaban abarrotados, los ponían a trabajar en la tristemente célebre "ruta cero", un ejercicio de construcción de carreteras sádicamente inútil. En más de cuarenta años de trabajos forzados, la "ruta cero" nunca superó los veinticinco kilómetros de longitud. Para quienes en repetidas ocasiones rompían las estrictas reglas o, al borde de la locura, tenían actitudes irracionales, la sanción definitiva era una muerte en vida en la funesta isla San José. En este infierno selvático, diabólicamente diseñado para romper el cuerpo y el espíritu, los hombres enloquecían después de años en confinamiento solitario. Recluidos en la oscuridad total, se les prohibía hablar hasta con los guardias que les empujaban los alimentos a través de la pequeña abertura en las puertas de hierro macizo. Algunos reclusos habían sido tapiados en mazmorras individuales, hacinándolos en una especie de cilindros de piedra, iluminados sólo por un agujero de seis centímetros en la pared. Otros, fueron mantenidos en pozos de hormigón con barras de hierro por encima de sus cabezas. Encontrar las celdas hoy, bajo el manto de la descomposición forestal, cáscaras de coco y las enredaderas de la selva, era difícil. Todo estaba mojado, despintado, herrumbrado, embrujado.

Entramos a una de las celdas y contra una pared, había dos tablas en descomposición que una vez sirvieron como cama. Trazado a lo alto de la pared, apenas legible, leímos en francés una patética oración a un Dios que nunca escuchó. Otra inscripción declaraba simplemente: "Una mujer me puso aquí".

En otro sector, donde hiedras tan gruesas como un brazo abrazaban las barras oxidadas, vimos un angosto pasillo que comunicaba varias puertas de cada lado. Detrás de cada puerta de hierro con por lo menos diez centímetros de espesor, había una celda desnuda, vacía. No había ventana y cuando cerraban la puerta, el recluso debería sentirse como enterrado vivo. En estas condiciones, a menudo, la muerte debe haber sido un alivio bendito.

Cuando moría un preso, era envuelto en un sudario de tela cargado con piedras, colocado en un ataúd y tirado desde la borda de un bote cerca del puerto para alimentar los tiburones que esperaban pacientemente su comida. El mismo ataúd, que tenía una puertita con bisagras en uno de sus extremos, era utilizado una y otra vez. Los tiburones eran el terror personificado. Aun así, hubo varios escapes dramáticos. Los convictos se tiraban a la deriva en barriles vacíos, troncos de árboles o sacos de cocos. Uno de ellos, llegó a robar el referido ataúd, inmovilizó la puertita de bisagras, se lanzó al agua y remó lejos, hacia al continente. Nunca pudo saberse si logró escaparse o fue devorado por los escualos.

Cuando pasamos por el cementerio de la isla, nos sentamos a descansar sobre una pequeña roca volcánica para disfrutar del paisaje y alejar un poco las fuertes impresiones vividas. A mi lado, una pequeña lápida de piedra tallada lucía un nombre: Daniel Armand. Pasé mi mano sobre el nombre lentamente, como queriendo sentir algo. Y por un momento me figuré una llave abriendo la cerradura de una celda, el suave tintineo de las cadenas sujetando los pies de los prisioneros mientras caminaban con el ataúd para Daniel, los gritos de los guardias dándoles órdenes, el sacerdote leyendo la extremaunción dedicada a las almas malditas y el silbido mortal de la guillotina cayendo inexorable sobre su cuello.

Volviendo al Aventurero con nuestras mochilas nuevamente repletas de papayas y cocos caídos, sentí un escalofrío interior ante todo el sufrimiento encerrado en estas trágicas memorias. Comprendí que la libertad era una dicha que no todos los seres humanos podíamos permitirnos.

Cruzar hasta la Isla del Diablo nos tomó sólo un rato, pero nos encontramos que no había ningún fondeadero utilizable y desembarcar en nuestro botecito inflable, incluso, se hacía imposible debido a las fuertes corrientes. Teníamos la información de que alguien se había ahogado el año anterior, pretendiendo llegar hasta la isla de bote. Por esto decidimos utilizar nuestros dos kayaks. Cuando nos aproximábamos, remando suavemente, hacia lo que nos pareció una pequeña playita entre las rocas, pasamos varias tortugas verdes de mar y vimos a través de las aguas traslúcidas, las formas oscuras de varios tiburones que esperábamos hubieran perdido su preferencia por la carne humana. Llegamos a la playita, que resultó ser de cantos rodados y sacamos nuestros kayaks del agua. Subimos por la única senda que encontramos, más allá de las ruinas de pequeñas cabañas de piedra y en una saliente que dominaba el mar, nos detuvimos a descansar. Estoy seguro que nos sentamos en el mismo banco de piedra donde el capitán del ejército francés, Alfred Dreyfus, miró el mar durante cinco años a lo largo de su injusto destierro.

Ver el mar desde la altura de este peñasco, donde los muertos eran arrojados a los tiburones casi todos los días, debió ser un buen motivo para que Papillón se lanzara al agua en una búsqueda suicida de libertad. Él, en su libro explica que después de varios días estudiando el oleaje que golpeaba al arrecife, descubrió que cada séptima ola rompiente que llegaba a la costa formaba una gran corriente cuando regresaba, lo suficientemente poderosa como para alejarlo de las rocas y llevarlo mar adentro. Hizo varias pruebas infructuosas hasta que lo logró. Y así fue que, flotando sobre una bolsa de cocos escapó de la Isla del Diablo.

Hoy, pocos tiburones la bordeaban. Pero por aquellos días, había una fuente abundante de cuerpos y sus aletas filosas debían haber sido un espectáculo muy familiar para los presos. Las crónicas de la época relatan que cuando sonaba la campana de la iglesia de la prisión anunciando un funeral, los tiburones sabían que era la hora de la comida y se agrupaban a la espera del festín. El principio de Iván Pávlov seguido a rajatabla.

La antigua base de la guillotina seguía siendo un trágico recordatorio de las ejecuciones que tuvieron lugar frente a la población carcelaria. Las decapitaciones se ordenaban, a menudo, por el mero capricho de los guardias y siempre eran llevadas a cabo por algún compañero presidiario. Una vez consumada la pretendida justicia, se amontonaban las cabezas cuidadosamente y se depositaban en frascos llenos de alcohol. Los envases eran rotulados y enviados a Francia como "prueba de ejecución", cada dos meses.

Esta destrucción masiva terminó en 1951, cuando las prisiones francesas en Cayena fueron desactivadas. Todos los prisioneros fueron liberados en un sólo día, pero únicamente aquéllos que podían costear la tarifa para su pasaje de vuelta a Francia, pudieron volver a casa. El resto terminó vagando por el continente. Esto motivó que Guayana Francesa sufriera, tras el cierre oficial de las prisiones, un exponencial aumento en sus niveles de delincuencia.

Cuando volvíamos al velero, remando en nuestros kayaks, me entristeció pensar que unos pocos seres humanos fueran capaces de torturar física y psicológicamente a tantos miles de personas. Según documentos oficiales, de los ochenta mil presos traídos a estas islas, casi setenta mil habían muerto por maltrato, enfermedades, hambre y ejecuciones sumarias en la guillotina. Aquí se había vivido el horror del hombre contra el hombre y las ruinas visitadas no eran más que el testimonio indiscutible de una inmoralidad que no debiera suceder jamás. La crueldad y la bestialidad en la administración de las condenas ubicaron al poder en un nivel inferior que el propio condenado. La saña los había transformado en toscos vengadores, no en reparadores.

El que al mundo vino y no toma vino... ¿a qué vino?

¡Nunca comí tantas frutas en mi vida! Por suerte, Charlie, nuestro alquimista beodo, había inventado un exquisito cocktail de papaya con ron y, tras mucha insistencia, reveló la fórmula mágica: un vaso de papayas cortadas en cubos pequeños, medio vaso de ron, una cucharada de jugo de limón, una cucharada de Cointreau y una cucharada de azúcar negra. Charlie pisaba las papayas en un plato con el tenedor (a falta de licuadora), colocaba todos los ingredientes en una coctelera de metal y los mezclaba vigorosamente durante un minuto. Al no disponer de hielo en el barco, una vez fusionados los ingredientes en la coctelera, volcaba la mezcla en un baldecito de chapa, con una tapa que cerraba herméticamente. Asentaba este recipiente dentro de una redecilla de pesca adaptada para ese fin, ataba ésta a un cabo de unos diez metros de largo y lo lanzaba al agua, por la popa, durante media hora. Al cabo de ese lapso, el resultado era grandioso. El sabor de todos los ingredientes se habían concentrado de maravilla y el gusto natural de cada uno de ellos, al no estar helados o diluidos con hielo, emergía sorprendentemente.

Y así íbamos, saboreando exquisiteces de las islas, mientras navegábamos rumbo hacia el tan soñado Caribe. Porque éste fue nuestro siguiente destino: las Pequeñas Antillas sobre el mar Caribe. El plan era navegar cuatro días hasta tocar tierra en la isla Dominica e ir bajando hacia el sur por el archipiélago, fondeando, explorando y disfrutando cada una de las islas anexas. ¡Dominica, Martinica y Santa Lucía nos esperaban!

— ¡Nada en vano, todo en vino! —, farfulló Charlie mostrándonos una cómica sonrisa desencajada, mientras nos servía enormes copas de "Ambrosía Tropical", -así llamó a su cóctel de papayas-. Vinicius, Silvano y yo timoneábamos de a ratos y nos ocupábamos de las velas. Un vientito templado de unos quince nudos que soplaba del SE nos dio la velocidad crucero perfecta, por lo que decidimos relajarnos para disfrutar más del paseo y de la buena compañía.

Cháchatas y elucubraciones filosóficas varias iban y venían, como gaviotas blancas en el horizonte. Sin proponérnoslo, ahondamos en temas rarísimos, por ejemplo la Piedra de Rosetta y los jeroglíficos egipcios; la escritura demótica; el Problema de Molyneux, contado por Vinicius, donde ese señor le había formulado una pregunta a otro filósofo, un tal John Lockeen, en el siglo XVII: si un hombre ciego de nacimiento y capaz de distinguir por medio del tacto un cubo y un globo, obtuviera la visión repentinamente, ¿podría ahora identificar, sólo por medio de la vista, cuál era el cubo y cuál el globo, antes de volver a tocarlos? Era cultura inútil. Pero otro tema que cimbró las bases de nuestras charlas fue el misterio del Mary

Celeste. Éste había sido un barco tipo goleta, de madera, con 300 toneladas de desplazamiento, 30 metros de eslora y 8 de manga. El 7 de noviembre de 1872 había zarpado de Nueva York con rumbo a Génova, al mando del capitán Benjamin Briggs, siete miembros de la tripulación, la esposa de Briggs y su hijita de dos años. Llevaban una carga de 1.700 barriles de alcohol comercial. El 5 de diciembre de 1872, el Mary Celeste fue encontrado por la goleta Dei Gratia, navegando a la deriva y sin tripulación a bordo, a unas 600 millas de las costas de Gibraltar. El Mary Celeste navegaba silencioso entre las aguas tranquilas, como un barco fantasma. El capitán del Dei Gratia decidió acercarse, curioso por el rumbo que seguía. Conforme iba acercándose, pudo leer claramente, el nombre del Mary Celeste. Se situó al costado del misterioso barco y utilizó un megáfono para preguntar si necesitaban ayuda. Nadie respondió al llamado. El velero navegaba con rumbo fijo y estaba en perfecto estado de conservación, el capitán, entonces, ordenó al primer oficial a que tomara cinco hombres y que abordara el Mary Celeste. Bajaron un bote y a los pocos minutos consiguieron abordar el enigmático velero. La primera inspección ratificó que el barco estaba desierto, no había ningún rastro de la tripulación, todos habían desaparecido por completo. Los botes estaban sin arriar, el interior de la embarcación estaba vacío y el cargamento de alcohol industrial, junto con todos los víveres, estaban intactos. El primer oficial también encontró joyas, dinero, un valioso medallón de oro, muebles, libros, cartas personales y prendas de vestir. Todo estaba en perfecto orden. Parecía que la tripulación todavía estuviera allí. Era realmente un barco fantasma. Pero lo que sorprendió aún más a todos, fue hallar en la cocina, sobre un fogón todavía caliente, una cacerola con un pollo recién cocido y unos tazones de té, aún tibios, sobre la mesa central. Era desconcertante. Todo estaba ordenado y los objetos pequeños aún reposaban en sus mesas y estantes. Si eventualmente, hubiera habido un temporal o colisión, se habrían caído. El diario de navegación lo encontraron en el camarote del capitán y la última anotación, no revelaba nada extraordinario que pudiera explicar la incomprensible desaparición de la gente. ¿Qué había sucedido con la tripulación? ¿Por qué habían desaparecido? Y, en tal caso, ¿con que medios, si los botes de salvamento estaban todos en su sitio?

Eran muchas preguntas sin resolver y excelentes temas, todos debatibles. Mi pasión y curiosidad innatas lograron que asimilara, no sin admiración, el conocimiento de mis compañeros más viejos que yo, sobre estos tópicos. Sin embargo, cuando el sol empezaba a ocultarse yo preparaba, invariablemente, mis líneas de pesca, para intentar enganchar alguna buena pieza. El gordo Bonavita hubiera estado contento con eso.

—Show me the money, baby—, dije una tardecita a mis compañeros de viaje, que continuaban sus digresiones existenciales y lancé tres líneas al agua. La pesca en el mar Caribe se podía resumir como "pescar en el paraíso". Siempre había sol, brisa fresca y excelente "pique". Este mar sin fin, prolífica fuente de especies exóticas que me dieron memorables batallas en las cañas de pescar, fue nuestro tesoro. Nos regaló apetitosa comida todos los santos días. La variedad de especies que encontramos fue asombrosa: atunes, barracudas, peces espada, palometas, robalos, sábalos, corvinas y por supuesto, tiburones. Hubo otros peces que no pudimos identificar, pero igual fueron a parar a la olla. Esta zona de pesca era una de las más activas a nivel mundial. Siempre sospeché que las aguas bien azules y el clima soleado la mayor parte del año, hacían que muchos peces estuvieran naturalmente a gusto en esta área; incluso cuando ocurrían huracanes de categorías altas, al pasar la tempestad, el Caribe se tornaba el sitio ideal para la pesca en el altamar.

Chabela y Charlie hacían lo mejor que podían para ir preparando los platos de peces frescos a medida que salían del agua. Si eran de pequeño tamaño, Charlie los hacía fritos "a la marinera" en la cubierta del barco directamente. Ya, los de mayor tamaño, eran cortados en postas o filetes y pasaban a formar parte de alguna de las recetas dejadas por el gordo. Chabela era la especialista de éstos. A modo de ejemplo, aquí va la receta de las "Palometas a la Bonavita": una palometa de un kilo, limpia y en filetes; seis cucharadas de aceite de oliva extra virgen, dos cucharadas de vinagre balsámico, tres dientes de ajo picados bien finitos, una cucharada de salsa inglesa Worcestershire y sal a gusto. Primero, Charlie doraba los filetes en la plancha con un poco de aceite, cuidando que no quedaran muy secos, mientras Chabela, en un recipiente de vidrio, mezclaba el resto del aceite de oliva, la sal, el vinagre balsámico, la salsa inglesa y el ajo. Agitaba todos estos ingredientes hasta formar una emulsión homogénea y servía los filetes en un plato con la salsa por encima. Y para acompañar, una buena copa de "Ambrosía Tropical".

Resulta difícil explicar qué es vivir a bordo de un velero navegando en alta mar. Sólo quien ha vivido esta experiencia alguna vez, recordará el sentimiento de libertad plena, la integración con la naturaleza -a veces inexorable-, y la camaradería entre los tripulantes. Contemplar descalzos la línea del horizonte azul, pisando la teca de la cubierta, con todas las velas izadas, mientras éramos mecidos por cálidas brisas tropicales, era un arrumaco que la vida nos obsequiaba sólo durante algunos momentos. Navegar nos hacía volver a los fundamentos de nuestra existencia. Ese tiempo transcurrido en el Aventurero sacó lo mejor de nuestra naturaleza humana. Aprendimos que el planeta no se usa, se comparte. Viviendo a bordo y trabajando juntos, hablábamos sobre todos los temas posibles e imaginables, reíamos a carcajadas, arreglábamos el mundo en dos periquetes y aprendíamos más de nosotros mismos, sin darnos cuenta. La naturaleza, infinitamente más poderosa que nosotros, nos manipulaba para que aprovecháramos todas sus fuerzas. Y a veces, había momentos serenísimos, sin ningún viento, muy grabados en mi memoria, donde los mares y los cielos nos regalaban instantes de pura belleza. Por lo demás, flotábamos sobre fuertes corrientes marinas y ráfagas de viento. Agua, aire y luz nos rebasaban. Todo era movimiento. Comprendimos que estábamos sólo de pasaje por la vida; que nuestra meta era observarla, gozarla, respetarla, crecer, amar y luego, retornar a casa.

Antes de llegar a Dominica me bañé y me afeité. Mamá siempre me decía que la primera impresión era la que contaba: "... después hacé lo que quieras, pero al menos, que tengan una primera buena impresión...". Me tiré al agua de cabeza, por la popa del velero agarrando el cabo usado para mezclar la "Ambrosía Tropical". Y ahí me quedé, zambulléndome por una media hora, chapoteando, gozando en el agua como una foca feliz, mientras el velero me remolcaba. Pero de repente, sentí que algo me tocó la pierna. Miré hacia el fondo y vi el brillo fosforescente de un pequeño pez formando parte de un enorme cardumen de atunes plateados que, por alguna razón incomprensible, seguía al barco. Eran cientos. Tomando el cabo con las dos manos, sumergí mi cabeza bajo el agua, abrí los ojos y los observé un momento. Se movían como una nube brillante, todos al unísono. De alguna manera se sentían protegidos o tal vez curiosos con la enorme sombra producida por el casco del velero. Tal vez pensaran que el barco era un enorme pez que debían seguir. Nunca podría desentrañarlo. Sin embargo, pensé, "donde hay atunes, puede haber tiburones persiguiéndolos". Entonces, decidí achicar el cabo y subir a bordo lo más rápido posible. ¿Cómo convencer a los tiburones que yo no era el atún más barrigón del cardumen?

El baño de mar estaba tomado. Al cabo de unos minutos de estar a bordo, el salitre del agua salada había dejado estrías blancas a lo largo de todo mi cuerpo resecado por el sol del mediodía. El escozor comenzaba a mortificarme. Silvano me alcanzó un balde lleno de agua y me lo eché por la cabeza. ¡Pronto! El baño de agua dulce también estaba tomado.

Vimos pasar el sur de la isla Dominica por nuestra banda de estribor. Enseguida, pusimos rumbo norte rodeando la isla, para buscar la aproximación a Roseau, su capital.

La isla Dominica había sido descubierta por Cristóbal Colón en su segundo viaje a América, quien la había bautizado con ese nombre porque se había topado con ella el tres de noviembre de 1493, que era... un domingo. Luego, vinieron los franceses y la colonizaron (exprimieron) por muchos años. Durante casi un siglo, Dominica permaneció aislada, aunque todavía llegaban más indios caribeños de otras islas a asentarse, después de abandonar las islas vecinas y refugiarse en ella debido a que los europeos dominaban la región. Luego, los británicos tomaron el control de la isla. La emancipación de los esclavos africanos se produjo a lo largo del imperio británico entre 1834 y 1838. Dominica, entonces, se convirtió en la primera colonia británica del Caribe a tener una legislatura controlada por una mayoría africana. Era casi una independencia, algo inusitado para la época. Durante el transcurso del siguiente siglo, Gran Bretaña continuó clavando sus garras colonialistas hasta que, finalmente, la isla se convirtió en una nación independiente en 1978. Casi enseguida, vinieron desastres climatológicos. Dominica fue golpeada por dos potentes huracanes, en 1979 y 1980. Nosotros estábamos arribando después de este último.

Llamada también la "isla de la naturaleza", Dominica era ciertamente eso y mucho más. Estaba, literalmente, cubierta de una espesa selva verde, salpicada de afilados picos volcánicos, montañas, lagos, ríos, aguas termales y cascadas, con una gran variedad de vegetación y fauna. Era el destino ideal para navegantes aventureros y un imán para los excursionistas amantes de la naturaleza. Sus peligrosos arrecifes atraían buceadores de todas partes del mundo.

Roseau era la ciudad principal, donde atracamos. Entre todas las islas vecinas, esta ciudad contaba con la más maravillosa variedad de encantadores edificios de estilo caribeño, de mágicos colores. Muchas casas, más viejas, contaban con balcones y cornisas llenas de enredaderas de jengibre. Gran parte de la ciudad estaba todavía siendo recuperada y renovada después del huracán, pues muchos edificios de madera habían volado, aunque los mayores aún se mantenían intactos. Roseau era la única ciudad en el Caribe Oriental, donde muchas de las casas tenían bodegas. Estas prácticas habitaciones permitían no sólo el almacenaje fresco de bebidas, sino también un lugar seguro para refugiarse de los huracanes. El paseo marítimo de la ciudad, obviamente muy antiguo, había recibido una cirugía estética y se había transformado en una calle ancha con una larga pasarela. Varios veleros y lanchas permanecían fondeados junto a un terminal de ferry. El anclaje principal para veleros y embarcaciones deportivas era entre el bar llamado Blue Light, al sur, y un tal Mundo Marino, al norte. La lengua oficial era el inglés, aunque sus habitantes hablaban, entre ellos, una especie de "patwa" francés. La moneda local era el Dólar Caribeño, pero todos preferían los americanos. Una vez fondeados y bien amarrados, fuimos hasta la oficina de inmigración portuaria a presentar nuestros pasaportes y para nuestra felicidad, no nos pidieron vacunas obligatorias de ningún tipo. "Venimos curados en ron", le dijo Charlie, bromeando en este idioma, al oficial de turno. Por suerte, el hombre, que no entendía ni una palabra de español, respondió sonriendo: "Welcome to Dominica Island!". En seguida, volvimos al barco para hacer la lista de provisiones necesarias y organizar algunos paseos, aprovechando los folletos que nos habían dado en la oficina.

Habíamos fondeado en el puertito, al lado de una vieja, destartalada y mal cuidada lancha de madera de unos cincuenta pies de eslora pero de bonito nombre: "Geneviève". Enseguida, amarré tres defensas recién infladas y las dejé caer sobre la banda correspondiente. No me había gustado el estado de conservación general de nuestro vecino y en puertos desconocidos había que ser muy prudentes. Una vez finalizada la maniobra de amarre, guardamos las velas en sus respectivas bolsas, cerramos todas las escotillas y nos disponíamos a salir de compras cuando un hombre con un gran sombrero de paja amarilla y una fea cicatriz en el mentón, asomó del interior de la "Geneviève". Cruzamos nuestras miradas pero no nos saludamos, algo muy inusual en el mundo náutico. Cargaba un cajón que parecía pesadísimo. "En fin, ya sabremos su historia", pensé.

Era sábado. Nos habían dicho que una feria en el centro de Roseau tenía de todo, porque muchos agricultores y comerciantes de la isla llegaban para vender sus productos, sólo durante ese día. Pero antes de aventurarnos al centro de la capital con el estómago vacío, paramos en un pequeño bar ubicado a un extremo del puertito para desayunar. Pedimos comida a base de frutas tropicales, con un rico pan casero. A mí me sirvieron un plato colorido, con trozos de naranja, pomelo, bananas, frutillas y melón, dispuestos simpáticamente en figuras geométricas. Y para beber, agua de coco verde bien helado. ¡Delicioso!

Nuestras opciones de transporte eran limitadas. Había un ómnibus que nos llevaba directo al centro, que no parecía tan lejos porque la ciudad era pequeña. Sin embargo, preferimos alquilar cuatro motocicletas para recorrerla con más libertad y traer las mochilas de las compras sin mayores esfuerzos. Cuando subí a mi motocicleta, tras varias semanas navegando en alta mar, me sentí un poco mareado y me fastidió el fuerte olor a gasolina. Obviamente, mis sentidos se habían habituado al aire puro y al bamboleo del mar. Vinicius iba adelante, guiándonos mediante un mapita que le habían dibujado en la palma de su mano izquierda. Lo seguía Charlie que a esa altura de la mañana estaba tan borracho que decía que su trago favorito, era el próximo… Silvano y Chabela iban en la misma moto y el último era yo, todavía un poco baleado por los mareos. Cuando alcanzamos la plaza del mercado, Charlie me puso la petaca de ron sobre la nariz y me dijo: "Dále un buen trago, Albertito. Los mareos se curan con alcohol o con dinero." Tomé un trago tan largo que me quemó hasta las ideas. Pero por alguna siniestra razón de la fisiología humana, mejoré. Estacionamos y encadenamos las motos a un árbol, formándole un círculo alrededor.

En tiempos pasados, esta antigua feria de Roseau había organizado horrorosas subastas de esclavos, ejecuciones y castigos públicos. Una práctica común en casi todo el continente americano, remanente aciago de una colonización atroz.

Recorrimos la callecita principal con calma, deteniéndonos a cada paso, dejándonos mecer por el ritmo caribeño de los pobladores. De súbito, un fuerte aroma a vainilla, proveniente de un kiosquito que ofrecía cientos de condimentos, llamó la atención de mis sentidos. Prolijamente fraccionados en pequeñas bolsitas de telas de distintos colores, exhibía clavos de olor, laurel, nuez moscada, cacao, vainilla en rama y una infinidad de otras especias, adobos y hierbas imposibles de identificar. La vendedora, una bella joven nativa de unos veinte años, estaba vestida con una ropa colorida bien ajustada al cuerpo, lo que resaltaba sus perfectas curvas y permanecía sentada en un taburete. Sonriendo dulcemente, me dijo algo en su idioma local, que sonó a una mezcla de francés y africano. Cuando percibió que no entendí ni media palabra, siguió en un inglés de curioso acento: "You like to buy something, pretty boy?". Me había encantado el piropo. Saqué un billete de cinco dólares del bolsillo, -porque en la vida todo siempre empezaba con un poco de dinero- y le pedí que me diera un buen surtido de condimentos, siguiendo la lista que Chabela me había escrito. Entre risas, gestos y mímicas que ya eran casi mimos para mí, fuimos traduciendo las veinte palabras de la hoja, manuscrita en "argentino". Todo iba de maravillas. Estaba enamorándome de nuevo y a punto de preguntarle su nombre, cuando sentí una voz carrasqueña de hombre, detrás de mí, que me dijo: "So, you come from the sailboat recently docked in the port, true?". Me di vuelta y reconocí inmediatamente al hombre que se había bajado de la Geneviève. Lo distinguí por el sombrero ancho de paja gastada y la enorme cicatriz del mentón. Le contesté afirmativamente. Enseguida, me invitó a seguirlo hasta su "kiosque", a pocos metros del de la chica bonita, para convidarme con su auténtico "Wa Bio" (ron dominicano). Le pagué los condimentos a la muchacha y guardé las bolsitas en mi mochila. La chica tendría que esperar. De un grito llamé a Charlie, nuestro gourmet en licores, para que catara el ron que nos ofrecía el señor. Charlie, a esa altura, a gatas podía caminar. Cuando se encontraba en ese estado etílico, siempre decía que la realidad que veíamos era una ingrata ilusión que se producía debido a la falta de alcohol. Lo arrastré hasta el "kiosque" del hombre. Vinicius, Silvano y Chabela, desde lejos, me saludaron a fin de mostrarme por dónde andaban en medio del gentío. Devolví el saludo y les expresé, por señas, hacia dónde nos dirigíamos. El hombre del ron se presentó, dándonos una sonrisa que me pareció bastante auténtica; nos dijo que se llamaba Gaspard y que era el capitán de la Geneviève. Tendría unos cincuenta años, era de baja estatura pero fornido. En realidad, lo que él insistía en llamar "kiosque", era una alfombra en el piso, cubierta de damajuanas, vasijas, tarros y botellas. Con sus manos enormes y hablando amablemente, levantó un recipiente de cinco litros y nos dijo que ése era el mejor ron de todas las islas del Caribe. El mismo, tenía una enorme etiqueta de papel pegada y un nombre manuscrito: "MARIN", dibujado a mano sobre un antiguo mapa colonial de la isla Dominica. Le pedí una copita para probarlo, Gaspard arrancó el corcho de un mordisco y nos llenó un tazón de aluminio, de medio litro. Charlie abrió los ojos grandes como un búho, se rascó la barba del mentón con calma, estudiando lo que estaba pasando, lo miró fijo y le dijo muy serio, en perfecto francés: "Si vous ne me dérange pas, je tiens à exprimer mon opinión". Gaspard le pasó entonces el tazón él y Charlie lo fue bebiendo en pequeños sorbos. Cuando terminó, le devolvió el tazón vacío y mientras Gaspard llenaba otra muestra para mí, Charlie me dio su opinión técnica sobre el licor: "Está de puta madre. Comprále todo." Al final, terminé comprando dos pesadas damajuanas del buen ron "MARIN". Decidí ubicarlas a ambas en mi mochila y le pasé los condimentos a Charlie. Vidrios y borrachos jamás debían mezclarse.

Vinicius se juntó a nosotros cargando algunos mapas náuticos que había comprado y enrollado cilíndricamente. Seguimos bajando la calle, en medio del bullicio y las ofertas a grito pelado. Miré para atrás y vi que la chica bonita estaba ahora acompañada de otras dos mujeres, por lo que preferí regresar en otro momento. Ya incendiaría mi corazón con su pimienta…

Silvano y Chabela se nos unieron al final de la calle, cargando frutas y provisiones. Volvimos a buscar las motocicletas usando una calle lateral para evitar el tumulto de la gente y partimos hacia el puertito. Charlie, imposibilitado de apretar siquiera el botoncito de la bocina, fue en la grupa de la moto de Silvano, atado a su cuerpo con unos preciosos pañuelos de hilo que Chabela había comprado. Y ella vino conmigo.

El Aventurero lucía espléndido visto desde el muelle. Sólo faltaba enarbolar la bandera de cortesía de la Isla Dominica y así lo hice. Vinicius había comprado una y, pese a que no era náutica dado su enorme tamaño, igual la icé. Habíamos decidido quedarnos varios días más para conocer mejor esa parte de la isla, sacar fotos e interactuar con la cultura local.

A babor, había fondeado un velero de bandera inglesa con una tripulación integrada por dos matrimonios de mediana edad. Parecían simpáticos. Nos saludamos con la mano rápidamente y proseguí con la tarea de bajar para organizar los víveres recién comprados. También, quería hacerme el tiempo para ordenar los apuntes de la bitácora y los míos personales. La técnica que utilizaba era sencilla, pero efectiva. Cada página era un día. En cada una de ellas, por lo general a la noche, anotaba lo acaecido a lo largo del día en frases sueltas, dejando espacios en blanco para los detalles que, posteriormente, eran llenados cuando tenía más tiempo o ganas de escribir.

Como festejo a nuestra primera noche en la isla Dominica, la creativa dupla de cocineros, Cha-Cha-Chá, preparó una carne a la parrilla acompañada con chorizos de cerdo y ensalada de tomates, lechugas, cebollas y mangos. ¡Por suerte, no comimos pescado! La carne había sido condimentada con adobo tipo argentino y la asamos en el muelle, con leña dura, sobre una vieja chapa. Los chorizos, sin embargo, fueron incomibles. Al rato de estar en la parrilla comenzaron a soltar una especie de espumita blanca toda vez que los pinchábamos con el tenedor. No quisimos arriesgar. Y Silvano se los tiró a tres perros flacos que deambulaban por el muelle, pero tampoco los comieron; inteligente naturaleza animal.

A la mañana siguiente, fui despertado por un curioso sonido que venía de afuera del barco. Parecía una orquesta de flautas, quenas, fuelles y acordeones, tocando al unísono. No era bien un sonido de música y parecía que no tenía ritmo. Después de pasar por el ritual del baño y todavía especulando qué rayos podría ser esa insólita resonancia, subí a la cubierta y lo pude ver con mis propios ojos. El sonido provenía del velero de los ingleses que no tenían mejor idea -con el tiempo lo descubrimos-, que tocar dos enormes gaitas en todos los puertos que fondeaban, siempre durante las sagradas mañanas. Al ver mi cara de sorpresa sólo me dijeron: "Good morning dear neighbor. Would you like some tea?" Los saludé, mientras me frotaba los ojos y bostezaba. Eran las siete. Bajé a la cocina y empecé a preparar un café bien cargado, oloroso. "Tocando gaitas de mañana", murmuré, moviendo la cabeza negativamente, mientras calentaba el agua. "Sólo podían ser ingleses, son todos locos".

Después de tomar el desayuno, hicimos una breve reunión para definir los paseos que emprenderíamos y las tareas de mantenimiento del barco. Yo me quedé a bordo para terminar una carta a mis padres. Junto con la correspondencia iban algunas hojas arrancadas de los folletos que había conseguido, para que tuvieran una idea aproximada del gran paseo que estaba dando y de lo bien que la estaba pasando. Mientras escribía esas líneas desde el interior de la cabina de nuestro velero, escuché unos gritos que parecían provenir de nuestros vecinos de la Geneviève. Subí a la cubierta y allá estaba Gaspard, vistiendo un mameluco gris todo engrasado. Sostenía un destornillador en la mano y discutía acaloradamente, con una joven pareja. Al verme asomar la cabeza, lo saludé y, esta vez, sí me devolvió el saludo. En un inglés medio roto me preguntó si sabía algo de motores de barcos, más específicamente, de carburadores. Tenía un problema mecánico, no sabía cómo arreglarlo y tampoco tenía las herramientas apropiadas para hacerlo. Es más, no tenía ninguna herramienta, excepto ese pequeño destornillador. Le advertí que el especialista en motores era Vinicius, nuestro capitán, pero que éste volvería recién al final del día. Gaspard, entonces, me pidió como favor, si podía ayudarlo a reparar su motor, a cualquier riesgo. No muy entusiasmando con mi responsabilidad de mecánico, tomé la caja de herramientas del Aventurero y allá fui. Tenía dos opciones: o lo arreglaba o lo rompía. El hombre estaba desesperado. Según me dijo, debía entregar un pedido de ron en otra parte de la isla y el maldito motor no quería arrancar. Sus socios eran sus dos hijos, con quienes había estado discutiendo minutos atrás. Ellos querían cambiar la Geneviève por una lancha más moderna, de fibra de vidrio. Pero Gaspard insistía en decirles que una lancha más nueva llamaría la atención de las autoridades portuarias y les arruinaría el negocio del licor que, por lo visto, no pagaba ningún impuesto. Según él, ése había sido el porqué de la discusión.

Cuando entré, vi que la lancha de Gaspard estaba adaptada para cargar cientos de envases de distintos tamaños. Todas las botellas y damajuanas eran sujetadas por sunchos de cuero que partían del piso del barco enhebrando las decenas de argollitas de bronce. En la proa, también, tenía amurado un tonel de madera oscura de unos trecientos litros, con una canillita en su parte inferior. Gaspard abrió la tapa que cubría el motor y me encontré con una monumental máquina marca Palmer, modelo "Big Huskie", de 4 cilindros, con el carburador totalmente tapado e inundado de nafta. Lo desmonté del motor y, poco a poco, lo fui desarmando para limpiarlo y secarlo lo mejor que pude. No pretendía desmantelar todo el carburador ya que jamás hubiera sabido cómo volverlo a armar porque habría sido más difícil que depilar al hombre-lobo. Simplemente, soplé y limpié todos los cañitos que encontré, sequé los residuos de combustible, verifiqué que todas las tapitas abrían y cerraban y, con extremo cuidado, lo volví a ajustar en el motor, orando para que los tornillitos coincidieran y no sobrara nada. Gaspard, mientras tanto, alumbraba con una linterna. Cuando todas las piezas estuvieron en su lugar, le dije en broma que rezara una plegaria a San Eloy, patrono de los mecánicos y que prendiera el motor. La ocurrencia religiosa no la entendió, pero apretó el botón de arranque y el Palmer tosió en seco un par de veces. Apretó de nuevo el botoncito y el motor tosió otra vez. En la tercera tentativa, como un paciente retornando del más allá, el viejo Palmer arrancó, no sin antes dar una buena sacudida a toda la lancha. Y ahí quedó, moderando y haciendo un ruido de diablos. ¡Cómo detestaba los motores!

Orgulloso como un neurocirujano después de una operación exitosa, junté las herramientas y me disponía a bajar de la Geneviève lo más rápido posible para continuar con la carta a mis padres, cuando Gaspard me dijo: "You are a genius and a good guy! I want to show you something. Come with me, please." Apenas me dio tiempo de devolver la caja de herramientas al Aventurero. Salimos raudos en su camioneta barullenta con rumbo desconocido. Sólo recuerdo que subimos y bajamos varias sierras hasta llegar a una especie de valle donde pasaba un río, en un viaje de más de media hora. Por el movimiento del sol, deduje que habíamos ido con rumbo norte. Ni las calles, ni las carreteras y menos aún los caminos vecinales, tenían carteles de señalización. Pasando una peligrosa curva, con despeñadero incluido, el cual miré de reojo, Gaspard dobló hacia la derecha y se internó en lo que pareció ser un camino privado en medio de la floresta. Sólo quien conocía muy bien por donde iba podía continuar manejando. Cruzamos un riachuelo de piedras, con el agua tocando el estribo de la camioneta y el vehículo tambaleándose un poco. A esa altura, ya comenzaba a pensar que él estaba loco de remate y que yo estaba más loco todavía por haberme dejado llevar hasta allí. Pero al final, la camioneta frenó y se estacionó en una especie corredor en medio de los árboles. En honor a la verdad, el lugar era hermoso. Todavía se sentía el ruido del riachuelo a lo lejos, junto con el canto de los pájaros a la sombra de la arboleda. Caminamos hacia una casucha de madera pintada de verde y Gaspard saludó en su lengua local, a las primeras personas que nos encontramos. Era la pareja que yo había visto discutiendo con él en el barco. Finalmente, todos nos presentamos formalmente.

Habíamos llegado al lugar donde Gaspard y su familia preparaban el ron. Conocido como "Wa Bio" en la isla Dominica, el ron casero (o clandestino), había sido producido desde la llegada de los españoles. Era parte de la tradición cultural isleña, un arte transmitido de generación en generación. Levadura, azúcar negra, melaza y agua se mezclaban en un tambor de aceite de unos doscientos litros hasta que fermentaba. Esto podía tardar entre cinco a quince días, según la cantidad de azúcar agregada. Durante la fermentación, el proceso era supervisado por el olor y el sabor de las burbujas obtenidas. A medida que la etapa de fermentación finalizaba, la mezcla empezaba a clarear formando un sedimento en el fondo. El líquido, entonces, era decantado en otro tambor. A este segundo tambor se le aplicaba calor hasta que el líquido subía por una serpentina más fina que, tras incontables vueltas, desembocaba en otra tubería aún más fina, enfriada a base de agua, que daba a un tercer tambor. Este último recipiente era el que recibía el licor destilado, producto final de la fermentación forzada. Según Gaspard, tres distintos "grados" de ron goteaban en ese recipiente. El más puro era el que se extraía en la primera pasada. Era el de mayor graduación alcohólica. Luego, podrían venir otras pasadas aunque la bebida producida era de inferior calidad. Y para medir la fuerza del producto final, lo que ellos llamaban "le preuve", consistía en lanzar una pequeña cantidad de la bebida al fuego. Si ésta se quemaba, era aceptable, si apagaba el fuego, no era ron. Luego, la bebida era pasada del tercer tambor a unos añejos toneles de madera, a la espera del embotellamiento.

El ron que le habíamos comprado con Charlie era el más fuerte. Según Gaspard, su padre, también capitán de navío, lo había bautizado con el nombre "MARIN" (Marino, en francés) y él quería que sus hijos continuaran la tradición de la familia, produciendo y vendiendo ron por las islas. ¿Sin la ilusión, el mundo qué sería? Parte del atractivo de este tipo de ron casero era su pureza: hecho con agua proveniente de manantiales en la montaña, sin agua corriente y sin ingredientes artificiales, muchas personas lo preferían sobre las otras variedades producidas en masa, industrialmente, con aditivos y colorantes perjudiciales a la salud.

Al final de la tarde, volvimos al puertito. Gaspard, en agradecimiento por la reparación de su motor y por haber compartido gratas horas con él y su familia, me obsequió otras dos damajuanas de ron. Dios fue testigo de que, hasta el último minuto, me negué a aceptarlas. Se despidió con un abrazo y me dijo: "Véritable ami est l'ami des heures difficiles."

Verme subir a bordo cargando otras dos damajuanas de ron MARIN, una en cada mano, provocó la risa inevitable de todos. Y tuve que contar toda la historia.

Al día siguiente, las gaitas de los ingleses, que en realidad eran escoceses de nacimiento, volvieron a resoplar al amanecer. Tal vez, disputando subliminalmente con nuestros vecinos británicos su pasión por el té, esa mañana preparé el café más fuerte de lo habitual. Uno a uno, mis compañeros de viaje fueron despertando y como era tradición en el Aventurero, cada uno tomó su desayuno en el lugar que más le agradaba. Silvano, Chabela, Charlie y yo bajamos al muelle, bajo unos frondosos árboles, para charlar sobre Gaspard, nuestro próximo destino e intentar escapar de los implacables gaiteros. En cuatro o cinco días partiríamos rumbo a la isla Martinica.

Pasé la mañana entera terminando la carta a mis padres. Mandaba fotos nuestras, páginas de folletos y tres carillas manuscritas de puro amor. Se me ocurrió la idea de ir hasta la agencia central de correos en el centro de la ciudad y luego, hacerme una escapadita hasta la calle del mercado para localizar a la chica de los condimentos. Alquilé por cinco días una moto bastante grande y partí. En el camino de subida, robé algunas flores del frente de una casa. Las envolví en el sobre donde llevaba mi correspondencia y la de mis amigos. Seguí raudo. Luego de dejar los sobres en la oficina de correos, llegué hasta la calle de la feria, pero todo había cambiado. Sólo había algunos puestos vendiendo frutas y verduras. De la chica bonita, nada. Por lo que decidí volver al barco. En el camino de vuelta me crucé con Gaspard que venía subiendo en su camioneta y lo saludé. Paramos nuestros vehículos para charlar un segundo y le pregunté por su vecina de "kiosque". Me dijo que se llamaba Claire y que se había separado recientemente de su novio porque éste bebía mucho. "El ahorcado hablando de la soga...", pensé. Como Claire no tenía teléfono en su casa, le pedí a Gaspard si me podía indicar su dirección. Algo se me ocurriría por el camino. Me dijo que ella vivía no muy lejos de nuestro puertito y que él podía llevarme hasta allá. Acepté. Subí mi moto a la camioneta y partimos. Gaspard, que manejaba como un loco todo el tiempo, por alguna razón psiquiátrica desconocida, era atraído por los baches del camino como si fueran un imán. A cada golpetazo, la carga de botellas y damajuanas de vidrio chocaban entre sí produciendo un estruendo infernal. Parecía que todo se rompía en mil pedazos. Mirándolo de reojo, le dije que no tenía apuro por llegar y soltó una carcajada al aire. "I love that you seek a woman of our island. If you fall in love, perhaps you stay with us. I like you.", me dijo riéndose en medio del barullo de vidrios a punto de explotar. Al llegar a la casa de Claire, Gaspard se ofreció a efectuar las presentaciones del caso. A esa altura, yo estaba entregado a lo que el destino me deparara. Sólo tenía mi sonrisa y algunas flores robadas. No tenía plan B. Todo era corazón y candor. Pero igual bajé decidido. Él tocó a la puerta dos veces y la abrió una señora que supuse sería su madre. Pero no. Era su tía. Gaspard habló en su lengua local y me señaló dos veces con el dedo. La señora sonreía. Todo iba bien. En ese momento, apareció Claire atrás de ella. Me miró impávida. Sentí miedo de que no se acordara de mí. Antes que reaccionara, me acerqué, le entregué las flores, le estreché la mano respetuosamente y le dije, en inglés, que no quería marcharme de la isla sin haber tenido el honor de despedirme. Sonrió. Enseguida le pedí disculpas por haber invadido su hogar sin invitación. Le dije que este tipo de actitudes no formaban parte de mi estilo, le expliqué que era un viajero sudamericano, navegando en un velero rumbo a los Estados Unidos. Creo que esta última parte no la entendió. De todos modos, me dijo que esa noche iría a la fiesta de cumpleaños de su mejor amiga y si yo estaba dispuesto a ir, ella no tendría problema en consentir mi compañía. Acepté la invitación enseguida, me dijo la hora para pasar a buscarla, me despedí estrechándole nuevamente la mano y nos retiramos lo más rápido posible, antes que se arrepintiera.

Gaspard me devolvió la moto, le agradecí el favor y volví al centro de Roseau a comprar un pantalón negro y una camisa blanca, pero todas las tiendas ya habían cerrado. Retorné al Aventurero desanimado. Le conté a Chabela lo sucedido, se rio mucho y me ofreció un pantalón negro de Silvano (reservado para los funerales) y una camisa blanca de Vinicius que tenía mi talle. Le hicimos algunos ajustes al pantalón y Charlie me pasó un poco de su gomina Glostora en el cabello. ¡Voilà! El vestuario estaba pronto. Sólo faltaba el regalo de la cumpleañera. De subida, robé de nuevo algunas flores del mismo jardín que, a esa altura, parecía diezmado. Claire y su tía me esperaban en el porche de la casa cuando llegué. Estaba hermosa. Volví a saludarla dándole la mano y le tiré un piropo en inglés para que su tía no lo entendiera: "Any night spent with you is my favorite night". La tía sonrió, Claire se puso roja como un tomate y se subió a la moto con extremada delicadeza. Después, me enteré que esta tía, profesora de inglés de profesión, era quien le había enseñado la lengua de Shakespeare a su sobrina.

Claire estaba radiante. Vestía una blusa azul marino con una pollera matizada de colores tropicales. Afortunadamente, ya tenía un regalo para su amiga, aunque igual cargué mis flores mal habidas. Su amiga cumplía mi edad, 24. Viajamos muy apretaditos en la moto porque jamás se había subido a una y tenía miedo de caerse; suerte mía.

La amiga vivía en una hermosa casa, con vista al mar, en un altísimo peñasco. Parte de la casa había sido destruida con el último huracán, por lo que la fiesta transcurrió en el jardín, donde habían instalado una tienda al lado de una moderna fuente con juegos de luces en el agua. Todos los invitados vestían sus mejores galas. Fui presentado como Albert (lo pronunciaban Albért), navegante, emigrado político de una terrible dictadura sudamericana, rumbo a los Estados Unidos. Ciertamente, ésa había sido la historia de vida que mi amigo Gaspard le había transmitido a la tía de Claire. Algunos invitados, al saludarme, me daban la bienvenida a Dominica diciéndome que su país recibía a todos los extranjeros de buena voluntad que desearan radicarse. A la mitad de la noche, los padres de la cumpleañera pidieron unos minutos de silencio para rezar una oración por la felicidad de su hija. Mientras respetábamos el pedido, un sacerdote inició la oración con palabras que evocaban el bautismo que el mismo cura le había realizado a la agasajada cuando ésta era una bebé recién nacida.

Sin embargo, mientras el padre rememoraba el pasar del tiempo ante los ojos de Dios, sonó un tiro de revólver y se escuchó un grito de mujer. Como en cámara lenta, vi caer a un joven de espaldas en el pasto. Todo se paró. Miré hacia el lugar desde donde había partido el disparo pero no vi a nadie con ningún arma en la mano. Me acerqué al cuerpo caído y le miré la cara. Reconocí enseguida al hijo de Gaspard. Aún estaba vivo pero perdía sangre a borbotones por la herida. La bala le había entrado por el hombro derecho. Tres hombres salieron corriendo hacia una parte oscura del jardín donde, aparentemente, habrían visto partir el fogonazo. Algunas mujeres mayores, azoradas ante lo sucedido, todavía lloraban fuera de sí. El papá de la cumpleañera clamó por un médico y apareció un señor que dijo ser farmacéutico. Se arrodilló al lado del joven caído, le tomó el pulso, reclinó su cabeza sobre el pecho del herido y nos pidió para cargarlo hasta su auto estacionado al lado de la casa: "Vite, vite, cet homme se meurt lentement", gritó el boticario. Y hacia allá lo llevamos. Lo acomodamos lo mejor que pudimos en el asiento posterior y lo tapamos con algunos cartones que encontramos en el piso. Cuando volvimos a la fuente, aparecieron los hombres que habían corrido tras el agresor. Lo habían capturado y venía como un animal salvaje, con las manos atadas en la espalda. Me di cuenta que lo habían maltratado porque le manaba sangre por la boca y tenía la ropa sucia de tierra. Lo pusieron de rodillas dentro de la fuente y ataron su cabeza y manos a unos caños, a la espera de la policía. En ese instante, me acordé de Gaspard. Le pedí a Claire, quien había quedado muda con lo sucedido, que se quedara con sus amigos pues yo tenía que avisarle a Gaspard de lo ocurrido. Tomé la moto y salí manejando como un loco rumbo a la marina. Me perdí tres veces en medio de las callecitas entrecortadas, hasta que encontré la avenida principal, Valley Road, que bajaba derecho al puerto.

A los quince minutos, estaba subiendo a la Geneviève. Por suerte, había luz encendida, indicio de que había gente. Golpeé mis palmas y llamé por Gaspard, que apareció enseguida con su mameluco marrón y su sonrisa amplia, pero al ver mi talante se puso serio. Este viejo lobo de mar olía la adversidad desde lejos. Le expliqué lo sucedido, tomó la llave de su camioneta y me invitó a ir con él hasta un tal Princess Margaret Hospital, donde seguramente habrían llevado a su hijo. Desistí. Le dije que debía ir con mi moto a buscar a Claire y llevarla de vuelta a su casa. Gaspard, entonces, muy nervioso, me dijo algo en su lengua local para despedirme o para agradecerme, pero no lo entendí. Luego que partió, subí al Aventurero para contarles a mis amigos lo ocurrido. Sólo encontré a Silvano y Chabela jugando a las cartas bajo la luz de unas velas. Narré con lujo de detalles los hechos, tomé un buen trago de ron y salí a buscar a Claire, en medio de una noche oscura y que parecía interminable. Sólo deseaba no perderme de nuevo y encontrar la casa de la cumpleañera lo más rápido posible. Pero me perdí varias veces. Paré, pregunté, me hice entender como pude y continué. A la media hora de haber partido, la encontré.

Tres policías todavía estaban haciendo preguntas a algunos testigos. Claire me vio llegar y vino corriendo a contarme la telenovela pasional que envolvía la historia: Adrien, el hijo de Gaspard, había recibido un tiro de revólver porque se oponía rotundamente, al noviazgo de su hermana, Anette, con un joven que la pretendía de forma vehemente. Este joven había salido de la cárcel hacía poco tiempo y todos en Roseau conocían su historial de violencia hacia su propia familia. Según lo que se sabía de él, a su hermano de sangre le había cortado todos los dedos de la mano derecha con una tenaza porque no quería firmar un documento relativo a una herencia familiar. Por este crimen, había sido encarcelado cinco años. Cuando salió, conoció a Anette en el propio "kiosque" de Gaspard y la acosó durante un tiempo, todos los días, hasta que Adrien tomó cartas en el asunto y lo enfrentó exigiéndole que desapareciera, insultándolo. El criminal, entonces, preparó su desquite. Estando al corriente de la fiesta de la amiga de Claire, -en una ciudad pequeña todo se sabe-, cargó un revolver calibre 38 de caño largo y se ocultó entre unos matorrales linderos a la casa. Esperó pacientemente hasta que tuvo a Adrien en la mira y disparó para matarlo. Según Claire, el dato patético de todo el hecho es que Anette sabía que este criminal, de alguna manera, aparecería en la fiesta porque así se lo había expresado en la mañana. Y sin embargo, no previno ni a su hermano, ni a nadie. Ella esperaba encontrarlo en la fiesta para convencerlo de que se retirara de su vida y aplacar así los ánimos. "Contra la estupidez de algunos amantes, hasta Dios lucha en vano", pensé, mientras Claire me contaba la historia.

Pese a los avatares de la tardecita, la noche, al final, había terminado de manera interesante porque el dueño de casa nos invitó a tomar una copa en el bar del living para conocer más de nosotros, mi educación, mis viajes y mi opinión sobre lo ocurrido, según nos dijo al sentarnos en unos confortables sofás de cuero marrón. Al ratito de estar sentados, puse mi mejor voluntad para no dormirme luego de tanto ajetreo. Mis tiernas posaderas se habían desacostumbrado, tras casi dos años de viajes en velero, lanchas en el Amazonas, hamacas colgadas de árboles, sobres de dormir sobre la tierra dura y noches de vigilia timoneando sentado en un banquito de madera, a la comodidad de un mullido sofá de cuero. Nuestro anfitrión, conocedor de Uruguay por el fútbol y los tupamaros, contó que tenía una empresa productora y exportadora de bananas en la isla. Hablaba inglés a la perfección con acento británico de la campiña inglesa y fumaba en una enorme pipa recta. El aroma suave y achocolatado del agradable tabaco, había inundado la habitación y percibí que el hombre quería conversar, tal vez para que el final de la fiesta dedicada a su querida hija, no fuera un naufragio social. Por los motivos que fueran, el ron que pedí y el cansancio, empezaban a hacer efectos en mí, máxime con el estómago vacío. Pasé mi brazo izquierdo por detrás del cuello de Claire, crucé las piernas y me dispuse a disfrutar el resto de la velada, mientras sostenía en la mano derecha la enorme copa de ron. El anfitrión, de apellido Bonnet, en determinado momento expresó que el principal problema de la Isla Dominica, por esos años, era la laxitud de las leyes y los jueces corruptos. Enumeró una serie de casos relacionados con actos delictivos y, al final, trajo a colación el tiroteo en su propia casa. Luego, nos pidió disculpas por lo sucedido en "el jardín de la fuente", -como él llamaba a esa extensión del terreno- y adujo que quizás debería haber contratado más guardias de seguridad para evitar el incidente. La cumpleañera, cuyo dificultoso nombre en francés jamás pude recordar, saltó de su silla, lo abrazó, acarició su rostro, le dijo que la fiesta había sido un éxito y que Adrien se recuperaría del balazo porque era un joven muy fuerte y la herida no había sido nada. "Porque no te encajaron a vos el tiro….", pensé.

A las tres de la mañana dejé a Claire en su casa. Me había convertido en un perfecto caballero. Le di un beso ardiente y prometí que volvería a la tres de la tarde de ese día, para salir a pasear. Quería conocer el célebre Jardín

Botánico de su ciudad y ver cómo seguía el hijo de Gaspard. Tuve que cerrar los ojos y morderme los labios para dejarla ir…

Volví al puertito, encadené la motocicleta a un viejo pilote de madera que había en nuestro muelle y fui hasta la Geneviève para ver si encontraba a Gaspard. No había nadie. La puerta de acceso a su barco aún estaba abierta de par en par, a raíz del apuro al salir. La cerré y me fui a dormir. Había sido un día abrumador y mi cansancio era infinito, pero de alguna manera, todo había salido bien.

¡Las gaitas insoportables de nuestros vecinos volvieron a tronar, como si estuviéramos en un puto castillo de Edimburgo! "Además de molestos, puntuales", pensé y me levanté de un salto. Miré la hora y ya eran casi las nueve. No había nadie en el velero. Fui hasta la cafetera y encontré una nota escrita por Charlie: "Fuimos a pasear porque no queremos matar a los ingleses. Vino Gaspard, te estuvo buscando pero no quiso despertarte. Dice que su hijo está mejor. No te tomes todo el ron. Volvemos de tarde. Un abrazo. Charlie." Eran buenas noticias. Desayuné, me bañé despacio con la duchita de mano dentro del barco, me afeité, me puse una ropa bien cómoda y subí a la cubierta. Era un magnífico día de sol. Los británicos, que todavía seguían soplando sus instrumentos malditos, me saludaron sólo moviendo la cabeza. Yo también respondí moviendo la mía. Salté al muelle y fui a ver a Gaspard. Tampoco estaba esta vez. Desencadené la moto, subí y fui hasta un bar de mala muerte que había a dos cuadras del puertito. Quería averiguar la dirección y tener algunas indicaciones para llegar al Princess Margaret Hospital. Pero en mi vida nunca había nada fácil. Yo no hablaba bien francés y ellos no hablaban ni español, ni inglés, ni portugués. Después de quince minutos gesticulando y haciendo muecas, me hice entender. En el fondo, creo que pensaron que yo estaba enfermo y que por eso buscaba un hospital. El dueño del bar, para socorrerme, dibujó un precioso mapita en una servilleta de papel que voló a mitad del camino. Pero supe cómo llegar.

Era un hospital de dos pisos, con techo azul y paredes pintadas de amarillo claro. Pasando unas rejas blancas de hierro, estacioné y fui hasta la recepción. No sabía el apellido de Adrien. Tuve que explicar la historia del balazo de la noche anterior, al pedirles para identificar el paciente. Puesto que había sido un hecho violento de sangre, me pidieron un documento de identidad para acceder a la habitación. Por supuesto que no llevaba nada. Les expliqué que ningún navegante andaba en tierra con su pasaporte. Todos nuestros documentos quedaban escondidos en el velero, en un compartimiento secreto e impermeable. Pero, imposibilitado de explicar en detalle tanto palabrerío que al final no entenderían, pedí que le avisaran a Gaspard que un amigo venía a visitar a su hijo. Y allá fueron a llevar el recado.

Gaspard apareció enseguida y atrás de él vino Anette. Ambos estaban contentos porque Adrien se recuperaba rápidamente. La bala no había tocado ningún músculo u órgano vital. El agresor había confesado y además habían encontrado el arma recién disparada, cuyo calibre coincidía con la bala extraída del hombro de Adrien. Caso cerrado. Al bravucón le darían unos diez años más de cárcel, por sus antecedentes de violencia grave. Después de tanta tensión, todos estábamos contentos. Gaspard, también, compartió su satisfacción porque los hermanos se habían reconciliado. Le dije que partiríamos en unos días pero que antes quería que compartieran un auténtico "asado" argentino/uruguayo en el Aventurero. "I can assure you that there will be enough rum for all of you", le dije y todos reímos.

CAPÍTULO 4

Una sonrisa como de virgen de Iglesia

Cuando salí del hospital sentí hambre por lo que me dirigí hacia al centro de Roseau. Era mediodía. En una esquina llena de árboles coloridos vi un pequeño restaurante llamado "Mon Refuge". Me había gustado el nombre. Paré la moto y me senté en una de las mesas de afuera, a la sombra de una especie de cedro tropical lleno de flores. En la mesa de al lado habían unos americanos comiendo algo que parecía muy apetitoso. Cuando vino el mozo le pregunté por ese plato y me dijo que se llamaba "Pollo de Montaña". Lo pedí. Era el plato más típico de la isla porque lo había visto anunciado en otros lados. Para beber, acepté una jarra de cerveza que, según el mozo, combinaba perfectamente con la salsa de los anfibios. Me pareció haber entendido mal. Tal vez, en la pronunciación francesa del inglés que el mozo hablaba, había sonado la palabra "anfibios". En fin, la dejé correr. Al rato volvió a aparecer con una bandeja repleta de pequeños muslos de algo que pude identificar como... ¡ranas! En efecto, el plato llamado "Pollo de Montaña", era una especialidad de la isla elaborada a base de esos saltarines animales del pantano. Y el mozo tenía razón: ¡la cerveza combinaba con los anfibios! Los americanos, que habían participado de toda la confusión, se reían a carcajadas y me dijeron que a ellos les había pasado exactamente lo mismo y que, al final, el plato consistente en muslos de ranas fritos, vinagre, pimienta, manteca, jugo de limón y perejil, era delicioso.

Demás está decir que terminamos todos sentados en la misma mesa, cantando músicas de Creedence Clearwater Revival, degustando el tercer plato de las sabrosas ranas y tomando whisky como si fuera el fin del mundo. Estábamos tan locos, tan borrachos y cantábamos con tanta gracia que los dueños del bar se sentaron en la mesa vecina, sólo para oírnos y vernos parrandear.

Cuando miré el reloj eran casi las tres de la tarde. Pagué mi parte de la cuenta, me despedí y salí corriendo a buscar a Claire. Llegué, llamé a la puerta y salió hecha un ángel, toda vestida de blanco. Nos besamos e inmediatamente detectó mi aliento a alcohol. Me preguntó si había estado bebiendo. Le dije que sí, que había bebido un poco en el almuerzo, con unos americanos medio locos. No pude decirle que nos habíamos tomado dos botellas enteras de whisky. Para cambiar de tema, pasé a contarle la divertida confusión con las ranas del "Pollo de Montaña" y se rio muchísimo.

Llegando al Jardín Botánico, traspasamos un maravilloso arco de hierro forjado cargado de flores, de manos dadas, como tortolitos enamorados entrando al baile estudiantil. Nos sentamos sobre el pasto, cercados de rosas blancas y crisantemos. Claire quería hablarme y yo quería besarla. "Eres una chica tan completa, que no mereces que ningún hombre te quiera a medias", le dije y se sonrojó como una niña. Claire era un capullo de jazmín floreciendo, una flor nunca descubierta.

Cuando la luz del sol se hizo muy tenue, volvimos. Por el camino le propuse conocer nuestro velero y le dije que estábamos fondeados al lado de Gaspard, para que se sintiera más confiada. Aceptó. Pero, mientras manejaba la moto en la bajada, la resaca me agarró de lleno. No habíamos recorrido dos kilómetros desde el Jardín Botánico, cuando mi estómago comenzó a burbujear. Nunca supe si fue el whisky, la cerveza, las ranas, o todo junto, lo que provocó la explosión. Sólo recuerdo que en menos de un minuto me bajé de la moto, me escondí atrás de unos matorrales al costado de la carretera y devolví a la gramilla lo que le pertenecía a la naturaleza. Instantáneamente, me sentí mejor. Volví pálido y avergonzado a la moto. Claire me estaba esperando, sonriendo pacientemente, con su pañuelito blanco embebido en extracto de perfume. Le pedí perdón y le dije que los americanos tenían la culpa de todo. Ella, entonces, me respondió con su delicado acento isleño: "Drinking without thirst is not good for a gentleman like you."

Mientras nos aproximábamos al velero pude sentir un fuerte olor a cannabis proveniente de las escotillas abiertas. Mis amigos estaban reunidos con dos invitadas: Dinorah, una extrovertida chica brasileña que Vinicius había conocido y su hermosa amiga isleña, Ginette, a quien Charlie le dedicaba sus mejores afectos. Les presenté a Claire y empezamos a charlar. Todo era muy divertido. El español lunfardozo del Río de la Plata entrecruzándose con el inglés isleño afrancesado y el portugués brasileño carioca, creaban una promiscuidad lingüística tan graciosa que de sólo vernos las expresiones faciales, ya nos reíamos a carcajadas. Chabela, Dinorah y Ginette habían preparado la cena pero yo ni siquiera pude mirarla. Mi estómago todavía pedía socorro a gritos. Claire me ofreció un té con limón para reparar el daño digestivo y todas las miradas se dirigieron hacia mí. Ella, entonces, hizo pública mi situación gástrica. Charlie recomendó más cannabis para equilibrar los siete "chacras" de mi cuerpo.

–"Albertito, siete son los colores del arco iris, siete las notas musicales y siete los días de la semana. Siete es un número mágico. ¡Fumá!", dijo orondo, y me pasó un enorme y humeante cigarro.

–"Charlie, estás muy loco, ¿Qué tiene que ver el número siete con todo esto?", le pregunté.

–"No sé. Estaré loco, pero al menos puedo volar…", me respondió.

Para comprender la mitad de lo que mis amigos decían, Claire parecía divertirse bastante. No fumó, no probó el ron MARIN y apenas comió. Cuando se hicieron las diez de la noche, me pidió que la llevara a su casa. Insistí para que se quedara a dormir en el barco, pero se negó. "Está bien, si es difícil, vale la pena", pensé. Subimos a la moto y salimos levantando polvareda por la sinuosa carretera. Cuando llegamos, entre beso y beso, le dije que partiría en unos días. Le pregunté si igual quería verme antes de partir. Moviendo la cabeza afirmativamente y mirando el suelo me dijo que sí. A seguir, traducido al español, lo que recuerdo del diálogo:

–"Yo me despierto todos los días con la idea de que algo maravilloso entre nosotros está a punto de suceder", le dije entusiasmado.

–"A mí me pasa lo mismo, pero no tenemos tiempo", me respondió.

–"Venite conmigo. Vamos a navegar hacia el sur recorriendo las islas y cuando lleguemos al continente, si querés volver, yo te regalo el pasaje de avión. Y si no, seguimos juntos".

–"No puedo. Eres demasiado aventurero. Alguien como tú es fácil de querer, pero es imposible de olvidar".

– "Yo lo único que quiero es estar contigo. Y no puedo quedarme a vivir en Dominica…"

–"Lo sé. Por eso creo que lo mejor sería que no nos viéramos más", me dijo bastante seria y se dirigió hacia la puerta. Mientras revolvía su carterita en busca de la llave para abrirla, la seguí, volví a abrazarla e insistí:

–"Igual podemos vernos hasta que yo parta. No hay nada de malo en eso. ¿O me vas a decir que no te sentís bien conmigo? Yo no te estoy jurando amor eterno. Ni tampoco te estoy forzando a hacer nada que no quieras".

–"¡No, no! No me malinterpretes. Yo me siento muy bien contigo. Eres un chico muy divertido, inteligente, un perfecto caballero. Lo que quiero transmitirte es que yo no quiero sufrir y cuando te vayas, estoy segura que me sentiré muy mal, porque no puedo seguirte y te extrañaría".

–"Lo que sea, pero contigo. ¿Te paso a buscar mañana? Podemos pasar todo el día en el barco o ir a alguna playa para seguir conversando…".

–"Está bien. Te espero al mediodía."

–"Sos divina. Te adoro. Contigo va a ser difícil dormir pero es muy fácil soñar. Nos vemos mañana". Le di otro beso y me fui.

En el camino de regreso al Aventurero analicé mis opciones. Claire jamás aceptaría venir a navegar con nosotros. Durante la semana estudiaba lenguas y trabajaba con su familia todos los fines de semana. Además, no tenía fibra de viajera, ni mucho menos. Era virgen. O sea que, mis posibilidades de sexo con ella, también eran escasas. Por otro lado, la posibilidad de radicarme en Dominica y hacer lo mismo que había hecho el gordo Bonavita en Rio de Janeiro, era inexistente. Llegué entonces a la conclusión de que igual estaría bueno divertirme y gozar de la compañía de esta personita encantadora, respetando su timidez, su pureza y su recato. Esa noche, el único despierto a bordo era Charlie. Nos sentamos a tomar una cerveza en la cubierta del velero y cuando le conté mis reflexiones a respecto de Claire, me dijo:

–"Vos y yo tenemos mucha calle, boliche y quilombo, Albertito. ¿Mi pregunta es: por cuánto tiempo más te lo vas a bancar?"

–"No lo sé, Charlie, serán dos o tres días, a lo sumo. Después no nos volveremos a ver. Sólo espero que sea inolvidable", respondí y nos fuimos a descansar.

A la mañana, para nuestra sorpresa y satisfacción, no sonaron las gaitas de los ingleses. ¡Era un bendito milagro! Fui el primero en subir a la cubierta para ver, con mis propios ojos, qué les había pasado. ¿Habrían sido hundidos por el cañonazo certero de alguna fragata española? Pero me encontré con que el amarre de ellos estaba libre. Habían zarpado durante la madrugada. Me disponía a bajar para darle la buena noticia a mis compañeros cuando vi algo que me pareció ser una pelota de trapo tirada en el piso del cockpit, a la entrada de la cabina. Estaba segurísimo que la noche anterior no había nada en ese lugar. Alguien había arrojado eso a propósito. Lo levanté con una mano y noté que era liviano. Fui desenvolviendo los arrollados de tela y vi que, en realidad, era un envoltorio que contenía una cajita cuadrada de plástico en su interior. Abrí la cajita con cierto placer escondido, porque mi penitencia siempre fue ser humano y curioso. Encontré una hoja blanca, cuidadosamente doblada. "Un mensaje", pensé enseguida. La desplegué por entero y vi que, efectivamente, había un recado, escrito a mano, con letra gótica tipo medieval. "Por qué siempre a mí me pasan estas cosas", cavilé. "¿Será porque soy el primero en levantarme y el último en acostarme?", teoricé rascándome la cabeza. No quise leer la nota. Bajé a la cabina, donde todos mis compañeros ya estaban levantados, bostezando y tomando el desayuno. Pedí silencio. Expliqué los detalles de la situación y le entregué la carta al capitán. Vinicius tomó la hoja y la empezó a leer en voz alta. Estaba escrita en inglés antiguo o anglosajón. Y ésta fue su traducción al español:

"A nuestros amigos del velero Aventurero os dejamos un fraternal saludo de despedida. Fuimos honrados por haber compartido todos estos días amarrados a vuestro lado. Partiremos en unos minutos hacia el sur, no sin antes despedirnos de vosotros. ¡Gracias por haber escuchado, pacientemente, nuestros himnos y loores interpretados por Alastair y Duncan en sus armoniosas gaitas! Lo apreciamos infinitamente. Esperamos volverlos a ver pronto. Por más grande que sea el océano, a veces, dos barcos se encuentran. ¡Buenos vientos! Layla Mac William".

Además de la amable carta, había un dibujito del velero de ellos navegando en medio de notas musicales. Después de leer el mensaje de Layla todos quedamos medio pinchados. Había en el aire una mezcla de contento y desánimo al mismo tiempo. Estábamos felices porque no tendríamos más a Alastair y Duncan de relojes despertadores, pero también tristes porque, a ciencia cierta, esa valerosa tripulación había cruzado el Océano Atlántico, vaya uno a saber cuántas veces y ése era un mérito náutico.

–"Brindemos por nuestros amigos ingleses. Para que Neptuno y Eolo, que ojalá sean sordos, los guíen en medio de las buenas aguas", invocó Charlie, sirviendo sendas copas de ron MARIN para todos. Eran las nueve de la mañana; el día recién empezaba.

Dinorah, la amiga de Vinicius, me invitó a pasar el día junto con ellos en una playa al norte de Roseau. Tuve que declinar la invitación al paseo. Era un lindo programa pero tenía que cumplir con Claire. Cuando se hicieron las once y media, salí disparado en busca de mi amor. Tenía un plan. Quería pasar la tarde en el Aventurero con ella para que, de alguna manera, fuera familiarizándose con el ambiente náutico. Tal vez, inclusive, pudiéramos preparar juntos alguna rica cena para el grupo. Al fin y al cabo, ella era especialista en condimentos.

A Claire le encantó la idea de compartir la tarde y parte de la noche juntos en el barco. Cuando hacíamos el camino de vuelta, paré para comprar carne de cordero y algunos tamarindos que ella me pidió. Claire se había comprometido a preparar un plato con esta carne, acompañado de una salsa hecha con esa fruta de gusto tan particular. Los ajíes picantes corrieron por cuenta de ella.

En el velero todos se habían ido. De reojo, vi que Gaspard estaba a bordo. Lo noté porque siempre dejaba secándose al sol, una toalla roja. Desde el muelle le grité: "¡Hé, mon ami! ¿Es-tu là? ¿Comment vas-tu?". Gaspard asomó la cabeza por el tambucho con su habitual sonrisa. Siempre estaba contento. Nos saludó con la mano e hizo señas para que lo esperáramos. Quería hablar. Bajó hasta nuestra cabina y nos abrazó eufórico. Estaba feliz. Nos contó que su hijo se estaba recuperando bien del balazo en el hombro y ya le habían dado de alta. Anette lo cuidaba día y noche. También nos comentó que al día siguiente zarpaba rumbo a la isla Martinica para llevar un gran cargamento de ron. Le expliqué que nosotros también haríamos el mismo rumbo pero partiendo en dos días. Quedamos de encontrarnos en esa isla. Me dio un par de consejos para navegar hasta allá, tomó una etiqueta de su ron de una de nuestras botellas, -de las que tenían el mapita dibujado-, y me señaló con una gran X dónde fondearía su lancha. No quiso despedirse. Dijo que volvería más tarde para saludarnos.

Acomodé a Claire en la cocina del Aventurero y me dispuse a asar en el muelle, a las brasas, las piezas de cordero. Una vez que estuvieran doradas a la parrilla, serían rociadas con la salsa de tamarindos y otros venenitos tropicales preparados por ella. Cocinar me hacía feliz, me relajaba. Creo que a toda la buena gente le gusta cocinar. Un buen cocinero trata de emocionar y alimentar al mismo tiempo, ya sea un cocinero profesional, un amigo cocinando para otros amigos o una madre alimentando a sus hijos. A veces, pasaba horas preparando una comida que sería consumida en muy poco tiempo. Pero siempre valía la pena. El refinamiento gastronómico hacía a los hombres más felices. Tal vez estuviera asociado a la supervivencia, al mantenimiento de la vida. Nunca lo pude descifrar. Sólo sabía que la cocina era la química del amor entre las personas. Y eso, para mí, ya era suficiente.

Cuando Claire tuvo pronta su salsa de tamarindos subió para avisarme. La carne también estaba bien asada. Volcamos los trozos de cordero en las dos ollas más grande que teníamos y en seguida le rociamos la salsa agridulce de tamarindos. Claire le agregó otros condimentos que nunca había visto en mi vida, mientras esperábamos a que la salsa marrón oscuro hirviera una hora, a fuego muy bajo. Al rato, un delicioso aroma frutado y dulce había inundado el salón del velero.

Nuestros amigos fueron llegando de dos en dos. Los primeros en bajar a la cocina fueron Vinicius y Dinorah. Esta simpática y desinhibida brasileña destapó la olla, metió su cabeza en medio del vapor y dio una honda narigada. "Meu Deus. Que delícia. Vocês vão me matar", dijo sonriente. Luego aparecieron Ginette y Charlie. Ella, por ser originaria de la isla Guadalupe, conocía este plato y terminó ayudando a Claire. El comentario más original, sin embargo, lo tuvo Charlie: "Che Albertito, ¡casáte ya con este minún! Es una dulzura y además está divina." Finalmente, Silvano y Chabela llegaron con un gran postre de chocolate para compartir en la cena. Estábamos todos. En medio del bullicio de botellas, platos, cubiertos, bromas, risas y cuentos, apareció Gaspard con dos regalos para el Aventurero: una bolsa enorme con más de veinte kilos de frutas tropicales y otra damajuana con cinco litros del ron MARIN, pero añejado diez años. "Pour le voyage de mes amis...", nos dijo, mientras recostaba el pesado saco en la bañera del velero. Nos dimos un demorado abrazo y quedamos de encontrarnos en Martinica. La vida que vivíamos era un viaje en barco, literalmente, subíamos y bajábamos según las olas, según la marea. Y gracias a la amistad que nos hermanaba, jamás perdimos el horizonte a seguir. Cuando tuvimos que sufrir algún naufragio personal, los amigos fueron el ancla en el que nos apoyamos mientras buscábamos un nuevo rumbo.

Con Claire nos despedimos con un beso desnudo (lo único desnudo que me dio durante mi estadía en su tierra) y un recatado "hasta pronto". Habíamos sido casi novios, casi amantes, casi felices. Pero, en el fondo, yo estaba orgulloso de mí mismo. Me había comportado como un auténtico caballero medieval. Quizás, imbuido de hidalguía y cierto romanticismo inspirado en las estrepitosas y diarias gaitas de mis vecinos ingleses/ escoces. Quizás mi educación cristiana cursada en las Teresas y en el Juan XXIII de Montevideo, había surtido un efecto tardío. Nunca lo analicé introspectivamente. Para mí, lo más valioso de mi estadía en la isla Dominica fue haber honrado a una joven intachable. Y después, haberme divertido muchísimo. Claire me había transmitido lo mejor de su persona: la alegría de vivir. No volvimos a encontrarnos nunca más, pero aún hoy recuerdo su pureza, como un niño perpetúa en su memoria inocente, a los amigos de infancia.

Martinica: la isla de las flores y las putas

Al otro día, comenzamos los preparativos para la nueva singladura. Sería un viaje corto. La distancia entre Roseau y Saint Pierre, la primera ciudad que visitaríamos en esta isla, era de treinta y siete millas náuticas, un viaje de tres horas. Teníamos las cartas náuticas recién compradas por Vinicius y el mapita de Gaspard a mano.

Nunca había visto al Aventurero tan cargado. Llevábamos frutas de todo color y forma, carnes saladas tipo "charque", salchichas secas, litros de ron, cervezas varias y dos nuevos tripulantes, Dinorah y Ginette. Ellas nos acompañarían hasta donde quisieran.

Zarpamos de mañana. Enseguida que la punta sur de la isla Dominica quedó en la popa, una cálida brisa que venía del NE atrapó a la vela mayor. Íbamos cómodos. La distancia, además, era muy corta, por lo que decidimos seguir así, sin izar ninguna otra vela. Dinorah, que rasgueaba bastante bien la guitarra, empezó a tocar los primeros acordes de "Garota de Ipanema". Y ahí, la comparsa en pleno del Aventurero empezó el canturreo de esta bella música brasileña. Nadie podría negar que éramos los navegantes más alegres del Caribe. Después de la quinta o sexta canción en portugués, cambiamos de repertorio porque el voto de la mayoría primó: ganó Sui Generis y su

"Necesito". Como en una película de Hollywood, terminamos la canción y se nos apareció la punta norte de la isla Martinica. En menos de quince minutos, anclábamos en la histórica y pequeña ciudad de Saint Pierre, una deliciosa mezcla de civilización francesa y exótico Caribe.

El puertito que nos recibió tenía un gran cartel de bienvenida en el muelle principal, pero estaba escrito en creole y no entendí su significado. A las diez, el Aventurero ya estaba bien amarrado, por lo que decidimos salir a caminar bajo el sol tropical. La calle principal se llamaba Rue Victor Hugo y en ella encontramos de todo: pequeñas florerías caribeñas ofreciendo flores rarísimas, boutiques de ropas finas tipo americanas o europeas, tiendas de suvenires para turistas, oficinas de gobierno, un mercado de frutas y verduras frescas y hasta una tienda que vendía ataúdes de madera tallados a mano. Éstos eran expuestos unos arriba de otros con el precio colgado de un cartelito a la vista de los paseantes; todo muy mortal y bizarro.

Caminando y curioseando por la Rue Victor Hugo, nos interceptó un joven, con aspecto desaliñado y barbudo que, según Silvano, nos había estado siguiendo hacía un buen rato. Cojeaba algo de su pierna derecha, aunque caminaba bastante rápido. Usaba un sombrero de ala ancha color caqui y vestía un chaleco raído del mismo color, pero sin camisa. Llevaba unos lentes de alambre redondos que estaban medio magullados y algo desnivelados en el armazón. Cuando cruzamos una de las esquinas, nos interceptó el paso, con mucho respeto y se presentó. Obviamente, éramos un grupo que llamaba la atención de todos, caminando, divirtiéndonos y hablando en español, inglés y portugués a los gritos por el medio de la calle. El tipo, en cuestión, era isleño y hablaba inglés. Dijo que se llamaba Renard y preguntó si necesitábamos un guía de confianza. Vinicius inquirió cuánto cobraba por sus servicios, acordaron un precio y arrancó al frente de nosotros, hablando más que un chimpancé de feria.

Lo primero que nos explicó fue que Saint Pierre había sido la capital de la isla Martinica y que por esos días, precisamente, se rememoraban setenta y ocho años de la erupción del volcán Pelée que había destruido totalmente la ciudad, en mayo de 1902. El volcán, que se advertía imponente a nuestro lado, había entrado en erupción después de dar suficientes advertencias, mediante cenizas y erupciones menores en las semanas previas. El gobernador de turno y los principales líderes comerciales locales, que sentían el problema en el bolsillo, se negaron rotundamente a evacuar la ciudad. El volcán entró en erupción y fue seguido por una enorme ola tipo tsunami que subió del mar, resultando en la destrucción total de la ciudad y la muerte de treinta mil personas. Según Renard, murieron todos menos dos de los habitantes: un zapatero que encontró refugio en su bodega subterránea de vinos y un preso famoso, llamado Cyparis, que estuvo encerrado en su celda construida en piedra maciza todo el tiempo, hasta que lo encontraron desmayado de susto y de hambre. Unos días después, el mismo volcán volvería a estallar, aún más violentamente, pero sin dejar víctimas porque ya no había ningún ser viviente en la zona. Las consecuencias desde el punto de vista social, político y económico en Martinica fueron terribles. La erupción destruyó por completo la ciudad y su puerto. Al final, se acordó que la ciudad de Fort-de-France, más al sur, sustituiría a Saint Pierre como capital. Muchos niños se convirtieron en huérfanos, de ahí la creación del Orfanato de la Esperanza en Fort-de-France. Parte de la población afectada fue reubicada en distintas ciudades de la isla. Otras familias se fueron a Guadalupe, Santa Lucía, la Guayana Francesa, Panamá o Venezuela.

Mientras Renard describía en detalle lo sucedido, le recordé que setenta y ocho años en cualquier escala geológica serían equivalentes a segundos en la vida de un volcán activo, por lo tanto, era razonable pensar que Pelée estuviera todavía activo. Vinicius y Silvano sintonizaron mi pensamiento al instante y movidos por los subliminales resortes del instinto de conservación, decidieron emprender la vuelta hacia el Aventurero. Renard, durante todo el camino de regreso al barco, muy entusiasmado con su historia, insistía en contarnos más detalles macabros de la tragedia. Estábamos como en fuga, sólo queríamos irnos, subir a nuestro barco y partir lo más rápido posible hacia el sur. Vinicius invitó a Renard a acompañarnos hasta el velero para viajar juntos rumbo a Fort-de-France en una navegada de quince millas náuticas que insumiría poco más de una hora y así continuar con sus servicios de guía en la capital, pero éste se negó. Para nuestra sorpresa, manifestó bien claro en su inglés isleño, que le tenía odio al mar. "Del mar nunca vino nada bueno", dijo. "Olas gigantes, muertes, ahogados y enemigos invasores, todos vinieron del mar", afirmó. "Si ustedes quieren a Renard, él va de autobús y lo encuentran en el puerto". Vinicius, sonriendo, aceptó. Le pagó sus dos horas de servicio y le dio algo más para el pasaje. "Está bien Renard. Nos vemos mañana en la oficina de inmigración ubicada en el puerto", le dijo. Por aquellos días, se usaba el franco de Martinica y el franco francés indistintamente, aunque también aceptaban dólares americanos.

Fort-de-France era la ciudad más grande y más cosmopolita de las Antillas Francesas. No era New York, exactamente, pero había una buena opción de hoteles, restaurantes y lugares para tomar un trago. Su entorno de ramblas y malecones, con los Pitons du Carbet elevándose a lo lejos, era una vista que se hacía cada vez más sublime al acercarnos con el velero. También se destacaba, a lo lejos, el pico de lo que parecía ser una iglesia importante. Luego nos enteraríamos que era la Cathédrale Saint-Louis, construida en 1895. A ella fuimos una tarde, antes de partir, para agradecer la bonanza de nuestro viaje.

Guiados por el mapita de Gaspard, fuimos gobernando el Aventurero hasta el muelle de las embarcaciones deportivas. Con enorme sorpresa y dando alaridos, Chabela, que iba en la proa, gritó. "¡Ahí, ahí, ahí!" señalando hacia el frente. Silvano puso reversa para parar inmediatamente. Delante nuestro flotaba, muy campante, la Geneviève. Yo saqué relucir la campanita de bronce para la niebla y empecé a tañerla lo más fuerte que pude. Al minuto, apareció la figura afable de Gaspard son su amplia sonrisa antillana, saludando. Como no había lugar disponible a su lado, seguimos hasta el final del muelle. A las cansadas, encontramos un pequeño espacio donde cupimos y el calado estaba bueno. Una vez amarrados, bajamos a tierra firme para saludar a nuestro amigo y encontrar la oficina portuaria donde haríamos el papeleo de inmigración. Mi terco pasaporte uruguayo, bautizado originalmente en Brasil, ya coleccionaba una cantidad de sellos y visas estrambóticas. Viajando me había a atrevido a soñar. Había logrado salir de mi zona de confort para abrir la mente a lo que fuera. Para descubrir nuevas tierras, debía tener el valor de no mirar más hacia la orilla.

Gaspard esperaba sentado en un banquito del muelle con dos ramos de flores, uno en cada mano, aguardando a las chicas del Aventurero. Chabela y Dinorah tuvieron el gusto de recibirlas. Vinicius, Silvano, Charlie y yo lo saludamos y le obsequiamos una pipa de espuma de mar que nuestro capitán había comprado en algún puerto de Brasil. Emocionado, dijo en buen francés: "Être entouré d'amis me fait immensément heureux" mirando a Charlie para que nos lo tradujera. Nuestro amigo, a quien yo erróneamente había juzgado descortés cuando lo conocí, había resultado ser un hombre sensible, extremadamente educado (hablaba tres lenguas) y agradecido; tres cualidades que nunca habían sobrado en el mundo. Él era un ejemplo vivo de que siempre existía una buena historia detrás de cada ser humano. Otra lección aprendida con el Aventurero: no juzgar a nadie por sus apariencias.

Luego de hacer los trámites en la oficina, todos volvimos al barco para organizar nuestras excursiones. Gaspard fue a hablar con el encargado de la marina para ver la posibilidad de llevar nuestra embarcación más próxima a la suya, a un lugar vacante que él había encontrado. Autorizado el cambio, movimos nuestro velero más próximo a la Geneviève.

Como ya era habitual, utilizamos los folletos y mapitas turísticos que encontramos en la oficina aduanera para orientarnos y determinar qué visitar primero y cómo llegar. Alquilar motos nos pareció inviable. Éramos demasiados y no queríamos transformarnos en los Hell's Angels de Martinica. Así que decidimos movernos en taxi, cuya tarifa local, al cambio del dólar americano, era bastante accesible.

Gaspard ofreció llevarnos en su "véhicule de la Martinique", como él llamaba a otra de sus viejas camionetas, hasta el centro de la capital para cumplir con sus entregas de ron en los diferentes bares, bodegas y tugurios, sus habituales clientes, localizados en distintos barrios de esta capital. Desde ahí, podríamos trasladarnos hasta donde quisiéramos. A Silvano, Chabela y a mí nos pareció buena idea y aceptamos la oferta. El resto de la tripulación, como no cupo en el "véhicule", tuvo que ir de taxi. No bien partimos, el campanario de una iglesia llamó mi atención. Eran dos torrecillas hermanas de estilo neoclásico.

Para mi sorpresa, el centro distaba a sólo unos treinta minutos si salíamos desde nuestro puertito caminando. En la camioneta nos insumió sólo cinco minutos llegar al primer bar: "Le Marie-Sainte" en la Rue Du Professeur Garcin. "Bizarro nombre para un bar", pensé. Allí Gaspard descargó cinco bidones de ron. Cuando volvió, anunció que la próxima parada sería en una tal Rue Lamartine. Aquí nos topamos con una especie de café bohemio llamado "Café de la Paix". Para éste, iban seis bidones de los grandes. Me sentí en la obligación de ayudar a Gaspard a descargarlos y entrarlos. Mientras él cobraba su cuenta, eché un vistazo al interior. Estaba decorado al mejor estilo francés clásico. Inclusive, había una placa de bronce incrustada en una pared donde se afirmaba que el propio Charles Garnier había decorado su interior. El mobiliario y los utensilios traídos de París, junto con las plantas tropicales, le daban un aire caribeño suave y elegante. Una vez finalizada la negociación con el dueño del café, volvimos a la camioneta para seguir hasta el tercer "cliente". Sin embargo, antes de partir, Silvano y Chabela decidieron bajarse para hacer sus compras. Con Gaspard seguimos hasta ubicar el tercer comprador de ron, un tal llamado "Grand Café". Éste estaba ubicado en una calle con un nombre en francés impronunciable.

Lo que sí recuerdo es que, aquí, mi amigo me explicó el pequeño truco de su negocio: la mayoría de sus clientes rellenaban con ron MARIN viejas botellas de prestigiosas marcas de ron, volviendo a colocarlas en las vitrinas de sus bares, a la vista de todos. Este tipo de bebidas, que usualmente no requerían ser abiertas frente al consumidor, pasaban inadvertidas en medio de las otras botellas. Además, los dueños de los locales confiaban en la calidad del ron de Gaspard para servirlo a sus parroquianos. Es más, algunos dueños comentaban que sus clientes habituales regresaban para pedir "ese año particular de ron", porque les había apetecido más.

El cuarto y último cliente de mi amigo estaba ubicado en un barrio cercano al puertito desde donde habíamos partido inicialmente. A lo lejos se veía el océano. Estaba empezando a llover. Gaspard bajó cargando otro bidón aunque, esta vez, llevaba junto un paquetito envuelto para regalo, con cintita y todo, encima. Lo cargaba haciendo equilibrio y lo aprisionaba con su mentón. Tirándome una sonrisa cómplice, me pidió que le hiciera el favor de ayudarlo con otro de los paquetes que traía en la cabina. "No te arrepentirás", me dijo en su inglés afrancesado. El "local" hacia donde nos dirigíamos no tenía ningún cartel o señalización. Caminamos por un estrecho corredor entre dos enormes casas ajardinadas. Tras unos veinte metros, encontramos una puerta de chapa pintada de rosado y un pequeño timbre a su lado. Tocó dos timbrazos cortos, uno largo y gritó: "C'est moi, Gaspard". Luego de esperar casi un minuto, una elegante señora de mediana edad y muy maquillada abrió la puerta. Un aroma conocido golpeó mi memoria olfativa. Era incienso. La misma exacta fragancia que Fernanda solía usar en su apartamento de Rio de Janeiro aquellas noches compartidas conmigo: ginseng, "o perfume do amor.", según ella decía. ¡Cuántos recuerdos! Mantuve la compostura, mientras mi amigo hablaba de negocios con la esbelta señora y entregaba su carga, además de los paquetitos. Entre risas y carcajadas yo veía que Gaspard se sentía cada vez más cómodo, sin intenciones de irse. Se había sentado en el sofá más grande, cruzado de piernas y hablaba todo el tiempo en francés caribeño. La señora le ofreció una copa de su propio ron y, para mi sorpresa, la aceptó. Jamás lo había visto beber alcohol. La mujer, riéndose y mediante señas, se dirigió hacia mí ofreciéndome la otra copa servida. Acepté. Él seguía riendo, disfrutando del momento. De improviso, ella volvió hacia mí y se presentó. Dijo que se llamaba Lily. Era la dueña de casa.

- ¡Bienvenue, ami! Vous voulez en savoir un de mes filles?, me dijo en francés creole pero yo sólo entendí la primera parte de la frase, no la pregunta final; gran error.

–Merci. Il est bon d'être ici. Respondí con mi francés básico y automáticamente cortés.

- ¡Nicole! Gritó Lily. Y apareció una joven de unos veinte años vistiendo una bata de baño blanca de tela absorbente tipo toalla. Calzaba pantuflas del mismo color y del mismo tipo de tela. Recién había salido de la ducha porque su cabello aún estaba húmedo. Lo primero que me asombró fue su belleza híbrida de europea y nativa. Me tiró una sonrisa de oreja a oreja y se sentó a mi lado. En ese momento, Gaspard, que había percibido la confusión creada a raíz de mi calamitoso francés, intervino, y riéndose a carcajada limpia de mi cara, me comentó que la casa de Lily era, en realidad, una residencia de señoritas solteras y que si yo me sentía incómodo estando allí, podíamos irnos cuando gustara. Afuera, una lluvia torrencial golpeaba la ventana.

En honor a la verdad, yo me sentía perfectamente bien en compañía de todos. El lugar parecía limpio, seguro y agradable. Lily me sirvió otro vaso de ron que tomé de un sólo trago. "Albertito, hasta el bicho más matrero cae al jagüel con la seca…", me recité a mí mismo. Tomé a Nicole de la mano y nos dirigimos hacia la puertita que ella me indicó. Era una pequeña habitación casi a oscuras. El anterior aroma a ginseng, había sido suplantado por el de jabón de tocador del cuerpo de Nicole. Como me pareció que tenía que decir algo simpático, intenté comunicarme en español. Nada. Traté con el inglés. Menos. Sin embargo, en determinado momento, Nicole pronunció mi nombre con un claro acento brasileño. Ahí arranqué a hablar en "portuñol" y todo anduvo "de maravilha". No quería incomunicación. "Tira a bata, a gente tem que falar", le dije bromeando y nos acostamos en una cama gigante, que parecía más grande que el propio cuarto.

Nicole era una profesional virtuosa. Del fascinante juego erótico, conocía todas las prestidigitaciones. Mientras disfrutábamos del ron de nuestro amigo, bromeamos sobre la diversidad idiomática que confundía a los inocentes habitantes de esta Torre de Babel que nos albergaba. Hablábamos como si nos hubiéramos conocido desde siempre. Nuestras respuestas eran sinceras, sin estrategias ni segundas intenciones. Y cuando la charla se agotó, seguimos con las manos. ¡Ah, las manos! ¡Qué siglo de manos!, -como decía Arthur Rimbaud-. Ellas tenían la única receta para hacerme feliz al instante. Toda vez que sus manos me tocaban, se disparaban ballestas de pasión.

Durante horas, Nicole fue azuzando mi cuerpo con humana furia carnal, libidinosa, obscena; pura y simple. Aquí no acurrucábamos ingenuidades ni falsas apariencias, tampoco había amor. Era el sexo por el sexo. Un hombre y una mujer abrazados al son de un ritmo inaudible, mientras afuera, la noche también jugueteaba con sus rayos y truenos, como si fueran cañonazos de victoria. "Quiero más, dame más", me decía Nicole. Y yo, perro callejero lastimado por los abrojos del camino, la complacía en sus gemidos.

Un repentino recogimiento de Nicole me distrajo y aproveché para tomar el resto del ron que quedaba en la botella de un sorbo. Fui al baño. Cuando volví, sus ojitos brillaban ávidos buscando los míos en la penumbra de la habitación. Habíamos estado juntos por más de cuatro horas. Yo tenía hambre. Corrí un poco la cortina de la ventana y miré hacia afuera. La lluvia diluviana seguía. Le pregunté si podía conseguir algo para comer y salió corriendo envuelta en su bata blanca. Volví a la cama y me puse a escuchar los ruidos del ambiente, aunque el ruido de la lluvia amortizaba cualquier intento de entender qué pasaba fuera de la habitación. Eran más de las doce de la noche y no tenía noticias de Gaspard. Supuse que él y Lily estarían disfrutando el reencuentro. Nicole entró con una bandeja llena de frutas y otra botella de ron. "Si no te importa, en un rato, después de comer, me retiro", le comenté para averiguar un poco de su tiempo. "Oh no, esta noche no. Por favor, quédate hasta la mañana. Yo no trabajo durante toda esta semana", respondió.

En fin, la bandeja de frutas de Nicole estaba deliciosa y como siempre se aprendía algo nuevo en esta maravillosa vida donde nos habían traído a vivir, conocí una fruta que nunca había probado: "Sugar Apple". Nicole me explicó que en la isla le decían así y en Brasil le llamaban "Fruta do Conde".

Era una fruta cubierta de escamas verdes, pulpa blanca, la cual era la parte comestible, dulce y muy nutritiva. Estaba repleta de semillas marrones muy lisas. Parecía una piña de pino. Terminada la cena, nos metimos bajo la ducha para refrescarnos, volver a la realidad y terminar de hacer la digestión con un mínimo de ejercicio. Acción ya habíamos tenido. Después del baño, volvimos a la enorme cama y seguimos nuestra fiesta privada.

Cuando dieron las cinco de la mañana desperté de improviso y salté de la cama. Creo que por un momento mi cerebro me alertó que no estaba en mi litera del barco, no era mi lugar habitual. Nicole todavía dormía. Fui hasta el baño, tomé el primer lápiz de labios que encontré y le escribí en el espejo del botiquín: "volto à noite". Volví a la cama, la tapé cuidadosamente con el acolchado, me vestí sigiloso y salí de la habitación con mis zapatos en la mano. Por un momento pensé en buscar a mi amigo, pero desistí porque era imposible encontrarlo en una casa que no conocía. Afuera, la lluvia seguía tenaz y golpeaba en la ventana de la sala con una fuerza tremenda. Me puse los zapatos, escamoteé una bolsa de nylon transparente que encontré sobre el sofá grande y abrí la puerta. Para mi tranquilidad, la misma, al cerrarla, volvía a quedar trancada imposibilitando abrirla desde afuera. Me puse la bolsa sobre la cabeza, crucé la puerta y empecé a caminar por el corredor de la entrada hacia la calle. Sólo sabía que tenía que doblar a la izquierda y seguir bajando hasta alcanzar la costa. La oscuridad absoluta, el agua que caía a los baldazos, el viento y los baches de la vereda no me permitían apresurarme. Con la bolsa de nylon improvisé una especie de turbante y seguí avanzando, mirando muy bien donde pisaba. En quince minutos llegué a lo que me pareció la zona costera. Ahora, debía buscar la marina donde habíamos fondeado nuestro barco. Por intuición, doblé hacia la derecha y tras algunas cuadras pude identificar el campanario iluminado de la iglesia que el día anterior me había llamado la atención. Estaba cerca de la marina. Recorrí un buen tramo de la rambla costanera y finalmente logré ver la entrada de la marina. Tambaleante, subí a la escollera que me llevó a los muellecitos menores -nosotros estábamos en el tercero- y por fin vi los dos palos del velero. Estaba en casa.

Algún día sabrás que yo te quise de verdad

En la proa del Aventurero divisé a Silvano hincado con las manos juntas, amarrando algo bajo el toldo de la botavara. Parecía que estaba rezando. Chabela estaba a su lado, de pie, sosteniendo un paraguas.

-¡Loco, no le recés más a San Pedro. Dejáte mojar por la lluvia de Dios! -Le grité contento-.

-¡Albertito querido! ¿Dónde andabas? ¡Estábamos preocupados!

-Revolcado entre las putas, literalmente, hermano. Pero te juro que con toda esta lluvia lavé mis pecados. ¿Habrá una sopita caliente por ahí?

-Mmmm, difícil para Sagitario..., -respondió en broma-. Anoche cocinó Charlie. Y bueno, capaz que hay unos chorizos para hacer al pan.

-Buenísimo. Necesito proteínas de animales que sean más brutos que yo, -respondí subiendo a la cubierta-.

Eran casi las seis, pero con la lluvia que no daba tregua, parecía de madrugada. Bajamos al salón y Chabela empezó a preparar el desayuno para todos. Charlie, que dormía a estribor con su compañera, despertó por el ruido y bostezando, se sentó en la litera. Miró primero a su alrededor, cerciorándose de que no era un sueño y dijo:

-¡Albertito, estás empapado! ¡Vení! ¡Tomáte un ron caliente!

-Gracias Charlie. Lo que sea, pero con poco alcohol, por favor. Ya tengo más ron que sangre en las venas.

-¡Eso, sexo y cerveza fría por lo menos una vez al día!, -gritó riéndose bien alto mientras abría y me pasaba una botellita de cerveza dominicana-. Ginette seguía durmiendo impasible a su lado. Con Silvano nos reímos de la ocurrencia. Y prosiguió inspirado:

-El que bebe se emborracha. El que se emborracha duerme. El que duerme no peca. El que no peca va al cielo. Y si al cielo vamos, ¡carajo hermano, bebamos!

Ahí reímos bien alto de su ingeniosidad y mientras coronaba su apología etílica tomándose, de un trago, su botellita de cerveza, Silvano ya había terminado de preparar un desayuno, cuyo aroma trascendía las cuestiones humanas. Me saqué la ropa empapada, escurrí mi pelo con una toallita que me pasó Chabela, me lavé las manos en la piletita de la cocina y nos sentamos a comer. Todos mis amigos, ansiosos por saber los detalles de mi trasnochada, habían hecho silencio y esperaban curiosos. Cuando empecé a ordenar las ideas para transmitirlas, toda la sensualidad de Nicole empezó a mariposear en mi cabeza. Me sentí incapacitado de hablar. ¿Cómo podía explicar en simples palabras una experiencia íntima que había durado toda la noche? Imposible. Opté por transmitir sólo los titulares, como en un informativo de TV. Mirando a Silvano y Chabela arranqué:

-Ayer, después que ustedes se bajaron de la camioneta, con Gaspard entregamos más bidones de ron en la casa de una amiga de él llamada Lily. Y bueno, resulta que me enrosqué durante toda la noche con Nicole, que vive con ella. La verdad es que la pasamos bárbaro. -A esta altura del noticiero, Vinicius, Dinorah y Ginette también se habían incorporado a la audiencia y escuchaban atentamente las primeras noticias del día. En definitiva, estábamos todos congregados en el mismo salón, compartiendo la sinopsis de mi última aventura sexual, en vivo y en directo, mientras comíamos chorizos fritos con tostadas de pan negro.

– ¿Pudiste hablar con ella, como persona, me refiero?, -preguntó Chabela de improviso-.

-Chabela, entre todo lo que tocamos, no tocamos temas personales, -respondí irónico haciendo una guiñada-. Sólo los hombres sonreímos.

–Yo creo que es algo un poco machista lo tuyo, Albertito. Tendrías que interesarte en saber qué tipo de persona es, qué piensa de la vida, dónde nació, qué aspiraciones tiene, en fin, algo más que el simple intercambio de fluidos…, -objetó-. Ginette y Dinorah apoyaron el razonamiento de Chabela asintiendo con la cabeza. Los muchachos se reían.

–Tenés razón. Esta noche, después que me recupere un poco de la paliza que me dio, le pregunto todo eso, -contesté dejando entrever una sonrisa cansada -. Nicole había sido aceptada en la barra.

Terminado el desayuno, mis amigos, munidos de enormes paraguas comprados el día anterior, se fueron a pasear a la ciudad, guiados por Renard, que había reaparecido ofreciendo de nuevo sus servicios turísticos. El temporal de lluvia seguía, pero sin viento. El agua caía ahora en forma de gotones gruesos que golpeaban la cubierta del velero creando un ruido monocorde ideal para dormir. Me tiré en mi litera de babor y me tapé la cabeza con la frazadita. Así, en la semioscuridad, escuchando el sonido pesado de la lluvia golpeando el barco fui repasando, mediante imágenes devenidas como relámpagos en mi cabeza, casi todo lo ocurrido en las últimas horas. Aún tenía pendiente tener noticias de Gaspard. Y con este último pensamiento me quedé dormido.

El fuerte ronquido de un motor cercano me despertó de golpe. Miré el relojito náutico de nuestro capitán colgado en uno de los paneles. Marcaba las tres de la tarde. Había dormido casi ocho horas. "Nada mal", pensé. Me vestí, calenté el café que había sobrado del desayuno y subí a la cubierta con la taza en la mano. La lluvia se había transformado en una garúa suave pero la humedad aún calaba los huesos. Todo resbalaba, estaba encharcado y escurría agua. Caminé con extremo cuidado, como pisando huevos, para no patinar. El motor que había escuchado moderar -y me había despertado- era el de la Geneviève. Bajé a buscar otra taza de café para llevarle a mi amigo y fui hasta su lancha. Subí por la popa dando un pequeño salto, buscando no caerme de un resbalón, mientras hacía equilibrio para no derramar los cafés. Cuando estuve en la cubierta, vociferé su nombre con toda mi garganta, sin embargo, el viejo Palmer gruñía más alto que yo. Era ensordecedor el ruido de ese motor. "Por suerte, el carburador que arreglé en la isla Dominica todavía no explotó…", -pensé antes de asomar mi cabeza dentro de la cabina-. Gaspard, irradiando su habitual alegría, vino a mi encuentro y tomó una de las tazas para librarme del riesgo de bajar la empinada escalerita interior sin usar las manos. Pregunté por el Palmer y resaltó que su descalabrado motor nunca había andado tan bien y mientras bebía su café dijo que tenía algo para mí. Revisó los bolsillos traseros de su pantalón, extrajo un pequeño sobre lila y me lo pasó. Al abrirlo encontré una pequeña nota escrita a mano e identifiqué en seguida, sin jamás haberla visto en toda mi vida, la letra de Nicole. El billete estaba escrito en portugués y su traducción al español decía algo así: "Querido Alberto: hablé con Lily y te confirmo que tengo toda esta semana libre. Para mí, lo de anoche fue muy lindo. Hacía mucho tiempo que no sentía algo así. Me gustaría poder contar con tu amistad. Hoy tengo que hacer una visita importante a alguien muy especial y me gustaría que me acompañaras. Si quieres venir, te estaré esperando en lo de Lily a las cinco de la tarde. Besos. Nicole". Mientras yo leía, mi amigo observaba respetuoso e interesado. Doblé el papelito y lo guardé. Miré la hora. Eran las tres y media. Tenía tiempo suficiente para bañarme, afeitarme, vestirme y salir a buscarla. Antes de dejar la Geneviève le traduje la cartita a Gaspard y le pedí que me llevara donde alguna alquiladora de autos, para moverme más rápido por la isla. Como era de esperar, asintió gustoso e insistió en mostrarme dónde escondería la llave de entrada a su lancha, en la eventualidad de que yo quisiera venir a pasar la noche con Nicole a su embarcación. Él estaría en lo de Lily hasta el otro día. Volví al velero y al cabo de quince minutos, reaparecí como un auténtico galán de telenovelas. Sólo me faltaba la flor en la solapa y la gomina del pelo. Cerré el barco y salimos en la camioneta rumbo al centro de la ciudad. La lluvia había parado, pero los pozos en las calles hicieron del trayecto un martirio. Ya en la alquiladora, elegí un Jeep algo viejo pero bastante fuerte, "estos aguantan cualquier terreno" me dijo el propietario cuando firmaba el contrato. "Si mi querido amigo, el Dr. Färber, usaba uno de éstos en la Amazonia, deben ser buenos", pensé. Eran casi las cinco. Salí a los saltos -literalmente- por las calles deshechas de Fort-de-France rumbo a lo de Lily y cuando fueron las cinco y cuarto, estacioné a la entrada del largo corredor. Caminé los treinta y tantos metros hasta alcanzar la puerta rosada y toqué el timbrecito. Supuse que Lily la abriría, como anteriormente, pero esta vez fue la propia Nicole quien lo hizo. Nos saludamos como si fuéramos marido y mujer: un pequeño beso en la boca y un "oi, como vai você?". Lo segundo que me dijo fue que le gustaba mi ropa de verano. Le respondí que no era mía, que era prestada e improvisé una pose tipo reverencia de teatro. Fue su primera risa de la tarde y, en ese instante, pude apreciar su belleza. Era realmente bonita. Tenía el biotipo brasileño característico de la fusión de razas, asociado a cierto matiz isleño. Cada vez que sonreía, se le formaban dos pequeños hoyitos en las mejillas y eso me encantaba. Era alta. Su estatura igualaba casi a la mía y su pelo negro azabache resaltaba sobre su piel blanquísima, aún más. Parecía una antigua muñeca de porcelana francesa.

Por el camino me contó su historia. Había nacido en Araruna, una pequeña ciudad del humilde nordeste brasileño. A los quince años sus padres se separaron y ella pasó a vivir con una tía, hermana de la madre. Cuando cumplió diecisiete perdió la virginidad porque fue violada por un vecino que era casado y vivía al lado de su casa. En un arreglo para que no lo denunciaran a la policía, la esposa del violador le pagó a la tía un pasaje para que Nicole desapareciera de la ciudad. Se fue a Recife, donde no conocía a nadie. En esta ciudad trabajó de camarera por algún tiempo hasta que conoció a un hombre que la enamoró y se la llevó a vivir con él. Al principio, todo fueron rosas, mimos y caricias, pero a los seis meses empezaron los abusos y la violencia doméstica. Para complicar la situación, quedó embarazada de una niña que nació cuando Nicole cumplía los diecinueve. Cierta noche, cansada de las penurias económicas e intentando escapar de las palizas que le daba el padre de su hija, se refugió en casa de una amiga del trabajo. Fue ahí que conoció a Lily, quien estaba de visita. Ésta, para ayudarla, le propuso viajar a la isla Martinica, darle trabajo y le aseguró que el padre de la niña jamás la encontraría. Aceptó. Al otro día Lily la acompañó a sacar el pasaporte brasileño y al cabo de tres semanas emprendieron viaje rumbo a la isla de las flores. La niña quedó con la tía, en Araruna. Una vez instalada con Lily, Nicole trabajó día y noche -literalmente-, para juntar dinero y traer a su hija. Después de un año lo logró. Se reencontró con la niña y la tía en Fort-de-France y como ésta había resuelto quedarse a vivir en esta ciudad y cuidar de la pequeña, les alquiló una pequeña casa en un barrio cercano. Así, vivieron felices durante casi un año hasta que una noche un individuo tocó el timbrecito. Lily abrió y el hombre pidió para ver a Nicole. Cuando ella salió al encuentro del desconocido, reconoció al padre de la niña. El tipo, inmediatamente, le increpó que lo hubiera abandonado llevándose los anillos de casamiento que él había comprado para ella, sin preguntar siquiera por la niña. Nicole fue a buscar los anillos para devolvérselos, volvió y se los tiró en la cara. Le dijo que se fuera, sino llamaba a la policía. El hombre dijo que quería estar con ella una vez más. Ella intentó correr hasta su habitación, -la misma donde yo había pasado la noche-, pero él la siguió y comenzó a pegarle. Nicole se defendió gritando. En ese instante apareció Lily armada con una enorme cuchilla de cocina y le dijo que se detuviera. El hombre se dio vuelta. Levantó el puño para golpearla pero Lily, muy resuelta, le hundió la hoja en el pecho. Él cuerpo inerte, cayó al piso de frente, por lo que la cuchilla se hundió aún más, saliendo la punta de la lámina por la espalda. En medio de los gritos de las mujeres, el inmenso charco de sangre en el suelo y el llanto desesperado de Nicole, apareció el propio jefe de policía que estaba acostado con una chica en otra de las habitaciones, -era asiduo cliente de la casa y amigo personal de Lily-. El representante de la ley había sido interrumpido en medio de su solaz. Lily, Nicole y otras dos de las chicas que vieron lo sucedido, dieron la versión de los hechos. El jefe mandó a recoger el cuerpo del pobre infeliz y al otro día una jueza dio por cerrado el caso al considerarlo enmarcado dentro de la legítima defensa. Además, el individuo no tenía pasaporte y había entrado ilegalmente al país. También se le encontró una "sevillana" en uno de los bolsillos de su pantalón.

Después de algún tiempo, Nicole recibió noticias de su amiga en Recife. Para obtener la dirección de Nicole en Martinica, el ahora extinto la había seguido hasta su apartamento y agredido. La pobre mujer había terminado en el hospital con graves heridas en el rostro y por ese motivo jamás pudo avisarle a su amiga del inminente peligro.

Mientras Nicole terminaba de contarme estos acontecimientos, me pidió que parara el Jeep a la entrada de una casita de esquina que exhibía un florido jardín al frente. Me dijo que aquí vivía la tía con su niña. De inmediato, secó sus lágrimas con un pañuelito blanco que extrajo de la cartera. Y antes de bajar, se miró por un instante en el espejito que llevaba.

–¿Estoy muy fea?, –preguntó en portugués–.

–Estás más divina que nunca, –le respondí zalamero, aunque era verdad–.

–No quiero que ellas me vean así, afligida.

–Ellas no te miran, no te ven, sólo tienen amor hacia vos. ¿Pero estás segura que querés que yo te acompañe?

–Sí, quiero que mi tía te conozca. Ella sabe todo sobre mí. Nunca vine acompañada de nadie. Me hubiera gustado avisarle pero preferí darle una sorpresa.

–Mi amor, la sorpresa me la diste a mí. No traje ningún regalo y no me gusta ir de visita sin…

–Me trajiste a mí. Yo soy el regalo, –me interrumpió tajante–.

Al final, bajamos y fuimos aproximándonos hacia la entrada. De pronto la puerta se abrió y una hermosa niña con un vestidito blanco apareció corriendo y gritando: "¡Tía, tía!" Nicole se arrodilló y la abrazó. Enseguida, se incorporó, la levantó en el aire tomándola por las axilas y dio dos giros completos sobre sus talones. La niña pareció que volaba agarrada a una calesita. Reía y gritaba "¡mais forte, tía, mais forte!". Entretanto, una señora mayor, toda vestida de negro, cruzó el umbral de la casa caminando hacia nosotros y saludó a Nicole con un beso. Hablaron algo en un portugués ininteligible. La señora me miró de pies a cabeza, luego sonrió y vino hacia mí diciendo que era un gusto conocerme, extendiéndome la mano para saludarme. Devolví el saludo y le pedí disculpas por no haber tenido tiempo de traerle un obsequio. "Trajo a mi Nicole, ése es el mejor obsequio que me puede dar", -me dijo en portugués, con una mirada radiante mientras entrábamos a la casa-.

Enseguida entendí que la "mamá" era la "tía" y que la "tía" era la "mamá". Había una entelequia viviéndose en ese hogar. Discretamente, cuando habíamos estado más de una hora con ellas, sugerí retirarnos. Al salir, le pregunté a Nicole el porqué del enredo familiar y manifestó que era por el bien de su hija. Quería que la pequeña creciera con una persona al lado, cuidándola todo el día, y que tuviera la infancia llena del amor que ella nunca había tenido. No importaba a quién la niña llamara de mamá. El tiempo se encargaría de demostrarle quién era su madre biológica. Tampoco quería que supiera, a esta tierna edad, en qué trabajaba su verdadera madre. "Quiero que estudie, tenga una profesión y si quiere volver a Brasil, que lo haga, pero no quiero que se avergüence de su madre. Jamás. Ya habrá tiempo de que se sepa la verdad", remató.

Como eran las ocho, sugerí pasar por algún bar para tomar algo; al final, la noche recién empezaba. Fuimos al bar de unos brasileños amigos de ella llamado "Copacabana Surf". Era un lugar pequeño, con pocas mesas, pero muy bien decorado. En todos los techos habían colocado redes de pesca y colgadas de ellas, estrellas de mar, caparazones de enormes caracoles, hojas de palmeras, flores y muchos cocos secos. En cada uno de los cuatro rincones del salón habían puesto grandes tablas de surf coloridas. Y el pequeño espacio reservado para escenario, imitaba una típica playa carioca dibujada en la pared. Por un momento recordé a Fernanda. ¿En qué andaría su tesis sobre los Omagua? ¿Habría publicado los resultados de nuestra expedición?

Nicole se movía como un pez en el agua entre sus amigos brasileños. En menos de diez minutos me había presentado a todos ellos, el portero de la entrada incluido. Pedí un ron amarillo y me trajeron algo con el exacto sabor al ron MARIN. Gaspard, sin ninguna duda, había estado haciendo negocios en este pequeño bar. Al rato, el dueño vino a saludarnos a la mesa. Era el típico carioca: enormes caravanas con piedras semipreciosas en ambas orejas, una pulserita de oro en la muñeca, collares dorados y plateados colgados del cuello, las pupilas de sus ojos enormes debido a la ingesta del ácido lisérgico, zapatos blancos impecables y vistiendo un original chaleco que cambiaba de color acompañando las luces del salón de baile. Parecía un semáforo caminando. Me extendió la mano y en portugués me dijo: "Amigo de Nicole es amigo mío. Mi nombre es Valdemar Moraes y a partir de hoy, quiero ser tu hermano de la noche". Agradecí la cortesía con una sonrisa distante, levanté mi copa de ron en el aire y brindé. No me interesaba su amistad. Yo era un simple marinero que venía soplado por el mar, el sol y las gaviotas. Lo único que teníamos en común era Nicole. Bueno, tal vez, también el ron MARIN... Pero nada más. Bailé con ella un buen rato la música del carnaval carioca en medio de los cocoteros artificiales, pero al tercer trago pedí la cuenta y nos marchamos. Ya en el Jeep, propuse ir a la lancha de Gaspard para pasar la noche.

Llegando a la marina, todavía bastante lejos, escuché el fuelle inconfundible de un bandoneón. Era un tango. Creí que alucinaba. El sonido venía de nuestro muelle. Sólo podía ser de nuestro velero. Al aproximarnos, recordé que era el cumpleaños de Charlie. Había fiesta. Cuando llegamos, allá estaba nuestro amigo en el desembarcadero, impecablemente vestido de negro, engominado a la Gardel, bailando "Por Una Cabeza", carita a carita con Ginette y haciendo divertidas piruetas. Chabela y Silvano también los acompañaban, mientras Silvano y Dinorah servían bebidas y saladitos. Para no interrumpir el despliegue tanguero de Charlie y su compañera, fui presentando a Nicole por parejas y luego de las salutaciones de rigor, la invité a subir a bordo del Aventurero para que conociera nuestra casita flotante. Mientras observaba el interior del velero me hacía preguntas sobre los instrumentos de navegación, de seguridad y otros. En determinado momento, su vista recorrió todo el interior del barco a través de una gran mirada y en portugués me dijo algo que jamás olvidaré: "Hay gente que tiene que dejar su hogar, para encontrar su hogar". Me acerqué y la besé. Había dicho una verdad gigantesca que se aplicaba tanto para ella como para mí.

Afuera, nuestros amigos bailarines seguían taconeando sobre las maderas del muellecito. Subimos y nos unimos al festejo. Nicole no lo sabía, pero el maravilloso arte del baile era ajeno a mi persona. Mis pies, siempre se habían movido en sentido contrario a lo que ordenaba mi cabeza. En resumen, bailaba como un pingüino, con todo el respeto que se merecen estos honorables palmípedos. Pero inspirado por los rones, la nostalgia de esa música amiga que me había acompañado desde la infancia, el ambiente de camaradería y la certeza absoluta de que ella jamás había bailado tango, me animaron a invitarla. Lamentablemente, aceptó la propuesta. Y peor aún, sabía bailar tango a la perfección. Y así fue. Fiel a mi estilo chapliniano, tomé su mano, apoyé mi derecha sobre su cintura, giré, contorneé, meneé, zarandeé, rodé, tropecé y caí. El golpe no fue nada. El desprestigio fue lo que me dolió. Igual, todos nos reímos. Nicole se arrodilló, me dio un beso en la frente y me preguntó si me sentía bien. Le dije que estos bailes no eran para gente normal como yo, pero como le hablé en español, no me entendió ni una palabra. Chabela la ayudó para que me levantara y me dijo que el nombre del tango que estaban tocando era "La Puñalada".

–¡Claro! ¡Y me lo clavaron por la espalda!, –grité–.

Algunos dueños de otras embarcaciones fondeadas alrededor, se incorporaron a la celebración, motivados por el encanto del tango. En un momento de la velada, conté seis parejas tangueando. Esa noche mi alma le cantó a la amistad su estrofa más bella. Embriagado de sana juventud, llegué a intuir que la vida era un tesoro asequible sólo para aquellos pocos atrevidos que miraban más allá de sus cortas narices. Atrás mío había quedado la paranoia desoladora de Montevideo que, con su avasallamiento militar, había ensombrecido tantos años de mi adolescencia. Mi corazón de eterno aprendiz, hoy miraba al cielo agradecido por los amigos que me rodeaban y me hacían feliz.

Charlie, nuestro poeta dipsómano, hasta improvisó unos versitos para agradecernos. Se subió arriba de un banquito plegable. Todos temimos un instante por su equilibrio, pero con su estilo festivo nos recitó:

> ¡Qué lindo los amigos
> que siempre me acompañan!,
> sería un gran castigo
> si ustedes me regañan.
> Sólo quiero ser feliz
> Aunque cueste la vida,
> Nunca seré una lombriz
> De cabeza escondida.
> ¡Sí, soy un loco lindo!
> No es un malentendido.
> Yo soy un barbilindo
> Y un pésimo marido…

A la una de la mañana apareció uno de los guardias encargados de la marina para decirnos, amablemente, que fuéramos bajando los decibeles y que continuáramos la fiesta adentro del barco. Juntamos las botellas vacías, las sillas plegables, el radiograbador con los cassettes y entramos a nuestro velero. De inicio, estuvimos un poco apretados, al menos para bailar tango luego de acomodar todo. Pero al rato, Nicole y yo nos fuimos a la lancha de Gaspard.

Ayudado por una linternita encontré el escondrijo de la llave y entramos, conecté la batería y prendí la lamparita del salón. Con una sola mirada alrededor, percibí enseguida que nuestro amigo había dispuesto todos los implementos necesarios para pasar una noche de amor náutico: la litera de proa forrada con sábanas y almohadas de aromas irreprochables, tres grandes velas aromáticas sobre la mesa del capitán y al lado de ellas, una botella de su mejor ron añejado. Hasta había cubierto con papel de aluminio todas las ventanitas de la embarcación para que el sol de la mañana no nos incomodara, porque su lancha no tenía cortinas.

¡Qué noche! Los efluvios emanados por las velas aromatizadas de un suave jazmín, junto con el ron envejecido, crearon el ambiente ideal para los juegos del amor. Esa noche, una "escola de samba" entera me pasó por arriba, palpándome cada músculo, tendón, nervio y ligamento, en una búsqueda frenética por esos diez segundos de éxtasis.

Luego de la pasión, la oscuridad total, el silencio casi absoluto, quebrado a veces por el agua de las olitas que golpeaban delicadamente la proa de la Geneviève: ¡splash, splash, splash! Era la onomatopeya proveniente de las profundidades del mar diciéndonos: "chicos, sean felices, la vida humana dura menos de una trillonésima de segundo en el Cosmos". Y lo fuimos.

Cuando advertí que la mañana había llegado, era mediodía. Me despertó el calor y la transpiración. Había perdido por completo la noción de la hora por la poca luz dentro de la embarcación. Nicole todavía dormía. Me levanté de la litera envuelto en una de las sábanas. Parecía Platón yendo a dar "El Discurso Del Amor" en la antigua Grecia. Subí a la cubierta de la lancha y cuando abrí la puertita, el sol me achicharró los ojos. Como pude, medio encandilado, miré alrededor y vi la marina llena de vida. La tormenta había pasado y el sol caribeño caía como plomo derretido. Al lado nuestro, en la cubierta del Aventurero, Charlie juntaba los vidrios de una botella rota la noche anterior.

–Somos unos borrachos incorregibles, Charlie -le grité a modo de buenos días.

–¡Albertito! Sí, la verdad. Creo que vinimos hasta el Caribe sólo para empedarnos, -respondió-, pero ¿no vale la pena? -dijo riéndose-.

–¿Qué horas son?, pregunté.

–Son las once y media. Ya te iba a despertar porque Vinicius quiere hacer una reunión de grupo tempranito en la tarde.

–OK. Voy a llevar a Nicole a la casa y vuelvo a la una. ¿Qué vas a cocinar de rico?

–¡No tengo la más puta idea! Si ves una carnicería por ahí, traéte algo y lo tiro arriba de la plancha con unas verduras.

–Dále. Nos vemos a la una, -le dije y entré a la lancha-.

Nicole ya se había levantado e intentaba preparar un café en la precaria cocinita de Gaspard. No encontraba los fósforos. Tampoco sabía prender la cocinilla a base de alcohol azul. Y al final, resultó que la bolsa elegida no era de café sino de cebada malteada. Igual la tomamos apurados y salimos a buscar una carnicería. Siguiendo sus instrucciones, llegué hasta una bastante limpia, compré cinco kilos de chuletas de cerdo y seguimos. Estacionando en la entrada de lo de Lily, le dije que estábamos cortos de tiempo. Si quería ir a bañarse y cambiarse de ropa, tenía media hora. Entonces, me ofreció bañarnos juntos para ir más rápido y poder llegar a tiempo a la reunión de Vinicius. Acepté encantado. Lily me saludó con un beso en la mejilla, me entregó dos toallas limpias y unas "romanitas" para los pies. Le pregunté por Gaspard y me dijo que habían pasado la noche juntos pero que, en ese momento, se encontraba haciendo negocios al sur de la capital. Le dejé mis mejores saludos y entré a la ducha. En medio del vapor, volví a encontrar el cuerpo de Nicole y no disimulé mi entusiasmo. Tomándola por atrás, hicimos el amor una vez más, bien despacio, casi con pereza, mientras que el agua de la ducha nos trasladaba hasta una catarata con místicos bancos de niebla. ¡Y el día recién empezaba!

Nos vestimos, nos despedimos de Lily y rumbeamos hacia la marina. Por el camino, nos cruzamos con Vinicius, Dinorah, Silvano y Chabela que también bajaban hacia la costa en el auto que habían alquilado. Intercambiamos bocinazos y seguimos juntos lo que restaba del camino hasta llegar. Cuando estacionamos nuestros vehículos, las mujeres se saludaron dándose besos y parloteando hasta por los codos. Una vez en el Aventurero, le entregué la carne con el recibo de compra a Charlie y éste, ayudado por Ginette, empezó a preparar el almuerzo.

La reunión de coordinación empezó a la una y media de la tarde. Todas las mujeres, excepto Chabela, fueron cortésmente invitadas a quedarse en la cubierta del velero tomando cervecitas heladas y comiendo camarones fritos. La pasaban muy bien porque la animación de las tres se sentía desde adentro. Vinicius cerró el tambucho del salón para que no hubiera interferencia y empezó el encuentro. Básicamente, se fijó el calendario de nuestro itinerario para las próximas semanas, Charlie presentó el balance mensual del costo en alimentación, Silvano lo relacionado al alquiler de vehículos, combustible y mantenimiento del velero. Los números eran buenos. Un viaje de esta envergadura, para tantas personas, habría costado cien veces más, utilizando hoteles y transportes convencionales. Además, nunca nos habríamos divertido tanto. La mala noticia fue que partiríamos en dos días hacia la isla Santa Lucía.

Finalizada la reunión, Ginette, Nicole y Dinorah bajaron a la cocina y empezaron a ayudar a Charlie con el almuerzo. Éramos una pequeña tribu para alimentar. Mientras ellos preparaban la comida, Chabela nos fue mostrando las fotos del cumpleaños tanguero de Charlie recién reveladas y todos reímos, especialmente de la secuencia de mi caída, profusamente documentada. Comimos "a la americana", o sea, cada uno tomó su plato y buscó el lugar que más le agradaba. Nicole y yo nos ubicamos debajo de la botavara mayor, guareciéndonos del despiadado sol y mientras degustábamos la carne de cerdo con ananá de Charlie, le expliqué nuestros planes. Al principio no mostró ningún gesto. Pero al cabo de un momento, tras procesar la información, preguntó cuáles eran nuestras opciones como pareja. Le expliqué que, en realidad, no teníamos muchas. Como yo veía la situación, existían sólo dos alternativas: que ella se viniera conmigo o que yo me quedara en Martinica. La primera era imposible porque ella tenía un trabajo bien remunerado, una niña pequeña para criar y una madre dependiente. Y la segunda, era aún menos posible porque mi meta era llegar hasta Miami, en los Estados Unidos. Asintió con la cabeza pero una lágrima le atravesó la mejilla y goteó sobre su plato. Se levantó y me pidió que la llevara. La humedad y el sol eran irresistibles. Le pedí que fuera caminando hasta el Jeep mientras yo buscaba mi sombrerito de paja y me despedía de los chicos. Cuando entré al velero, Chabela, al verme la cara, se dio cuenta de todo. Me ofreció para hablar con ella y acepté. Fue hasta el Jeep, entró y se quedaron hablando una media hora. Cuando regresó al barco, me dijo que Nicole estaba mejor y que me esperaba para llevarla hasta la casa de su niña.

Por el camino de subida a la isla, hablamos muy poco, sin embargo no se la veía triste. Llegamos a la casa y me ofreció para entrar. Le dije, como excusa, que debía volver al barco para empezar a preparar el viaje. Pero cuando había bajado, antes de cerrar la puertita de lona, mirándola a los ojos bien firme, le pedí disculpas si en algún momento yo no había sido lo suficientemente claro sobre el futuro de nuestra relación. Se volvió y me dio un beso en la boca. Le corrían lágrimas por las mejillas. Al volver al barco, le pregunté a Chabela qué le había dicho a Nicole y con una sonrisa inteligente me respondió:

–Albertito, primero hay que caer del árbol para aprender a volar... Nicole vuela desde hace mucho tiempo, inclusive, antes que vos. Es una buena chica, pero se ve que está bastante sola. ¿La ves hoy de noche?

–No. Hoy duermo en mi camita. Pero antes, quiero ordenar los papeles de la bitácora. Tengo que anotar las últimas semanas. Pero dále, no seas mala, decime, ¿qué fue lo que le dijiste?

–Mirá, básicamente, le hablé de mujer a mujer. Le dije que todas nosotras tenemos dos opciones: sufrir por la persona equivocada o disfrutar hasta que llegue la indicada. También le hablé mal de vos.

–¿Cómo?

–No pongas esa cara de boludo... -continuó, riéndose-. Vos sabés muy bien. Le expliqué que vos sos un aventurero recalcitrante y que todavía no estabas maduro para una relación duradera.

–Muchas gracias por ayudarme tanto, -respondí irónico.

–Es cierto. Un día lo vas a entender, cuando te llegue la chica ideal. No vas a querer separarte de ella nunca más. En todas las otras veces, aunque te duela, hay que saber decir adiós.

–Gracias loca. Sos la hechicera de los romances rotos.

–De nada, che. Si querés venir con nosotros, esta noche vamos a bailar música brasileña a un lugar llamado "Copacabana Surf".

–¡Noooo! Ya estuve ahí. Prefiero quedarme a bordo, gracias igual por la invitación. Mandále mis saludos al dueño, es un tal Valdemar Moraes, todo un personaje, lo vas a reconocer enseguida porque es más ordinario que una lechuga en un florero...

Nos reímos a carcajadas. En realidad, lo que había comenzado como una conversación privada entre ella y yo, había terminado en un parloteo generalizado con todos opinando sobre la vida en general, los derechos sexuales, los derechos reproductivos, los viajeros y las borracheras -este último tema introducido por Charlie, claro-.

Luego que todos se fueron al "Copacabana Surf", por un buen rato quedó en el aire una mezcla rara de olores. Eran los perfumes que las tres mujeres se habían puesto antes de salir. De mi mochila saqué un incienso Hem, de los obsequiados por Fernanda en Brasil, y lo encendí. La pequeña columnita de humo fue subiendo haciendo firuletes por el aire hasta chocar contra el techo bajo del salón. Ahí, se desparramó formando una nubecita blanca, muy fragante. Respiré lento, muy hondo, dejándome imbuir por esos sagrados aromas indostánicos. Creo que también era el olor de los recuerdos. Volví sobre lo hablado con Chabela y si bien todo estaba resuelto, faltaba aún despedirme de Nicole. No quería meter la pata otra vez, como con Fernanda. Resolví ir al otro día, temprano en la mañana, para conversar con ella y aclarar las cosas.

Mientras estaba en estas cavilaciones, sentí un ruido afuera, seguido de una voz ronca de hombre saludando. Era la voz de Gaspard. Recordé que todavía tenía que agradecerle las cortesías brindadas en su lancha. Subí a la cubierta y lo saludé con una sonrisa sincera.

–Mon ami. ¿Comment vas-tu?, -le dije en mi francés primario-.

–¡Albert! ¡Quel plaisir de te revoir!

Como siempre, iba cargando un bolso gigantesco. Lo invité a subir bordo y bajamos al salón. Calenté más café y nos sentamos a charlar, en inglés. Primero, le pregunté por la salud de su hijo y me indicó que se había recuperado completamente. Más aún, en tres semanas viajaban juntos a Panamá para comprar una nueva lancha y continuar con el negocio del ron, aquí en las islas. De repente, se hizo un silencio entre nosotros, quizás algo incómodo, y me preguntó por Nicole. De la manera más afectuosa, le aclaré que, si bien todavía no nos habíamos despedido formalmente, en dos días partiríamos con el Aventurero rumbo a la isla Santa Lucía. Chasqueando la lengua me dijo en francés:

–Ah l'amour, l'amour... Est difficile à trouver, facile a perdre, mais dure a oublier...

Se rascó el mentón y me miró fijo a los ojos, como queriendo desentrañar mis pensamientos más recónditos. Algo en la mirada de Gaspard, lo hacía una mezcla de pirata arrepentido y náufrago recién rescatado. Me caía bien. Sacó un poco de tabaco de una bolsita, arrancó una hojilla de una especie de librito negro en miniatura y se enrolló un cigarrillo. Lo encendió e inmediatamente el humo de tabaco se robó el aroma de mi incienso. Percibí que intentaba ganar tiempo para pensar. Dio una segunda bocanada a su cigarrillo recorriendo su mirada por el interior del Aventurero, volvió a observarme como escudriñándome y me dijo que a él le hubiera complacido que yo me quedara a vivir en alguna de las islas, pero entendía que eso no era posible. Y en tono grave, con su voz dura me espetó: "Te presenté a la virgen y te presente a la puta. Ninguna te sirvió. Bueno…, yo hice todo lo que pude por mi buen amigo". Solté una carcajada porque era verdad. Claire, en la isla Dominica y Nicole en Martinica, ambas me habían sido presentadas por Gaspard, en distintas circunstancias. Era una coincidencia asombrosa.

Acto seguido, mi amigo se ofreció a interceder y explicarle a ella, de la mejor manera posible, mi voluntad de seguir viaje con el Aventurero. Le pedí por favor que no lo hiciera y le expliqué que al día siguiente yo iría, en persona, hasta lo de Lily para hablar con Nicole y entregarle un pequeño obsequio de despedida. Me despedí de Gaspard combinando de encontrarnos en su lancha antes de mi partida, pero cuando se iba, aún desde el muelle me dijo: "un día… cuando menos te lo esperes… nos vas a extrañar a todos…".

Volví a entrar al velero. Debía concentrarme en la bitácora e intentar escribir, como me fuera posible, todo lo que me estaba pasando. Sin dudas era intenso. Involucraba a toda la tripulación, mis amigos. En definitiva, eran historias de navegantes. La bitácora del Aventurero era un meticuloso diario de a bordo con apuntes personales paralelos, además de una rigurosa descripción de las efemérides náuticas. Me serví un buen vaso de ron y encendí otro incienso. Iluminado tan sólo por la amarilla luz de un farolito de bronce, volví a blandir el lápiz sobre el cuaderno mientras las horas pasaban. Esa noche, nada me hizo más feliz que dejarme arrastrar por una marejada de ideas que arrastraba el oleaje de los recuerdos más inmediatos. Por suerte, mi mano esmerada, esa noche acató servicialmente a mi cabeza. Y así, plasmé sobre el blanco y desnudo papel -angustia axiomática de cualquier escritor neófito-, toda la vida que contemplaba alrededor.

Y cuando la silueta de una luna sutil subió por la escotilla de babor, me fui a dormir.

A la mañana, comencé a despertarme escuchando mil acordes de ángeles tocando clarines… ¿O eran trompetas? Al final, la luz tempranera del sol ya había colmado el interior del barco. Medio dormido, eché una mirada rápida a la litera de estribor y allí estaban Charlie y Ginette reposando abrazados. No los había oído llegar. Afuera, los ángeles seguían tocando… ¿Eh? ¿Ángeles? ¡No, no era posible! ¡Eran los escoceses, otra vez con sus malditas gaitas! Me levanté furioso de un salto y subí a la cubierta. Pero recién cuando salí, me di cuenta que estaba vistiendo sólo los calzoncillos. Ya era tarde. Los escoceses y las damas que tomaban té en la cubierta de su embarcación en el muelle adyacente, pararon de tocar porque me reconocieron y me saludaron amorosamente. Cubrí mis partes más expuestas con la mano y puse la mejor sonrisa que encontré; avergonzado por la exigua vestimenta, les grité:

–Good morning, friends! Welcome to Martinique Island! -Y sin esperar respuesta volví a zambullirme en el interior del Aventurero. Los tipos, sin advertir mi bochorno, retomaron el soplo de los malditos fuelles como si nada. Cuando entré, Charlie ya se había despertado y se estaba levantando.

–¡Pero qué pelotudos estos gringos, che! ¿No se dan cuenta que la gente tiene que dormir un poco para ser feliz? -preguntó Charlie-.

–Es así, amigo. Se creen los dueños del mundo, -repliqué-.

–¡Exacto! Además, eso no es música, es ruido.

–¿Sabés lo que tendríamos que hacer, Charlie?

–¿Qué se te ocurre?

–Antes de zarpar, tendríamos que despedirlos con otro bailongo de tango hasta las tres de la mañana, en el muellecito bien enfrente al barco de ellos, Ellos detestan nuestra música, además, deben irse a dormir a las ocho de la noche, como las gallinas…

–¡Buenísimo, Albertito! ¡Me encantó! Yo me encargo de los preparativos. -Pero, al final, nunca lo hicimos-.

Uno a uno, el resto de nuestros amigos fue pasando por el salón, bostezando y cargando sus toallas, jabones y ropas a camino de los baños de la marina, en cuanto Charlie y yo terminábamos un rico desayuno con frutas, tostadas, café, salchichas, jamón y, obviamente, ron.

Una vez reunidos a la mesa, pedí silencio y leí, en voz alta, las últimas seis páginas de la bitácora escritas la noche anterior. Vinicius pidió un brindis por la tripulación del Aventurero y por mí, el mejor cronista que él jamás había conocido. ¿Brindis en el desayuno? Sólo en nuestro velero. Charlie sirvió los siete rones y al final, nunca sabré porqué, todos terminamos cantando "Hey Jude" de los Beatles "a capella". Fue un momento más que sublime. Estábamos en Liverpool.

Antes de salir, le pedí a Chabela que me cediera alguna de las últimas fotos reveladas, donde aparecía Nicole. Hojeamos la caja de zapatos donde estaban guardadas y elegí tres. En una de ellas aparecía yo, por suerte, momentos antes del tropezón. Las puse dentro de un sobre y partí rumbo al centro de Fort-de-France. Paré un par de veces para preguntar por una juguetería y, finalmente, encontré una. Entré muy decidido a comprar un regalito para su hija. Jamás le había comprado un juguete a un niño. Pero no sé por qué, me encantó una pequeña muñeca que exhibían en la vidriera, quizás porque su rostro artificial se asemejaba al de Nicole. "Es ésta", le dije seguro a la vendedora. Y me la llevé envuelta en una gran caja de cartón rosado. Manejé hasta lo de Lily y, determinado a hacer bien las cosas con mi buena amiga, atravesé el corredor casi trotando con la enorme caja. Fue Lily quien abrió la puerta. Me saludó con un afectuoso beso en la mejilla y me explicó que Nicole se estaba quedando donde vivía su tía con la niña por unos días. Pregunté por Gaspard y sonriendo me dijo que, por coincidencia, él también había estado preguntando por mí. Entonces, me despedí de ella y le comenté que yo partía rumbo a la isla Santa Lucía en breve.

–¡Allez, allez! Le seul vrai langage au monde est un baiser..., -y se despidió de mí para siempre-.

Llegué a la casa de Nicole, estacioné, tomé de nuevo el sobre con las fotos, la caja rosada y golpeé la puerta. Me atendió la tía quien se retiró enseguida para llamar a Nicole. En menos de un minuto, ella apareció. Tenía el semblante sombrío, con signos de haber estado llorando. Estampó un beso impalpable en mi boca y una sonrisa melancólica. Dije que venía a buscarla para salir a caminar un rato y charlar un poco. Me hizo pasar. Le entregué la caja y le pedí disculpas por no haber encontrado una tarjeta de dedicatoria apropiada para su hijita. Retiró el envoltorio con cuidado y separó la tapa. Cuando vio el contenido, sonrió. Tomó la muñeca entre sus brazos y la apretó contra su pecho con los ojos cerrados. Luego, volvió la mirada hacia mí, se acercó y me abrazó muy fuerte. "Habrías sido un buen padre", me dijo en portugués. "No sé siquiera si soy un buen hijo", le respondí. En ese momento entró la tía con la niña, quien se abalanzó sobre la muñeca que estaba acostada en el sofá. "¿Es para mí?, ¿es para mí?", -preguntó en portugués-.

–Sim meu amor. É para você, é para você.

Una vez en el Jeep, le entregué el sobre con las fotos y volví a pedirle disculpas por no haber sido claro con las fechas de mi viaje, en especial, mi partida. Intenté poner en palabras planas mis ideales y objetivos de vida, rayanos con las entelequias de un adolescente viajero, pero Nicole no esperaba ni discursos ni justificaciones. Quería amor. Cuando caí en la cuenta, callé. La tomé entre mis brazos, la besé en la frente y le dije: "Hoy quiero encontrarme con tu alma, no con tu cuerpo".

Me dijo que conocía un lugar muy especial que quería compartir conmigo y siguiendo sus indicaciones, manejé a través de innumerables curvas serpenteando la ladera de Le Morne-Vert, desembocando en un grupo de pequeñas cabañas de madera, pintadas de distintos colores. A decir verdad, de lejos parecía que reposaban, asustadoramente, sobre una pequeña platea construida bordeando un gran precipicio. Para cualquier apreciador de las alturas, -no era mi caso-, la panorámica habría sido excepcional. A lo lejos se veía el mar, los arrecifes y algunas playitas. En la administración me adjudicaron la llave de la cabaña número siete. "Me gusta. Es un buen número", pensé. Subí al Jeep y fuimos en su busca. Estaba situada al final de la callecita, al borde del despeñadero. Por un instante, viendo la profundidad del abismo recordé a "La Quimera del Oro", donde Carlitos Chaplin se bamboleaba junto con el malo de la película, dentro de una minúscula cabañuela de madera al borde de un precipicio semejante. En este caso, nuestra cabaña era la primera del camino y estaba orientada, de tal manera, que formaba un ángulo recto con el despeñadero. Paré el Jeep y lo dejé engranado, con el freno de mano al máximo, por las dudas. Al bajar, una fuerte ráfaga de viento proveniente del océano golpeó inclemente contra una de las paredes de troncos de la cabaña y me pareció que la ventana se movió ligeramente. Sugerí tomar un baño de espuma para relajarnos. Fue una buena idea. Esto hizo que el ruido del agua, llenando la bañera, me hiciera olvidar un poco del viento, de Carlitos Chaplin y de la cercanía al despeñadero. Nos tiramos al agua tibia con el mismo deleite de los manatíes. Incontables burbujas subían anegando el pequeño espacio y nos hacían cosquillas en la cara al reventar. Estuvimos divirtiéndonos por un buen rato palmoteándolas, hasta que nuestras piernas se encontraron bajo el agua. Ritmo, aroma, harmonía y melodía colisionaron. Era la música del amor otra vez tocando. El paraíso había abierto sus puertas. Fui entrando delicadamente en su templo y así seguí durante toda la noche, hasta que el alba, en su insolencia de luz, osó interrumpirnos. Afuera, el maldito viento movía la ventanita y la lámpara del techo de la sala. Pero ya no me importaba nada, había perdido hasta el vértigo. Permanecimos un buen rato abrazados en la cama escuchando todos los ruidos de la naturaleza. Propuse partir pero me dijo: "¿para qué, cuál es la prisa, quién nos espera?". Tenía razón. Eran las seis de la mañana. Pedí el desayuno en la cabaña y más espumas de baño. Volvimos a juguetear entre las pompitas de jabón, desayunamos y nos fuimos.

Durante el camino de regreso, Nicole se mantuvo en silencio todo el tiempo. Enseguida que entramos en la ciudad, me pidió que la dejara en lo de su tía. Cuando llegamos, paré el Jeep sin apagar el motor. Los dos sabíamos que nunca más volveríamos a vernos. Le di un beso en la mejilla y le dije "gracias por tu amistad". Se dejó besar y sus ojos almendrados se nublaron como la luna antes de la tormenta en alta mar. El perverso ángel del amor había bajado, otra vez, para herirla con su saeta. Antes de cerrar la puertita del Jeep me miró con una sonrisa triste. Apretó fuerte los labios unos segundos y con la voz desgajada me dijo:

– "Um dia você vai entender que eu te amei de verdade".

Cómo erradicar las drogas en los EEUU

Nicole había sido lastimada con la verdad a secas. Jamás la había hecho sentir bien con una mentira. Pero al despedirme, lamenté la pérdida de la amiga. El Aventurero me había enseñado otra lección de vida: si tú no amas, no dejes que se enamoren de ti.

Charlando bajito con mis botones, fui bajando la colina que me llevaba a la marina. Antes de devolver el Jeep, quería confirmar con mis amigos las compras que faltaban para el viaje. Llegando al muelle, vi que sobre la cubierta de nuestro velero todo era movimiento. Vinicius me saludó desde la proa y con un ademán pidió que lo esperara en el vehículo. Al minuto, apareció con la listita de compras. A decir verdad, sólo faltaba adquirir lo más pesado, como las cervezas, los enlatados y unas bolsas de arroz, pues el resto había sido embarcado el día anterior. Fuimos hasta el mercadito más próximo y adquirimos lo que necesitábamos. A la vuelta, con la ayuda de una desvencijada carretilla de la marina, llevamos todo de un sólo viaje hasta el velero y enseguida ordené las provisiones en sus respectivos lugares. Seguí la rutina de estiba, por lo que me fue fácil y rápido. Silvano se ofreció a acompañarme para devolver el Jeep. Volvimos hasta el centro de la ciudad; antes de llegar llené el tanque de combustible y entregué el vehículo en la empresa alquiladora. Mientras volvíamos, Silvano quiso saber cómo estaba Nicole. "No preguntes", fue mi respuesta.

Siguiendo la tradición náutica del Aventurero, la noche antes de hacernos a la mar, toda la tripulación durmió a bordo. Y esa tardecita, Chabela y yo preparamos la cena: pollo guisado al whisky, acompañado de verduras, patatas y champiñones frescos. Gracias a las creativas recetas del gordo Bonavita, todo salió a pedir de boca. Los brindis estuvieron a cargo de Vinicius y Charlie. Nuestro capitán pidió un brindis "por lo que no tenemos". Puesto que nunca habíamos oído tal motivo de brindis, se vio obligado a explicar que nosotros siempre brindábamos por lo que teníamos, pero nunca por lo que no teníamos: riñas, enfermedades, privaciones y desamor. En perfecto español agregó:

–Agradezcan siempre lo que no tienen, porque lo que hoy poseen ya lo disfrutan.

Ante tanta gnosis, brindamos. Y vino la vez de Charlie, nuestro poeta desorbitado. Levantando la mirada al techo como buscando palabras de inspiración, tomó aire, pidió silencio golpeando una de las botellas con una cucharita de postre, se incorporó con su copa, –siempre cargada de ron– en la mano derecha, y mientras acariciaba su barba azabache con la izquierda, declaró:

-¡Soy el hombre más feliz del mundo! Vivo rodeado de amigos, duermo con una mujer divina, tengo la salud de un caballo y formo parte de la mejor tripulación que haya surcado estos fantásticos mares. ¿Qué más le puedo pedir a la vida? ¿Dinero? Bueno, tal vez un poco más. Pero no mucho, porque la riqueza es como el agua salada, cuanto más se bebe más sed se tiene. Cuando salí de Buenos Aires, huyendo de esos putos milicos que nos ametrallaban en la calle sólo por usar pelo largo y la barba, jamás soñé que formaría parte de una familia marinera tan especial. Ustedes, amigos, me enseñaron el arte de navegar. Hoy no sé si soy un lobo de mar o un renacuajo del pantano. ¡Me importa un carajo! Yo sólo quiero ser feliz. Y gracias a ustedes, lo soy. ¡Brindo por la gran familia del Aventurero!

Levantó la copa bien alto y todos seguimos su gesto entre aplausos y algunas lágrimas de Chabela que se había emocionado. En realidad, no había sido un brindis, había sido un alegato político, una imprecación de corte patriótico, entendible aún más para los nacidos en el Río de la Plata por aquellos años.

Luego de tanta emoción, subí un rato a la cubierta para tomar aire, despejarme un poco y ver la lancha de Gaspard. No había movimiento alguno. Decidí dejarle una notita con nuestra agenda de partida. Tal vez volveríamos a encontrarnos en alguna isla del Caribe. Ése era mi deseo. En el papelito le detallé dónde atracaríamos y hasta cuándo estaríamos en Santa Lucía. En esta isla teníamos planeado hacer el primer mantenimiento del Aventurero. Coloqué el billetito dentro de una bolsa plástica, que clavé con una tachuela en las maderas del techo de la cabina de entrada. No lucía bien pero sería efectivo.

Volví al velero y puesto que Dinorah y Ginette habían arreglado la cocina, decidí acostarme a leer un rato en mi litera. Por aquellos días estaba leyendo un simpático libro llamado "La Importancia de Vivir", su autor, Lin Yutang, era un chino culto y sabio que había obtenido una beca para cursar un doctorado en la Universidad de Harvard. Antes de finalizar la segunda página, estaba dormido con el libro en la barriga, según me contaron después.

Por suerte, desperté antes que los escoceses empezaran a soplar sus endemoniados fuelles. Eran las cinco. Me lavé la cara en la piletita de la cocina para no hacer ruido en el baño del barco con la puerta que chirriaba toda vez que la abríamos -tenía que arreglarla- y empecé a preparar el desayuno con la compañía de Silvano. ¡Mucho café, huevos, pan, manteca, tocino y adrenalina! Tuve ganas de gritar: ¡Arriba todos! Pero no fue necesario. Uno a uno, iban despertando, levantándose y saludando de camino a los baños de la marina. A las dos horas, estábamos soltando la última de las amarras, la de proa. ¡Otra vez a la mar, a levantar velas! Un sol remolón subía sobre la línea del horizonte. Durante algunos minutos coincidimos en el mismo trayecto con varias lanchas de pescadores, por lo que cientos de gaviotas nos dieron la bienvenida en nuestra vuelta al océano.

Fue un viaje bastante corto, de sólo cuarenta millas náuticas. Pero nos encontramos con un inesperado viento de través, -o sea, un viento recibido perpendicularmente al eje longitudinal de la embarcación-. Por lo que tuvimos que calcular el abatimiento a puro ojo. Vinicius, que iba al timón, pidió que le alcanzaran su sombrero de paja y los lentes de sol. El cielo estaba límpido y la visibilidad era excelente, pero el sol, a pesar de la hora, se había transformado en una esfera incandescente que multiplicaba su luminosidad aún más al reflejarse en el agua. Excepto Charlie, que se sentía mal y había vuelto a su litera, bajo la asistencia de Ginette, estábamos todos disfrutando en la cubierta. Al cabo de un rato, divisamos los primeros picos de montaña de la isla Santa Lucía a babor. Siempre me había fascinado acercarnos a tierra firme con el velero. Ver acercarse nuevas tierras, nunca antes visitadas tenía un especial encanto. Todo era distinto y bello. Nos dirigíamos hacia la ciudad capital, Castries, ubicada al noroeste de la isla.

Santa Lucía, este pequeño estado insular, de poco más de seiscientos kilómetros cuadrados quedaba al sur de la isla Martinica y al norte de San Vicente y las Granadinas. Era un estado independiente pero pertenecía al "Commonwealth" británico. En la época que nosotros arribamos, hacía sólo un año que la corona británica le había otorgado la independencia total. Como otro ejemplo típico de las contradicciones impuestas por el colonialismo inglés de ultramar, vimos que el "criollo antillano" era hablado por más del noventa y cinco por ciento de la población, sin embargo no estaba reconocido como lengua oficial. Con algo más de cien mil habitantes, la isla sostenía su economía con la plantación y exportación de bananas, además del turismo.

Cuando íbamos bajando por el oeste de la isla, desde la cubierta del Aventurero vimos dos enormes picos que parecían emerger directamente del mar. Eran las famosas montañas Pitons, dos elevaciones casi gemelas rodeadas de un espeso follaje tropical, color verde brillante y oro. Así se veían a la luz del sol caribeño. Aún no había puesto un pie en tierra firme y ya me animaba a declarar que era la isla más bella de nuestro viaje.

La entrada a Castries fue tranquila y fácil. Fondeamos en una marina llamada Vigie, de mediano tamaño, situada bastante cerca de la pista del aeropuerto local George FL Charles, pero como bajaban y subían sólo uno o dos aviones por día, según nos aseguraron, íbamos a estar bien.

Nuevo puerto, nueva isla, nuevo destino, nuevas aventuras... era el momento ideal para un brindis con legítimo champagne francés. Después de finalizar las maniobras de fondeo, amarre y cuidado de las velas, bajé al salón para ver cómo seguía Charlie. Extrañábamos sus risotadas. Pero nuestro amigo seguía malherido por unas ostras que había comido en Fort-de-France el día anterior. Le conté dónde estábamos, lo invité a subir para ir a pasear. Me miró con ojos llorosos e intentó una sonrisa. Estaba pálido. Según Ginette, su "foie" había colapsado víctima de los moluscos bivalvos. Pero, a pesar de su estado calamitoso, igual me dijo:

–Albertito, en la heladera puse la botella de champagne… ¡Festejen!

Abrí la heladera y allá estaba, acostada en el fondo, entre bastardas cervezas, la mejor botella de champagne francés que había tomado en mi vida: un genuino Moët & Chandon. La agarré entre mis manos como un objeto de culto. Tomé cinco jarritas de aluminio -en los veleros, por motivos obvios, no se usan copas de cristal-, y subí a cubierta. Le pasé la botella al capitán y distribuí los jarritos. Vinicius la descorchó bajo gritos de festejo y fue sirviéndonos, uno a uno, mientras nos agradecía por ser parte de la tripulación.

Luego del brindis, bajamos con nuestros pasaportes para hacer el papeleo de inmigración en la descalabrada oficinita del gobierno que nos indicaron los de la marina. Sólo había un funcionario disponible el cual, por la cara que puso, se sintió algo intimidado cuando vio entrar a nuestro grupo de siete personas por la puerta. Hasta el pobre Charlie, más confundido que pulga en una peluca, llevaba su pasaporte en la mano. Entre Silvano y yo lo arrastrábamos, como podíamos, para que la situación fuera de total normalidad y el oficial no objetara ninguna enfermedad incompatible con la estadía transitoria. Pero el burócrata, empecinado en seguir el formulismo inglés a rajatabla, nos hizo la vida imposible durante casi una hora con preguntas sobre los saldos en nuestras tarjetas de créditos, países de ciudadanía, países de residencia, enfermedades en nuestras familias, ciudades visitadas en los últimos seis meses, papeles de compra del barco, número del motor del barco, número de licencia del barco, tipo de carga del barco, despacho de salida del último puerto del que partimos, si llevábamos armas a bordo, certificados de vacunaciones y si teníamos enfermedades venéreas. Además, los papeles debían ser triplicados con carbónico. ¡Sólo faltó que nos pidiera un tacto de próstata!

Todo estaba en regla, pero el energúmeno no nos sellaba los pasaportes hasta que no respondiéramos sus preguntas. Cuando se cumplieron cincuenta y cinco minutos, medidos por reloj, desde que habíamos entrado, llegó otro funcionario que parecía de mayor rango. Éste tomó el matasellos y empezó a golpearlo sobre los pasaportes sin siquiera mirarlos. Los juntó uno arriba del otro y se los puso en la mano a Vinicius. Sin saludar ni agradecer, salimos como volando, cargando a Charlie, que en su fiebre hepática, había empezado a delirar gritando: ¡Festejen, amigos! ¡Festejen!

Regresamos al velero. Inmediatamente, Vinicius y Ginette fueron atrás de un médico para asistirlo y garantizar que el ataque al hígado no pasara a mayores. El encargado de la marina recomendó uno que atendía en un consultorio no muy lejos y para allá salieron. El resto de nosotros quedamos ordenando los objetos personales de valor pues, para el mantenimiento del barco, había que sacarlo del agua y llevarlo, mediante una enorme grúa, hasta un dique seco durante diez días por lo menos. En ese lapso, permaneceríamos en una posada cercana, la cual Vinicius ya había contactado y reservado cuatro habitaciones, por teléfono, desde Martinica.

El médico, un joven de unos veinticinco años, revisó a Charlie y recomendó que tomara jugo de tamarindos. Según nos enteramos, los jugos de esta fruta de cáscara marrón y dura, eran uno de los depurativos naturales más efectivos, beneficiarían el funcionamiento de la vesícula biliar y permitirían reducir la inflamación del hígado. El galeno afirmó que el jugo de tamarindo tenía propiedades protectoras y descongestionantes del hígado y lo convertían en uno de los mejores remedios caseros para curar la "hepatomegalia", como definió su malestar También, le prescribió unas pastillitas, la cuales Charlie nunca tomó. El alcohol y el tabaco estaban prohibidos por una semana, pero el cannabis liberado, para su entera satisfacción.

Con las tres mujeres entretenidas haciendo litros de jugo y cuidando del travieso paciente, Vinicius, Silvano y yo fuimos a ver el lugar en el espejo de agua de la marina donde la grúa iría a levantar el velero y a verificar la "cuna" en tierra firme, que serviría de soporte a la pesada embarcación. El principal riesgo que podíamos tener era el viento que, en estas islas, podía llegar en forma de tormentas huracanadas. La "cuna", especialmente construida, con armazones de acero, maderas y gomas, debía ser lo suficientemente firme para aguantar el peso del velero y evitar serios daños si el barco accidentalmente caía sobre el cemento. El casco del Aventurero era de fibra de vidrio. Los barcos fabricados con este resistente material tenían una fina capa de resina que protegía el laminado exterior y le daba una terminación lustrosa. Esta fina capa resultaba muy sensible a los golpes y había que reparar toda posible grieta o rayón de inmediato, para que el agua no penetrara en el laminado interior. Vinicius ya tenía comprada la pintura blanca para pintar el casco encima de la línea de flotación y la pintura azul "anti-hongos" para la parte inferior del casco, quilla incluida. Esta pintura era también anticorrosiva, evitaba la incrustación de caracolillos y algas que, por su acumulación le hacían perder velocidad al barco cuando navegaba.

Una vez inspeccionada la "cuna" que alojaría al barco durante sus diez días en tierra firme, fuimos a ver la posada donde nos hospedaríamos. Era un pequeño hotel, construido en madera y ladrillos a la vista, techo de tejas y muchas plantas naturales alrededor, algunas con hojas enormes; una típica construcción local. No tenía más de veinte habitaciones que daban a un patio ajardinado con plátanos, palmeras y otros árboles frutales que no supe identificar. Una cantidad enorme de pájaros revoloteaba por entre los árboles y un olor dulce de frutas tropicales impregnaba el aire, dándonos un introito del Caribe que tanto nos entusiasmaba.

Mientras firmábamos el libro de registro, pude escuchar voces en inglés americano que provenían del salón anexo. Era un grupo compuesto por dos parejas, evidentemente turistas estadounidenses por sus ropas de colores floridos, que se divertían charlando y riéndose a todo volumen. Uno de ellos, el más rubio, al notar que yo los miraba, sonrientemente, me saludo con un "hi", a lo que respondí igual. "¡Qué fácil es hacer nuevos amigos en las islas!", pensé.

Tras pactar nuestra estadía en la posada, volvimos al velero. Ya desde el muellecito de la marina se sentía el olor a tamarindo hervido. Charlie se sentía mejor porque le habían bajado la fiebre con un remedio recetado por el doctor. Y sentado en su litera con una toallita mojada en la frente, daba órdenes sobre cómo mejor enfriar el caldo de tamarindos. Discretamente y gracias a sus momentos de seminconsciencia, Ginette le había cortado un poco la barba, el bigote y el pelo, por lo que ahora se parecía más a un homo sapiens moderno. En un par de minutos, los pusimos al tanto de los detalles de la estadía y el mantenimiento del Aventurero. Luego, nos fuimos a cenar.

Dentro de la propia marina Vigie había un restaurante interesantísimo llamado "Fish Food" el cual salió favorecido con nuestra visita en grupo. Estaba localizado en una playita y llamaba la atención porque tenía un enorme cañón colonial apuntando hacia el agua. Después, nos enteramos que lo habían encontrado en lo más profundo del canal de la marina, lo habían restaurado meticulosamente y lo habían acuartelado en la terraza que daba al mar, entre los cocoteros, las mesas y las sillas de los comensales. Era curioso porque parecía que le apuntaba directamente al Aventurero, fondeado delante de él. "Espero que no se le escape un cañonazo", dijo Silvano al verlo.

Nos sentamos en la terraza y apreciamos extasiados cómo el atardecer caribeño le doblegaba las rodillas al sol, bien delante de nuestros ojos. Y fue muy gracioso ver el desconcierto en la cara del mozo que nos atendió, cuando en su esfuerzo por adivinar de dónde éramos, ya que no podía deducirlo por la simple conversación, preguntó si éramos italianos. Le expliqué que proveníamos de Argentina, Brasil y Uruguay, así, en orden alfabético. Por su expresión, jamás había conocido a nadie de estos pagos. Entonces le señalé al Aventurero, que se mecía en el agua frente a nosotros todavía queriendo esquivar la puntería del cañón que le apuntaba fijo, y en inglés expresó. "Ah, son navegantes de velero. Se lo voy a decir al dueño porque él también vino de Europa en un velero". Y se fue muy contento a traer los platos solicitados. Yo pedí "Calamari Creole" a la salsa de coco con curry, acompañado de vegetales hervidos. A los cinco minutos, apareció el dueño del restaurant, Douglas, un hombre de prodigiosa bonhomía. Fue saludándonos, uno a uno, como si nos hubiera conocido de toda la vida. Era un americano de mediana edad, con el rostro visiblemente curtido por el sol y el mar. Se presentó haciendo gala de impecables modales, especialmente cuando saludaba a las damas y nos comentó que en 1960, con dieciocho años, había zarpado desde España, atravesando el océano Atlántico y arribando a América en un velero, solo, sin ninguna tripulación. Por tal hazaña había conquistado el record de navegación en solitario de aquella época. Luego se estableció en Santa Lucía y en 1970, junto con su esposa, construyeron el magnífico restaurant donde nos encontrábamos. Douglas, extremadamente cordial, hablaba sin parar refiriéndonos las maravillas de la isla, su clima y su gente. Era un hombre apasionado por la vida, un "bon vivant", un viejo lobo de mar ancorado en el puerto de Santa Lucía. Al comentarle los pormenores de nuestro viaje, la sintonía fue inmediata. Ya éramos hermanos de por vida. Pidió tres botellas de vino blanco para nuestra mesa a cuenta de la casa, y nos dijo que, en algún momento, quería conocer al Aventurero. Le explicamos que al día siguiente iniciábamos el mantenimiento del casco y entonces se ofreció a prestarnos cualquier tipo de herramienta que precisáramos. Encantado con nuestra confraternidad náutica, nos contó que recién acababa de comprar un velero de 39 metros de eslora, de madera, construido en Finlandia en 1948, llamado "Unicorn", con 120 toneladas. Se necesitaba una tripulación de 22 personas para maniobrar sus 13 velas. El motor auxiliar, un Caterpillar diésel de 335 caballos de fuerza, también lo ayudaba a impulsarse. Y prometió mostrárnoslo cuando gustáramos. Lo tenía fondeado en el puerto mayor de Castries porque en la marina no había suficiente calado para tremendo monstruo. Mientras Douglas nos hacía partícipes de los increíbles números del "Unicorn", hasta dudé de mi inglés al procesarlos mentalmente. Pero días más tarde, Vinicius, Silvano y yo tuvimos la enorme alegría de navegarlo, a pedido de su capitán, y comprobar la veracidad de los detalles previamente adelantados. Douglas estaba preparándolo para hacer chárteres destinados a turistas de la isla; un próspero negocio.

Los calamares estaban deliciosos. De postre pedí un helado casero de coco. "Yo espero a Dios con gula, soy de raza inferior, por toda la eternidad.", decía el genial Rimbaud, ya en el siglo XIX...

Al Aventurero entramos cantando las primeras estrofas del himno argentino, para intentar revivir a Charlie de alguna manera y sacarle una sonrisa. Sin embargo, cuando bajamos al salón, lo que vimos fue tragicómico. Charlie, estaba de pie, en calzoncillos, abanicando a Ginette que yacía acostada en su litera. Aparentemente, en un accidente común a cualquier velero, Ginette había golpeado su cabeza con la puerta de la escotilla que estaba entrecerrada, al querer bajar. Como el golpe había sido en la frente, le había producido un pequeño mareo y Charlie la socorría. El paciente cuidaba de la enfermera. Chabela y Dinorah empezaron a asistirla, mientras le contábamos a Charlie las últimas novedades. Descorchamos una botella de ron MARIN y nos fuimos a la cubierta. Allí, sentados, bajo la luz de las estrellas, los cuatro fuimos saboreando el ron de Gaspard, despacio, hablando del "Unicorn", de Douglas y de su insólito cañón.

La enorme grúa subió al Aventurero en un periquete. Lo hizo como si el pesado velero fuera de juguete. Lo fue llevando suspendido hasta su "cuna" con extrema lentitud. Nada podía salir mal. Una vez acomodado en su lecho seco, le dimos el primer vistazo. El casco lucía bastante bien, sin golpes, fisuras o grietas importantes. Vestidos como astronautas para evitar los residuos producidos por el lijado, empezamos con el raspado de todo el fondo. Primero había que rasquetear el caracolillo y las algas acumuladas durante meses de navegación, hasta llegar a la pintura original. Luego, cubrir las imperfecciones con una masilla especial, lijar fino, y después pintar. Espátulas en mano, arrancamos. Para nuestra suerte, al mediodía apareció Douglas trayendo una estupenda máquina de lijar para prestarnos y unas cervezas heladas. Hicimos un recreo para saludarlo y mostrarle el interior de nuestro barco.

Con la tarea del día cumplida, me fui al hotel. Ya era de tardecita. Durante la lijada, no había podido usar el mameluco protector, ni los guantes, porque el calor y la humedad los hicieron intolerables. Y a causa del polvo producido durante el lijado, extrayendo la vieja pintura azul del casco mi cara, mi pelo y mis manos estaban pintados de ese color. Pedí mi llave en la recepción y la señora que atendía, mirándome de arriba abajo con cara de desagrado, me dijo en inglés, haciéndose la bromista: "El azul no le queda bien". "A usted tampoco el rubio", le respondí secamente. Después de un día de trabajo pesado, no estaba de buen humor.

Me bañé y bajo el agua, con una esponjita que encontré, fui removiendo los restos de pintura vieja que impregnaban los poros de la piel. Vestí mi mejor ropa, usé un poco de gomina para sujetar mi pelo crespo, los mocasines marrones regalados por mamá, unas gotitas de Paco Rabanne y salí a cenar, con las uñas de las manos todavía un poco azuladas. Por el camino, encontré a Charlie, Ginette, Vinicius y Dinorah que tenían las mismas intenciones alimenticias. Elegimos una mesa en el patio exterior, rodeados de cocoteros y plátanos. Sólo faltaban los monos. En la mesa vecina estaban los dos americanos que me habían saludado al registrarnos el primer día. Volvimos a saludarnos con un "Hi, how are you!" y pedimos nuestra cena.

Al final de la misma, uno de los americanos desde su mesa, nos preguntó si éramos brasileños del sur, confundido tal vez, por la mezcla de acentos que oía. Hice las presentaciones formales, aclarándole de dónde proveníamos. Uno de ellos se llamaba Troy y el otro Oswald. Resultó que ambos conocían Buenos Aires y Montevideo muy bien pues trabajaban para una ONG estadunidense especializada en el estudio de la drogadicción y su impacto en la sociedad. Habían visitado nuestros países en el marco de un trabajo asignado por el gobierno americano. Puesto que la conversación lucía interesante, Vinicius pidió otra vuelta de cerveza para seguir con la tertulia y Charlie, no muy convencido todavía de nuestros nuevos amigos, -en voz baja murmuraba que eran de la CIA-, escuchaba atento. Yo pregunté, entonces, si la finalidad de los estudios a los que estaban abocados era combatir la drogadicción o simplemente hacer más estadísticas para desperdigarlas en las cátedras de Harvard. Troy, que llevaba la voz cantante, sonrió ante lo mordaz de mi comentario y respondió que, en realidad, la tarea de ellos era sólo recabar la información de campo y ordenarla, "como si fuéramos periodistas", comparó. Vinicius tomó la palabra, y señalando hacia mí con el dedo, les dijo que yo había vivido tres meses entre los indios del Amazonas, haciendo estudios antropológicos para una conocida universidad carioca y que había tenido contacto directo con los tomadores de ayahuasca. Los americanos abrieron sus ojos celestes bien grandes y se miraron interesados. Arrastrando las sillas, pidieron para sentarse con nosotros. Asentimos cordialmente y una vez ubicados todos juntos, Oswald mandó otra vuelta de cerveza para todos. Parecíamos delegados de las Naciones Unidas tomándonos unas copas en algún boliche de la calle 42, en Nueva York.

Troy, enganchando el comentario de Vinicius, preguntó si yo mismo había experimentado la ayahuasca. A lo que respondí, sonriendo, que la única droga que usaba seguido era el amor de las damas. Volvió a sonreír. Creo que yo le había caído bien. Y a continuación, con un semblante más sobrio, les expliqué que en Brasil había conocido a varios tomadores de ayahuasca y de otras drogas alucinógenas, como los hongos. Oswald, quien no quería perderse detalles sobre el tema, me preguntó si podía tomar algunas notas mientras conversábamos. Miré Vinicius y a Charlie a quienes pareció no importarles y accedí.

Con lujo de detalles fui narrando los hechos concretos, fechas, lugares y las personas involucradas, también, les referí mi encuentro con Gustavo y Lilian, en el Tartaruga, cuando volvíamos a Manaus, luego de haber permanecido con los Omaguas. Oswald escribía al galope mientras Troy hacia las preguntas. Hasta les dibujé un mapita con la ubicación exacta de mi viaje por el Amazonas. En los gestos se notaba que ambos vibraban con las crónicas de mi viaje al infierno verde.

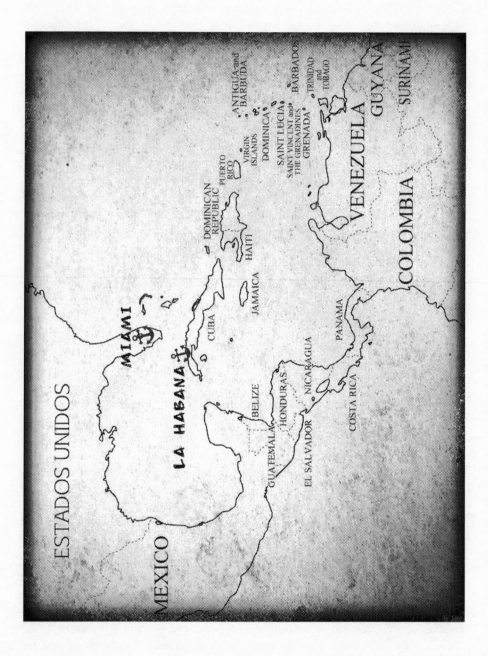

A la media hora de cháchara, me tocó preguntar a mí. "¿Ustedes quieren terminar, de una vez por todas, con la venta de drogas pesadas en los Estados Unidos?", les pregunté a quemarropa, inspirado probablemente por la ingesta de tanta cerveza. "Sí. Sin dudas", respondió Troy. "Bueno, entonces, escuchen bien lo que tengo para decirles. Y vos, Oswald, tomá nota. Lo primero que tienen que hacer es eliminar el uso del dinero en efectivo en todo el territorio nacional", afirmé seguro de mí mismo. Y seguí: "Usen sólo dinero electrónico, tarjetas de crédito y formas de pago que permitan la total trazabilidad de los fondos. Troy, cuando vos cobrás tu sueldo todos los meses, que te hagan el depósito en el banco, pero que no te permitan retirar el dinero en efectivo de tu cuenta, de ninguna cuenta de banco. La hipoteca de tu casa, el alquiler, las compras del supermercado, el colegio de los chicos, el médico, la empleada doméstica, las propinas del restaurante y absolutamente todos los gastos de todos los días deberían ser pagados con tarjetas de crédito, transferencias de banco a banco, u otras formas de pago electrónico que justifiquen siempre el origen de los fondos. Sin dinero en efectivo no se puede comprar -ni vender- drogas en la calle. Dejás sin trabajo al traficante y le salvás la vida al drogadicto. Nadie tampoco puede hacer un trueque para conseguir droga porque no es viable para el narcotraficante. Y esto sólo lo pueden hacer los EEUU porque tienen la tecnología suficiente. El dinero en efectivo les está matando la población, especialmente la juventud. Están enfermos por las drogas. Es una cuestión de seguridad nacional. Sacando el dinero en efectivo de las calles no hay más compra/venta de drogas, es el fin del tráfico ilegal y del consumo", concluí. Los americanos, mientras tanto, me observaban de boca abierta y mis amigos, se sorprendieron por la vehemencia de mis palabras, inusual en mi estilo de comunicación.

"Alberto, estamos asombrados. Nunca habíamos escuchado algo así. No sé qué decirte", comentó Troy. Y parecía sincero. Pero yo ya me había pasado para el otro lado y puse toda la carne en la parrilla… "Es más, les digo, los EEUU están en una guerra sin cuartel donde el propio enemigo lo tienen adentro de sus fronteras. Ustedes son un país poderoso, bien por ustedes, pero la historia está llena de ejemplos de naciones poderosas que sucumbieron, en unas pocas décadas, al no poder combatir los nuevos desafíos. Al permitir que el dinero en efectivo esté al alcance de los consumidores, es el propio gobierno americano quien les está pagando las drogas a los narcotraficantes. Es el propio gobierno americano que alimenta el tráfico. ¿Es tan difícil de ver? Los traficantes de estupefacientes son como terroristas que invaden las escuelas, los liceos, los parques públicos, los barrios ricos y los barrios pobres, quemándole la cabeza a millones de consumidores. Es una fuerza de trabajo que se pierde. Arreglen este quilombo que tienen dentro de su propia casa y muéstrenle al mundo lo poderosos que son. Una sociedad crece y prospera cuando su respuesta a un desafío funciona. De lo contrario, se va a la mierda".

En ese momento aparecieron Silvano y Chabela pero como no entendían nada de lo que estaba pasando, tuve que presentarles a nuestros nuevos amigos, actualizándolos con la temática que nos convocaba esa noche. "¡Qué tema!", dijo Chabela. "A propósito, ¿hay algo para fumar?" le preguntó a Charlie con una guiñada. Éste, tartamudeando, luego de haber escuchado toda mi perorata, le respondió: "Pe-pe-pedile a Albertito".

Y los amigos americanos, exultando cordialidad tras haber escuchado mi espontánea exposición, agradecieron la cordialidad de haberlos invitado a sentarse junto a nosotros. Y dirigiéndose hacia mí, Troy me dijo:

– Your thoughts are the most interesting ones I heard in recent years. We are going to process it properly. Thank you very much for your honesty and passion, Albert.

Se levantaron, saludaron y se retiraron. Un corto silencio se hizo luego que se fueron hasta que Charlie pidió otro brindis: "Por la salud de todos nosotros -y la mía especialmente-", dijo bromeando mientras alisaba su negra barba. Brindé por eso, terminé la cerveza y también me retiré. Esa noche soñé con Fernanda.

La Bodeguita del Medio

En menos de lo programado, terminamos de pintar el casco del Aventurero. Excepto por un imprevisto ajuste del eje de la hélice y el reemplazo de los ánodos de cinc, todo había corrido dentro de lo planeado. Nuestro velero lucía como nuevo y pedía mar. Hacía casi quince días que estábamos en esta isla maravillosa, repleta de amigos, pero la necesidad de volver al océano se hacía imperiosa.

Para despedirnos de Douglas fuimos todos juntos a cenar al restaurante, excepto Ginette. Al final, entre fotos, abrazos, promesas de reencuentro, recomendaciones de viaje e intercambio de direcciones, cosechamos otro gran ser humano para ser recordado el resto de nuestros días.

En la marina, la colosal grúa volvió a poner al Aventurero en el agua. Era como la mano de Dios llevando nuestra casita flotante hasta depositarla, tiernamente, sobre el canal de la marina. Ese día, Ginette decidió permanecer en Santa Lucía y tomar un vuelo de regreso a su casa, en Dominica. Ni Charlie, ni ella hicieron comentarios sobre el motivo del cambio de planes. Nosotros tampoco preguntamos.

Sin embargo, el acontecimiento más inesperado durante estos preparativos, fue la súbita llegada de la Geneviève, que entró por la boca de la marina a toda máquina, mandando olas para ambos lados y tocando su ronco claxon. Gaspard enfiló directo hacia nosotros como sabiendo de antemano dónde estábamos fondeados, abarloó a nuestro lado, apretando otras embarcaciones aledañas y saltó al muellecito en medio de una gran algarabía. Todos lo rodeamos y festejamos su llegada. Hubiéramos lamentado zarpar de Santa Lucía sin verlo por última vez. Pero era hola y adiós. Y él ya lo sabía porque había llamado por radio al "dock master" de la marina, el día anterior, quien le había informado sobre "unos graciosos argentinos yéndose a Cuba" -a mí siempre me ponían en la frontera equivocada-, partiendo ese día. Con la cortesía de siempre, Gaspard nos ayudó a corregir el derrotero que habíamos trazado para nuestra travesía, nos previno sobre las corrientes más peligrosas que podrían desviarnos del rumbo al navegar entre las islas, rocas que no aparecían en las cartas y dónde hacer puerto en caso de temporal. Se le vía satisfecho de habernos alcanzado a tiempo, pero al mismo tiempo afligido por nuestra partida. Me anotó el teléfono de su medio hermano, Ernesto, en La Habana. "He's my blood", me dijo y nos despedimos con un "¡Fair Winds, my friend!", como se despedían los hombres de mar.

Cerramos nuestras cuentas en el hotel -la no muy simpática señora recepcionista, ahora había teñido su pelo de castaño oscuro, -le quedaba mejor...-. También nos despedimos de Troy y Oswald. Nuestros amigos americanos nos obsequiaron un mapa físico de los Estados Unidos, que al abrirlo, ocupaba casi dos metros cuadrados. Era enorme. Venía doblado en una valijita negra de nylon con apliques dorados y una libreta de instrucciones. En uno de los ángulos del mapa, Troy escribió un saludo al Aventurero y a su tripulación. Antes de estrecharnos las manos por última vez, me extendió su tarjeta personal con la dirección de una iglesia bautista en Miami escrita en el reverso. Y al saludarnos, me dijo en perfecto español: "Nos gustaría verte por allá un día".

En efecto, nuestro próximo puerto sería La Habana, Cuba. Si todo corría bien, navegaríamos 1654 millas náuticas, sin recalar, hasta la Marina Hemingway. Vinicius era amigo del Comodoro, Antonio, quien nos estaba esperando, a decir verdad, desde hacía ya varios meses. Según los cálculos de Chabela, la latitud de nuestro destino era 23° 5.35' N y la longitud 82° 30.5' W. Dependiendo del viento, las corrientes y de la buena fortuna, el trayecto, con el casco recién limpio, nos tomaría menos de una semana. A 12 nudos de velocidad promedio, haríamos unas 288 millas náuticas por día. El objetivo era no tener más escalas.

En unas horas, completamos las provisiones faltantes -muchas habían sido congeladas en el freezer de Douglas, a la espera de nuestro nuevo viaje- y en menos de lo que canta un albatros, dijimos "good bye Santa Lucía". El último trámite que hicimos fue en la Oficina de Aduanas. Allí, les pedimos a los pigmeos burócratas que estamparan nuestros pasaportes con la salida de la isla. Pero el toque final fue que, además de los sellos, en cada pasaporte nos engramparon un papelito con códigos y más sellos para ser presentados en nuestro próximo puerto de arribada. ¡Insólito! Querían atrapar a un bando de libres gaviotas con una yunta de bueyes.

Zarpamos al alba, en medio de una fina llovizna con la humedad calándonos los huesos. Hacía tiempo que no veíamos el cielo tan cubierto de nubes, aunque el pronóstico del tiempo era bueno, sin advertencias de tormenta para la siguiente semana. La isla de Santa Lucía, en su microclima de tristeza, nos decía adiós a su manera. Al alejarnos, aún sitiadas por la niebla, desde la popa pude admirar la belleza de las montañas Pitons escondiéndose detrás de la bruma.

Las despedidas me dejaban melancólico. Cada paisaje, cada recuerdo, cada amigo que quedaba atrás, de alguna manera, había aportado algo a mi vida. No tenía prisa por vivir, sólo disfrutaba cada momento con pasión y el natural idealismo de mis años de juventud.

Al rato, sentado en el banquito de la popa, puede ver que Eolo se divertía con nosotros; éramos su juguete matutino. Nos regaló una hermosa ráfaga de viento tropical del SE, por lo que subimos todas las velas en unos minutos. El Aventurero se infló de alegría y con el casco recién pintado, cortó vanidoso el agua a toda velocidad, como un delfín gigante recién liberado de algún infame acuario. Ese día llegamos a los veinte nudos.

La humedad había desaparecido llevada por el sol caribeño. Pero decidí no pescar porque había demasiada comida descongelándose y era necesario consumirla lo antes posible. Chabela pasó ofreciendo protectores solares y sombreros de paja a todos los que debíamos permanecer en la cubierta. Habíamos comprado dos por tripulante, pues era habitual perderlos con las ráfagas de viento. Esta vez, al mío, lo até con un cabito.

Cuando empezamos la rutina de las guardias, Vinicius, Silvano, Chabela y yo nos dividimos el día en cuatro turnos de seis horas cada uno. Haber decidido no recalar en ningún puerto y encarar directo hacia Cuba, nos exigía cumplir una estricta agenda de relevos. Charlie y Dinorah quedaron a cargo de la cocina y la limpieza.

El Aventurero era una alfombra mágica que nos llevaba al encuentro de nuestros más caros anhelos, cruzando las invisibles fronteras del mar. Todos a bordo sabíamos que nuestro barco poseía el alma de algún antiguo dios fenicio. Este enorme mar Caribe, descubierto por Cristóbal Colón según los europeos, -porque ya desde mucho antes era navegado por pobladores locales-, bañaba islas y playas exóticas con sus trasparentes aguas color turquesa. En él habían incursionado piratas y bucaneros de toda calaña. La población isleña, en su mayoría, eran los descendientes de esclavos traídos desde África, en los siglos XVI, XVII y XVIII, para trabajar en las plantaciones de caña de azúcar. A esta aberración de los derechos humanos, se le sumó las colonizaciones inglesas, holandesas, francesas y españolas que terminaron de saquear todo lo que pudieron hasta que se fueron. Fue una antropofagia económica, cultural y social.

Gracias a los prolongados horarios de las guardias que me permitían bastante ocio a bordo y al hecho de que no estaba apurado por pescar para tener comida fresca, decidí empezar a leer el libro que Antoine me había regalado en Brasil, "El Extranjero", de Albert Camus. Ya en las primeras páginas, descubrí que, efectivamente, Antoine estaba presente en esas páginas, donde el autor describía, espléndidamente, la carencia de valores del mundo contemporáneo, como consecuencia de la frustración y la desesperanza en la que Europa quedó sumergida después de la segunda guerra mundial. Lo leí en dos días.

Mi turno para timonear comenzó a las doce de la noche del primer día. Silvano y Charlie me acompañaron un buen rato haciendo chistes en la cubierta, mientras jugaban al truco y fumaban cannabis a mi lado, bajo una lucecita atada con un gancho de alambre en el mástil de popa, pero a las tres de la mañana, luego de asegurarse que yo estaría firme al timón, se retiraron a descansar.

Todos mis amigos sabían que me encantaba timonear por la noche. Había algo único en la oscuridad del mar, algo inexplicable que, de alguna forma me subyugaba a pesar del peligro intrínseco. Era como adentrarse en lo desconocido rodeado de un manto espectacular de estrellas, algunas de las cuales me confirmaban el rumbo marcado por el compás de gobierno. Navegar por la noche exigía máxima atención ya que lo único que yo veía a mi frente era negrura total. Endurecía mi sentimiento de soledad y me infundía coraje para asumir la responsabilidad de la embarcación y su tripulación -mis amigos- durante seis largas horas. Pero yo tenía un secreto, nunca revelado a nadie: para no forzar mis ojos mirando el compás de gobierno a cada instante, tomaba como referencia cualquier estrella bien visible próxima a la proa del barco y hacia ella me dirigía por un buen rato. A veces, hasta a la propia Luna me servía de referencia, dependiendo de su ángulo de alineación con respecto al rumbo. De las velas me olvidaba casi por completo, aunque de vez en cuando alumbraba los grátiles con la linternita para asegurarme que todo estaba en orden y siempre, como prevención, rizaba parte de la vela envergada para aumentar un poco más mi visibilidad. También, dejaba la campana de bronce a mano para que, en la eventualidad de una emergencia, todos saltaran de sus literas, a campanazo limpio.

Esa noche hicimos doce nudos de promedio. Y a las cinco de la mañana, apareció Vinicius con dos cafés. Luego de reportarle algunos pequeños cambios en el rumbo y las pocas novedades de la noche, actualizó nuestra posición en la carta de navegación. Todo estaba en orden. Desenganché mi arnés de la línea de vida y se lo pasé. Me quedé un rato más haciéndole compañía, pero el alivio de haber pasado el timón me relajó y a la media hora me fui a dormir.

Desperté con la carcajada de Charlie riéndose por una anécdota de Chabela. Ambos estaban en la cocina intercambiando historias de Buenos Aires. Eran las once y media de la mañana. Cuando Charlie me vio bostezando y sin la mascarilla de dormir que yo a veces usaba, levantó la copa y soltó su grito de guerra:

–¡Salud, Albertito! ¡Nunca ahorrar en bebidas!

Vino hasta mi litera con una lata de cerveza, la abrió y me la pasó. Había empezado nuestro segundo día de navegación.

Al tercero, a las tres y media de la tarde y bajo un sol abrasador, sobre la banda de estribor pasamos la Isla Mona, básicamente una gran roca en el agua, sin vegetación ni gente, entre la República Dominicana y Puerto Rico. Es probable que alguna iguana aburrida, nos haya visto pasar rumbo al norte. Enseguida, bordeando la costa este de la República Dominicana, viramos hacia el oeste en busca de la isla Gran Inagua, al sur de las Bahamas. Siguiendo el consejo de Gaspard, debíamos cuidarnos del Banco Navidad, cementerio de muchos barcos, ubicado un poco más al norte de nuestro curso.

Cuando divisamos la isla Gran Inagua estábamos finalizando nuestro tercer día de navegación. El viento seguía clavado del SE a unos quince nudos y nosotros a todo trapo. Vinicius se comunicó por radio con Antonio para avisarle que fuera preparando los "mojitos". A las doce de la noche volví al timón. Decidí navegar sólo con el foque. Eso me daría aún más visibilidad. El Aventurero se comportaba magnífico sólo con esa velita y la maniobrabilidad no se veía afectada en lo más mínimo, excepto por la velocidad. Pero, durante la noche siempre era mejor ir más lento.

El sol, ese etéreo mago de las mañanas, me regaló el más hermoso amanecer que había visto en toda mi vida. Remontando por el este, como una hipérbole gigante de fuego y luz, el astro mayor fue pintando de colores rojizos, con su pincel cósmico, todo lo que veía. En ese exacto momento cruzábamos el canal entre Cayo Coco y el Gran Banco de las Bahamas, al norte de Cuba. Eran las cinco y media. Sabía que Vinicius ya se había levantado porque olía el café fresco. Toqué una campanada muy suave y, enseguida, la cabeza del capitán apareció por la escotilla. "Sai um cafezinho ai?", le grité. Faltaba poco para llegar a La Habana y a la costa cubana la llevaba a babor. Vinicius me extendió la taza de café e iniciamos la rutina de traspaso del timón. Silvano también subió con su cámara de fotos. Sacó varias del paisaje de la costa cubana y de nosotros, sucios, peludos, desgreñados y barbudos, pero muy felices por la buena travesía. Al cabo de unos minutos, el capitán hizo nuevamente contacto por radio con Antonio a fin de combinar los detalles del amarre. Y cuando dieron las siete, toqué con fuerza la campana para despertar a todos. Bajé a la cabina y anuncié que en un rato estaríamos entrando a La Habana. Charlie gritó exultante: "¡Al fin, habanos de verdad, ya era hora!" Preparé la botella para el brindis de bienvenida y los vasitos metálicos. No había dormido en toda la noche pero la adrenalina dominaba mi cerebro.

Ser bronceados a fuego lento por el impiedoso sol del Caribe había tenido su recompensa: ningún accidente en casi tres años de aventuras y miles de millas navegadas. En el mundo náutico, eso había que agradecerlo de rodillas.

La Marina Hemingway quedaba nueve millas náuticas al este, después de pasar la boca del puerto de La Habana. Ya al pasar la bahía de su mismo nombre, enfilamos derecho hacia la costa. Afortunadamente, al igual que el resto de otras marinas encontradas en el Caribe, no tenía mayor movimiento de barcos comerciales, por lo cual nuestra entrada fue cómoda.

Cuba nos decía: ¡Bienvenidos! Sin embargo, cuando amarramos y antes de pisar suelo cubano, Antonio pidió todos los pasaportes para verlos. Ninguno tenía visa de entrada al territorio cubano y eso era un problema reglamentario en este país. Las visas de entrada y estadía debían ser otorgadas por cualquiera de los consulados cubanos alrededor del mundo. O sea que, en nuestro caso, deberíamos haber solicitado nuestras visas antes de embarcar o en cualquier país que habíamos visitado, como por ejemplo, Brasil. No lo hicimos porque no lo sabíamos. Antonio meneaba su cabeza mientras miraba los pasaportes y repetía: "No, no está bien. Voy a ver cómo lo resuelvo. Tengo que resolverlo."

Charlie, finalmente, abrió la botella de champagne sin mucho aspaviento y fue sirviéndola mientras nos mirábamos desconcertados por el inesperado revés. Pero, consecuente con el axioma de que la vida es una inacabable sucesión de problemas que sólo se terminan con la muerte, Vinicius nos tranquilizó diciendo que la esposa de Antonio era funcionaria de la oficina de Inmigración y Extranjería y que ésta haría todo lo posible para reglamentar nuestra estadía en la isla. Mientras tanto, estábamos impedidos de pisar suelo cubano hasta no resolver el tema de las visas. Asumiendo esto, nos abocamos a la limpieza de la cubierta, guardar las velas, amarrar las defensas laterales, revisar los fluidos del motor, hacer la lista de provisiones para reponer y, -muy importante-, averiguar la dirección de "La Bodeguita Del Medio", la famosa fonda donde habían pasado Gabriela Mistral, Pablo Neruda, Ernest Hemingway, Nicolás Guillén, Errol Flynn y Salvador Allende, entre muchos otros célebres protagonistas del siglo XX. Charlie, inspirado ante tantos nombres famosos, levantó su copa y le dedicó los siguientes versos:

> La Bodeguita es mi preferida
> Y sus mojitos son los mejores.
> No en vano es la bienquerida
> De todos los grandes actores.
> Por ella levanto hoy mi copa
> Y por ella vine hasta Cuba,
> No me interesa ir a Europa,
> Ni tampoco viajar a Aruba.
> Quiero rodearme de amigos hoy,
> Yo no confío en el mañana.
> Ellos saben todo lo que soy
> Y me defienden en la aduana…
> Quizás la vida nos distancie
> Algún día y en algún puerto
> Yo no quiero amanecer muerto
> Antes que nadie me financie…
> Por eso brindo por la vida,
> Los amigos, la Bodeguita,
> Quien es leal nunca se olvida
> De pagarme la cuenta en guita…

A la tardecita, Antonio volvió con una carpeta en la mano y pidió para hablar con Vinicius. Todo estaba resuelto. Nos habían concedido una estadía de treinta días, pero debíamos firmar varios documentos personales que había traído consigo, pagar las visas y dejar en custodia los papeles originales de propiedad del velero en una oficina estatal, para retirarlos antes de nuestra partida. Charlie abrió otra botella -la última- de champagne y pidió este brindis: "por la flor nacional de Cuba, la Mariposa, que representa la esbeltez de la mujer cubana, la mujer más linda del mundo."

Finalizados los buenos deseos, pisamos tierra firme por primera vez. Yo fui a los baños de la marina para darme una ducha y afeitarme. Vinicius y Silvano salieron corriendo a llevar los documentos pedidos por la oficina de Inmigración y Extranjería, mientras que Chabela y Dinorah fueron a hacer compras personales. Luego, con Charlie, nos fuimos hasta la Habana Vieja para cenar en La Bodeguita Del Medio. Fue un pintoresco viaje de taxi que nos tomó algo más de veinte minutos yendo por la hermosa Avenida 5ª, luego, tomamos la avenida Malecón con una vista excepcional de la bahía. Vimos el Castillo de San Salvador de la Punta a nuestra izquierda y, casi llegando a la fonda, pasamos frente a la Catedral de La Habana. Cuba ya nos había seducido.

La Bodeguita del Medio, por afuera, no llamaba la atención. Era una antigua casona comercial de dos pisos ubicada en una callecita colonial que no tendría más de cinco metros de ancho, contando las veredas. Con dos viejas cortinas metálicas semi arrolladas arriba de las puertas, parecía más un depósito que un restaurante. A la entrada, habían puesto un pizarrón negro apoyado a la pared y escrito a mano con tiza blanca se leía: "No hay mujeres feas, sólo falta más alcohol. Cómprelo aquí. Más que un bar, somos un salón de belleza". Era fino humor cubano. Pero cuando entramos, una energía vital nos cacheteó fuerte. Fue como si una mujer muy hermosa, vestida con ropas humildes, nos hubiera despertado del hipnotismo al son de un chasquido de dedos. ¡Despierta pendejo!, nos gritó. Habíamos ingresado en otra dimensión, un mundo paralelo repleto de espontaneidad, cultura y cortesía. Aquí no vimos mundanas vanidades, ni publicidad, ni mercadeo, ni falsos escenarios recién pintados. Era Cuba, únicamente. Casi todas las paredes estaban cubiertas de fotografías de visitantes ilustres y firmadas por cientos de viajeros, artistas, escritores, políticos y otros que habían dejado un pequeño mensaje o sólo su nombre garabateado.

Nos sentamos en una mesita al lado de unos músicos que estaban tocando guaguancó, un ritmo parecido a la rumba. En la mesa de al lado había dos jóvenes turistas -dedujimos por las ropas y las cabelleras rubias-, disfrutando sus mojitos. "¿Qué tal bañarnos juntos con estas rubias para ahorrar agua?", le pregunté a Charlie con una guiñada. Y cuando se dignaron a mirarnos, levantamos nuestras copas en señal de brindis y sonrientes, nos ofrecimos a acompañarlas. Dijeron que sí y, en el acto, nos sentamos con ellas. Pedimos otra vuelta de mojitos y nos presentamos. Eran canadienses de visita a Cuba con sus respectivas familias. La más rubia se llamaba Victoria y la otra Charlotte. Tuve más afinidad con esta última. Mientras yo les explicaba a las chicas la diferencia entre una lancha y un velero utilizando el corcho de una botella de vino y un clavo que había incrustado a modo de quilla, Charlie me interrumpió para decirme que el dueño me prestaría el teléfono para hacer la llamada al hermano de Gaspard. Busqué el papelito que mi amigo me había dado en nuestra despedida y le pedí a Charlotte que me esperara unos minutos. El teléfono estaba ubicado en el propio mostrador de la fonda, en medio del bullicio del público y de la música. Una voz de mujer me atendió del otro lado y me pasó con Ernesto. Este es el diálogo, palabra más, palabra menos, que mantuve con él:

–Chico, tú está' en La Bodeguita".

–Sí, Ernesto. ¿Cómo adivinaste?

–Polque el dueño es mi compay, chico. Y encima me debe una pasta.

–Buenísimo. ¿Cuándo podemos vernos para charlar un rato y tomar algo? Gaspard habló maravillas de vos.

–Oye monina, si tú quieres mañana podemo' almolzal ahí mismo a la una de la talde y jamar algo rico. ¡Vamo' hacel una rebambaramba!

–Genial. Nos vemos entonces mañana, aquí mismo a la una. Hasta mañana, -y colgué-.

Cuando volví a la mesa, Charlie me preguntó qué tal había sido mi charla con Ernesto. "No entendí ni un pito de lo que me dijo. Pero creo que mañana almorzamos juntos", respondí serio. Charlie me miró desorientado, se mandó el mojito de un trago y seguimos con el cortejo a las canadienses. Íbamos bien. Ya nos habían dado hasta el teléfono del hotel donde se hospedaban.

Luego que las chicas se fueron, seguimos tomando más mojitos con Charlie hasta que nos dio hambre. Pedimos entonces un "pernil de puerco asado en su jugo", con arroz blanco. ¿Habría algo más terrenal que el asumido cautiverio de una sana gula? El sexo tal vez. Pero igual podría vivirse sin él. En cambio, la complacencia de la vil pancita, tenía que ser diaria.

De vuelta en el Aventurero, compartimos con nuestros amigos la buena experiencia de La Bodeguita y para probarlo, llevamos dos bandejas de "yuca frita con mojo", otra especialidad de la casa.

¡Me da lo mismo ser el herido que el chofer de la ambulancia!

Dormí como un lirón. Los mojitos de la noche anterior habían tenido efecto narcótico. Despertándome, me saqué la máscara de dormir y vi a Chabela y Silvano preparando el desayuno.

–Buen día. ¿Qué horas son? -pregunté todavía medio desmayado-.

–Buen día Albertito. ¡Hora de despertarse y dejar de roncar! Vos y Charlie roncaron toda la noche. Casi les ponemos un balde en la cabeza… -me respondió Silvano riendo a carcajadas.

–¡Noooo! No puede ser. Disculpame. Nunca ronqué en toda mi vida.

–Tampoco te emborrachaste con mojitos en toda tu vida… Pero todo bien. ¿La pasaron lindo anoche?

–Sí, bárbaro. Conocimos a dos chicas canadienses e hice contacto con Ernesto, el hermano de Gaspard. Marqué con él para almorzar hoy en el mismo boliche. ¿Querés venir?

–Claro. Y si querés, vamos juntos en un mismo taxi. Aquí resulta que es más barato andar de taxi que alquilar un auto.

–Dále. Está combinado. Te pego un grito antes de arrancar, -le dije.

Y me alcanzó una taza de café con dos aspirinas. Me levanté de un salto. Había dormido vestido con mi equipo deportivo. Fui a los baños de la marina para higienizarme. Estaba de resaca pero de muy buen humor. Primero lo primero. Tenía que llamar a mis padres para contarles que estaba en Cuba. No iban a poder creerlo. Cuando salí del baño fui hasta la administración de la marina para preguntar dónde podría hacer una llamada internacional a Uruguay. "No es tan fácil", me dijo el empleado. "Tienes que ir hasta la Central Telefónica y pedir una línea al exterior". Tuve que aplazar la llamada hasta la tarde.

Con Vinicius ordenamos los papeles de la bitácora y pasé en limpio nuestros últimos días de navegación más mis comentarios personales en las páginas del frente, manteniendo la práctica iniciada en Montevideo. Saqué el colchón de mi litera para que tomara un poco de sol en la cubierta del barco y lavé alguna ropa en la vieja máquina de la marina. Más tarde, salí a caminar en busca de una peluquería que nos había recomendado Vinicius. Estaba más peludo que un gato. Llegué a la dirección indicada por el capitán pero encontré que estaba cerrada y con un cartelito colgado en la puerta que decía textualmente: "HORARIO DE TRABAJO: Abrimos cuando venimos. Cerramos cuando nos vamos. Si viene cuando no estamos. Es que no coincidimos". Era el delicioso humor cubano, otra vez. Decidí hacer tiempo en un barcito que había en la esquina. Entré y pregunté si sabía algo de su vecino, el peluquero. El barman me señaló que todos los días, a esa misma hora, el fígaro llevaba sus niños a la escuela. Y enseguida me ofreció un "telegrama", su especialidad, a base de ron, licor de menta y hielo. Acepté. Me senté a esperar muy campante cuando vi pasar a Charlie por la vereda de enfrente. Le chiflé y cruzó la calle. Pedimos otro "telegrama" para él y me dijo que también tenía que cortarse el pelo porque se estaba pareciendo al lobizón. Nos tomamos cuatro "telegramas" y a los treinta minutos, cuando ya nos habíamos olvidado por qué estábamos ahí, el barman vino a decirnos que el peluquero se había dignado a abrir. Pagamos y salimos. A mí me hicieron el llamado "corte caribeño". O sea, el pelo casi raspado en las sienes y bastante largo sobre la cabeza. Parecía una palmera.

Al volver, Chabela nos comentó que sería el cumpleaños de Vinicius al día siguiente y que estaba planeando algo con Dinorah para sorprenderlo. Le dije que contara conmigo y mientras se reían de mi nuevo corte de pelo estilo David Bowie bananero, como lo llamó Chabela, nos preparamos para ir a almorzar a la Bodeguita. Salimos al mediodía en busca del taxi. ¡Y vaya si lo encontramos! Era un taxi enorme, un Ford Fairlane del '56, muy cómodo. Cupimos los cinco, -taxista incluido-, y sobró espacio. Volvimos a recorrer el mismo camino del día anterior, con Chabela suspirando por las bellezas del camino.

La Bodeguita estaba llena. Pedí para hablar con el dueño y lo único que se me ocurrió decirle fue la verdad, que habíamos fijado una reunión con

Ernesto M. C. y que necesitábamos una mesa para siete personas. "¿Ernesto M. C.? -me preguntó el dueño sin mirarme los ojos-. "Sí, el mismo", -respondí-. "Por aquí, caballero, por favor", -me dijo mientras mandaba poner una mesa extra en la parte reservada para el escenario-. Supuse que Ernesto era un buen amigo suyo o una persona importante, dada la inminente cordialidad.

Pedimos los ineluctables mojitos y nos pusimos a recorrer con la mirada, las interesantes paredes escritas por el público. No habían pasado diez minutos, cuando por la puerta apareció un individuo corpulento. Llevaba un elegante sombrero de paja tipo "guayabera". Saludó al dueño con un ademán, caminó hacia él y le dirigió unas palabras. El dueño señaló hacia nuestro lado y vino hacia nosotros sonriendo. Nos dijo que se llamaba Ernesto. Fui el primero en levantarme. Me presenté como buen amigo de Gaspard e inmediatamente fui presentando a cada uno de mis amigos. Lo invitamos a sentarse y lo hizo a sus anchas. Parecía que la silla le quedaba chica, por su tamaño. Puso el sombrero sobre la mesa y levantó la mano derecha con el dedo índice erguido mirando hacia el dueño -que también miraba haca él-. Éste se aproximó con una copa de una bebida alcohólica la cual no pude identificar. Ernesto era un hombre de gestos suaves, pero no delicados. Resultaba evidente que estaba acostumbrado a mandar. Tenía una dentadura blanquísima de la cual hacía gala toda vez que sonreía. Nos contó que Gaspard, con quien había hablado telefónicamente el día anterior, era su medio hermano de sangre, además de socio en algunos negocios y se puso a nuestra entera disposición para lo que necesitáramos en la isla. Agradecí sus palabras y la molestia de haber venido a almorzar con nosotros. Le dije que éramos náuticos en nuestra primera visita a su bello país y que, esencialmente, lo que deseábamos era recorrer la isla, conocer a su gente, comprar unos buenos habanos, tal vez un poco más de ron y zarpar en una semana.

–¡Pues sí, Albelto! Puedes contal conmigo. Tú ya no eres ningún Juan de los Palotes… ¡Tómate un drinqui!, -y pidió otra vuelta para todos-.

Estuvimos cenando durante casi tres horas, contándole a Ernesto nuestras aventuras navegando por Brasil y las islas del Caribe. Como era obvio, se interesó mucho en el incidente que le ocurrió a su sobrino y quiso saber todos los detalles. Al final, pagamos la cuenta de nuestro invitado y combinamos para encontrarnos, al otro día, en la marina.

Hecho comprobado: los mojitos de La Bodeguita tenían efecto sedante. Esa noche no voló ni una mosca dentro del Aventurero. No hubo cantarola, ni baile en el muelle. Cada uno aterrizó en su litera, como desmayados. Algo había en esa bebida deliciosa.

Tuve una pesadilla espantosa: soñé que los ingleses-escoceses entraban en la marina tocando sus gaitas a todo pulmón, vistiendo su falditas cuadrillés rojas y azules. Por un momento fue muy nítido. Afortunadamente desperté y comprobé que se trataba de un mal sueño.

Ya había amanecido. Fui al baño de la marina para darme una ducha y terminar de despabilarme. Cuando volví a la media hora, todos estaban despiertos y haciendo mil planes. Las chicas habían conseguido varios folletos que, en realidad, eran publicidades de restaurantes y tiendas locales. Los habían abierto sobre la mesa principal y nos preguntábamos dónde rayos quedarían esas direcciones. Decidimos guardarlos para preguntarle a Ernesto, que estaría llegando en unos minutos. Cuando vino, lo invitamos a bajar para conocer nuestro velero pero se negó rotundamente. Asombrosamente, -lo supimos más tarde-, Ernesto no podía subir a ningún tipo de embarcación porque sufría de talasofobia, trastorno psicológico consistente en un temor patológico hacia todo lo relacionado con el mar o los viajes en barco. Nunca habíamos conocido a nadie con esa fobia. Al final, respetando su aversión a los barcos, tuvimos que llevar todos nuestros mapitas y folletos hasta su camión para que nos orientara sobre los lugares que las chicas querían visitar para hacer sus compras. Y allá estábamos, cocinándonos bajo el sol tropical, otra vez, a las diez de la mañana, escudriñando inútiles mapitas. Silvano, entonces, sugirió que los lleváramos hasta la Habana Vieja, mientras Ernesto, Charlie y yo seguiríamos para comprar los habanos.

Después que las dos parejas se bajaron en el centro de la ciudad, Charlie y yo seguimos viaje rumbo a un lugar al que Ernesto llamó la "Vuelta Abajo". Allí encontraríamos, según dijo, "los mejores puros". Pasaríamos el resto del día por allá y si nos sentíamos cómodos, podríamos quedarnos a dormir para regresar al otro día. Nos pareció una propuesta interesante y le dijimos que sí. En definitiva, queríamos conocer al pueblo cubano. Nos perderíamos el cumpleaños de Vinicius, pero bueno, alguien tenía que sacrificarse por los buenos habanos.

No está de más decir que Ernesto manejaba un camioncito rojo y negro de marca indefinida -porque la carrocería había sido modificada innumerables veces-, pero según el buen ojo de Charlie, era un legítimo Dodge de 1947. Ernesto, al igual que su hermano Gaspard, también manejaba como llevado por el viento. Estoy convencido que se trataba de un tema genético. Luego de andar dos horas rumbo al oeste por una carretera asfaltada, llegamos a Pinar del Río. Y a partir de ahí, tomamos un caminito de tierra apisonada, hacia el norte, que se internaba más y más en la floresta. Pasamos por lo que me pareció ser un enorme lago a nuestra derecha y seguimos, espesura adentro, serpenteando curvas hasta llegar a una zona abierta, de enormes plantíos, muy bien cuidada y soleada. Según Ernesto, esta era la zona donde se plantaban las mejores hojas de tabaco en todo el mundo. Realmente, era un valle muy fértil rodeado por un encadenamiento de cerros cargados de vegetación. Hasta donde llegaba mi vista podía ver hermosos plantíos formando figuras geométricas, algunas casas aisladas construidas en madera, con techo de teja o de paja y gallardas palmeras, además de otros árboles que nunca había visto.

Al rayo del sol, la temperatura había subido ahora unos diez grados centígrados más. A ritmo de bamboleo, con el camioncito intentando esquivar los peores pozos del sendero de tierra viva, fuimos aproximándonos a una casona colonial de dos pisos y tejas rojas, rodeada de otras casas de madera. Ahí se fabricaban los habanos "El Conquistador". Varios perros chiquitos, todos parecidos entre sí, vinieron a nuestro encuentro al reconocer el ruido del Dodge. Tenían el pelo largo, muy fino, levemente ondulado y se veían extremadamente activos e inteligentes. Más tarde supimos que eran de la raza Bichón Habanero. La dueña del establecimiento amaba y criaba a esta raza en particular, por ser el perro nacional de Cuba. Rodeados de los simpáticos "bichones" bajamos del camión y enseguida fuimos recibidos por una señora de mediana edad, delgada y alta. Tenía un cutis inmaculadamente blanco y los ojos verdes. Un pelo largo, negro, le llegaba hasta la cintura enroscado formando una acicalada trenza. Vestía ropas color caqui, rústicas, de corte casi varonil, lo que le daba un aire de exploradora. Parecía una arqueóloga pronta para una expedición en busca de los huesos del iguanodonte. Ernesto nos presentó a la dama en cuestión como la señora María Ángeles, propietaria del establecimiento, nuestra anfitriona. Nosotros fuimos presentados como navegantes del Río de la Plata, recién llegados a Cuba en un velero. Asintiendo con la cabeza y sonriendo con amabilidad, nos invitó a pasar entrando por la puerta principal de la casa, si bien todo el movimiento que veíamos provenía de la cocina, ubicada a un costado de la misma. Ella miró justamente hacia la cocina y nos dijo en un precioso español, con acento europeo: "Es mala suerte entrar por atrás, la primera vez que se entra a una casa".

María Ángeles fue mostrándonos su "casona", como la llamaba. Tenía un marcado estilo colonial español; con seis dormitorios y tres baños en el piso superior; una bulliciosa cocina, una capillita al fondo, más baños y tres enormes salas comunicadas entre sí por puertas dobles, en el piso inferior. Por fuera, estaba pintada de rosa viejo y tenía techo de tejas, bien rojas, de varias aguas. Una de las paredes del frente estaba enteramente cubierta por una planta enredadera, lo que le infería un aire de frescura general.

Nos volvimos a encontrar con Ernesto en la cocina, el punto de reunión en la casa. La cocinera preparaba un plato típico a base de carne al que llamaban "Ropa Vieja". María Ángeles nos dijo:

–Supongo que vosotros, siendo de Argentina y Uruguay, no sois vegetarianos.

Con Charlie nos miramos casi riéndonos. Y yo le respondí:

–Gracias por preguntar, María Ángeles. Para nosotros "todo bicho que camina va a parar al asador", como decía Martín Fierro-. Le respondí, convencido de que jamás habría oído hablar de este personaje de la literatura argentina.

–¿El gaucho del poema de Hernández?, pregunto la señora.

–Sí, exacto. Nos halaga muchísimo que conozca el poema-. Respondí con cara de sorpresa.

–Conocí Buenos Aires en 1960. Yo era una quinceañera... Fui acompañando a mi padre quien, por aquellos días, quería comprar toros argentinos de la raza Hereford para enriquecer nuestra tropilla.

–¿Y cómo les fue? Pregunté curioso.

–Mal. Trajimos varios ejemplares pero no se adaptaron a nuestro clima subtropical. Se enfermaron y murieron. Finalmente, en 1967, nuestro Comandante organizó una política de cruzamiento y desarrollo de diferentes proyectos genéticos, hasta que obtuvimos el Taíno de Cuba. Esa es la carne que vais a degustar dentro de poco.

–¿Y qué le pareció Buenos Aires? Preguntó Charlie.

–Elegante y triste, como vuestro tango. Dijo cortante.

Ernesto, que andaba medio perdido entre las ollas, dijo, pescando algún diálogo que otro:

–Compas, ¿un cubalibre?

–Gracias Ernesto. ¿En qué te podemos ayudar? Preguntó Charlie.

–Se agradece, compay. Pero ustedes son mis consoltes. Ahora quiero mostralles la plantación, mientras sale la jama...

Y salimos. Antes de dejar la cocina, María Ángeles nos facilitó unos enormes sombreros de paja para protegernos del sol. Habría unos treinta y cinco grados centígrados. Caminamos hasta el centro de uno de los plantíos seguidos por los graciosos "bichones" y Ernesto, quien con su vocabulario tan nativo como simpático, nos fue explicando de qué se trataba todo eso. Nos refirió que el mismísimo Cristóbal Colón, el 27 de octubre de 1492, había llegado a las costas de Cuba con sus tres naves "descubriendo la isla y el tabaco, para alegría del mundo". Según él, los españoles que desembarcaron, vieron un grupo de aborígenes fumando unos enigmáticos cigarros hechos con hojas de tabaco negro, a los que llamaron "Cohibas". De vuelta al Nuevo Mundo, Colón introdujo el tabaco cubano en Europa al llevar consigo algunas hojas y tizones que había recibido de regalo. La nueva planta de tabaco cubano adquirió, en poco tiempo, bastante popularidad en el viejo continente, pues le adjudicaron ciertos efectos curativos. Y en ulteriores viajes de otros conquistadores que pedían tabaco, ante la demanda del mercado al cabo de los años, la cultura de los puros en Cuba se fue extendiendo cada vez más. En el siglo XVIII, los cigarreros cubanos desarrollaron su producción en tierras menos vigiladas por los españoles, como la región de "Vuelta Abajo", -donde nos encontrábamos-, al oeste de La Habana. En ese siglo, también, tuvo lugar la apertura de la primera fábrica, la "Casa de la Beneficencia". Fue aquí que nació el término "habanos", o sea cigarros de tabaco cubano enrollados en La Habana. Las fábricas se multiplicaron. Hubo más de cuatrocientas compañías durante el siglo XIX. La primera marca de habanos cubanos "Hijas de Cabanas y Carbajal", apareció en 1825. Hoy esa marca había desaparecido, pero había dado paso a otras ilustres firmas tabaqueras que llevaron la producción de puros cubanos como "Por Larrañaga", "Punch", "H. Upmann" o "Partagás, al reconocimiento mundial. Pudiera ser que el placer de fumar un habano fuera considerado un acto efímero, pero la historia del tabaco cubano había creado toda una leyenda sobre la cultura del puro que, según Ernesto, se encontraba retratada en el "Museo del Tabaco de Cuba", en la Habana Vieja. En 1959, la llamada "Revolución Cubana" marchó sobre La Habana y las fábricas de producción de puros entraron en un estado de incertidumbre por a la nueva situación del país caribeño. La mayoría de los propietarios huyeron del país, algunos incluso, comenzaron de cero en otras zonas tabaqueras. Al principio, se plantearon reagrupar todos los "puros" bajo el sello de una marca única. Pero esta idea fue abandonada por el propio Fidel Castro, quien posteriormente se convirtió él mismo, durante décadas, en embajador de una gran variedad de puros cubanos provenientes de distintas marcas.

–Ahora hay que volvel polque la canina me está matando… Dijo Ernesto, haciendo alusión a su apetito.

En la casa habían dispuesto una gran mesa rectangular en el patio aledaño a la cocina, bajo un enorme parral que servía de parasol natural guareciéndonos del sol. Antes de servir la comida, la anfitriona hizo una breve oración agradeciendo nuestra visita y la amistad de todos los presentes. Nos presentó como navegantes de un barco a vela que venía del hemisferio sur huyendo de las persecuciones políticas en nuestros países -esto último, obviamente, fue algún comentario dramatizado que Gaspard le pasó a su hermano y éste a María Ángeles-. Éramos quince comensales, porque también nos acompañó el capataz general, sus ayudantes y varios trabajadores. Todos charlamos con todos, aunque muchísimas palabras de los diálogos que me dirigían se me perdieron por pertenecer al vocabulario estrictamente regional. El ambiente general era de familiaridad y cortesía, con María Ángeles llevando siempre la voz cantante. El toque de humor que nos brindó el momento más hilarante, sin embargo, se lo adjudico a uno de los jóvenes trabajadores que nos preguntó cómo era posible que las velas de nuestro barco no se apagaran con el viento del mar… Charlie respondió la pregunta del joven en medio de la risa de algunos y eso dio pie para que, inspirado también por los cubalibres bebidos, empezara a relatar algunas de nuestras más pintorescas aventuras en alta mar, especialmente cuando pasamos por encima de la pobre ballena frente a las costas de Brasil y cuando casi capotamos el velero al enfrentar una peligrosa tormenta con olas gigantes en pleno Océano Atlántico. Nuestros amigos escuchaban atentos y atónitos. Charlie contaba las historias con esa gracia tan característica de los porteños, donde no faltaban, tampoco, pequeñas exageraciones que le imprimían dramatismo extra a su relato. Una vez finalizados sus cuentos -y los cubalibres-, María Ángeles pidió un aplauso para nosotros y agradeció el buen rato que le habíamos proporcionado a su equipo de trabajo.

Luego del almuerzo, fuimos a tomar el café a uno de los salones de la casa, donde pudimos ver gran parte de la plantación a través de unos ventanales que llegaban hasta el techo. María Ángeles, aunque muy discreta, exteriorizaba pequeños gestos de afectividad hacia Ernesto. Cuando vi la oportunidad, pregunté si ella sola se encargaba de la plantación. Era una pregunta simple en el contexto de la conversación. Sin embargo se sonrojó y mirando a Ernesto respondió que sí, pero que todavía esperaba "un milagro de la vida". Resultaba evidente que había algo entre ellos que aún no se había hecho público. Luego, charlamos por más de cuatro horas sobre sus viajes y su familia.

Finalizamos el café y Ernesto nos ofreció terminar la noche viajando hasta un bar en Pinar del Rey para tomar un trago. Yo deseché la idea y preferí retirarme a descansar. Me despedí de mis anfitriones y subí a mi habitación. Tranqué la puerta con llave y todavía sentí, durante un buen rato, el vozarrón de Charlie en el salón, parloteando a los gritos; supuse que contando más historias. Tomé un baño bien demorado en una antigua pila de baño de reluciente loza blanca, me puse un pijama que María Ángeles había dejado sobre mi cama y me fui a dormir. Había sido un día interesantísimo. En la oscuridad, escuché los sonidos que me rodeaban y lo que más me sedujo fue el chirrido de los grillos, asonancia que me resultaba extraña, después de tanto tiempo en el mar.

Desperté al son de una bandada de pájaros canturreando en el balcón. Se habían puesto todos de acuerdo en venir a despertarme, incluido el gallo, cuyo qui quii quiriquiiii me taladró los tímpanos un par de veces. Eran las seis de la mañana. Bajé a la cocina pensando que sería el primero, pero no. Una legión de trabajadores entraba y salía con su café en la mano. Mientras Ernesto retiraba un pan casero del horno a leña, María Ángeles me invitó a sentarme para desayunar.

Y así, un simple y humeante café con leche, acompañado del delicioso pan cubano recién horneado, cortado en cuadrados -no en rodajas-, con bastante manteca, -también casera-, se transformó en el desayuno más apetitoso saboreado en toda mi vida.

Charlie llegó, saludó y se sentó. Estaba de resaca. Cuando le vi las ojeras, me reí y le dije:

-Charlie, tenés que cortarla con el alcohol destilado, pensá un poco en tu hígado.

-Tenés razón Albertito, voy a tomar sólo fermentados. ¿Tendrán una cervecita por ahí?

Ernesto, que lo había oído, le alcanzó una cerveza Cristal y empezamos a hablar del motivo de nuestra visita. Pedí disculpas por no estar a la altura de las expectativas como grandes clientes, pues nuestra intención de compra no superaba las seis cajas de puros. Además, ante tanta hospitalidad y sincera amistad, -proseguí-, nos sentíamos abochornados. María Ángeles me contestó que ella y Ernesto se habían sentido extremadamente honrados al recibirnos en su casa y agregó que Gaspard no se había equivocado al recomendar nuestra amistad. Y añadió:

-Mira Albertico, vivir la vida sin amigos es como vivir en una isla desierta, sin agua y sin alimento. Vosotros sois dos personas finas que buscáis la aventura, decentemente. Y tú sabes, dentro de cien años, todos calvos...

Llamó a la empleada y le pidió seis cajas de habanos de su marca, además de un cortador de puros. Pregunté por el precio de los mismos y pagué lo solicitado con gusto, al instante. La empleada volvió con las cajas y dos puros extras, sueltos, para ser apreciados. Ernesto cortó una de sus puntas con la guillotinita especial y con Charlie, antes de prenderlos, los examinamos para verificar el color, la textura, su grado de humedad, la calidad del torcido y su aroma. Eran irreprochables. Al encenderlos, sendas bocanadas de humo blanco impregnaron el ambiente de una fragancia más que perfecta. Nos levantamos y fuimos a fumarlos al patio trasero, por respeto a la cocinera y sus aromas culinarios. Situándonos a la sombra de la noble parra del almuerzo del día anterior, proseguimos. Sentados sobre unos troncos de árboles cortados, adaptados como bancos, seguimos degustando las notas dulces y los aromas de caramelo que aparecían en la combustión de estos habanos de paladar medio. Saborear un auténtico puro cubano podía llegar a ser uno de los momentos más cautivantes en la vida de una persona, pues ese acto iba acompañado de todo un ritual de honra al tabaco, de una magia perteneciente al centenario mundo que le rendía pleitesía, ya desde la época de los indígenas, cuando lo utilizaban para comunicarse con sus dioses.

Pero como el destino determina quién entra y quién sale de nuestras vidas, esa mañana hubo un giro inesperado.

Desde nuestros banquitos, sentados tranquilísimos y contentos mientras lanzábamos nubes de paz y libertad a la atmósfera cubana, a lo lejos vimos que venía hacia el establecimiento, a toda velocidad y levantando una nube de polvo marrón, un pequeño vehículo rojo. Fue acercándose rápidamente y en unos segundos alcanzó la rotonda destinada al estacionamiento de los visitantes. Pero no se detuvo. Siguió derecho su marcha hacia la casa, llevándose por delante la cerca de madera limítrofe, a toda carrera. Con Charlie nos miramos sorprendidos por lo inesperado de la situación. Los "bichones", que estaban a nuestro lado, se levantaron y empezaron a correr al encuentro del auto.

–¡Putísima madre! Donde estamos nosotros siempre hay pelotera… -Dijo Charlie golpeando su pierna de una palmada-.

–No es nada. -Respondí-. Debe ser algún borracho.

El capataz apareció corriendo desde el fondo junto con otros dos trabajadores. El autito parecía no querer detenerse. Tras derribar unos setos bajos de hibiscos, siguió su loca carrera. Venía derecho hacia nosotros. Con Charlie, sorprendidos y atrapados en la situación, nos pusimos de pie, previendo que de un segundo a otro el vehículo chocaría contra la entrada de la cocina. De pronto, una de las ruedas delanteras intentó pasar encima de un simpático enano de jardín de unos treinta centímetros de altura, que llevaba un farolito en la mano y esto terminó con la desenfrenada carrera. El auto giró sobre uno de sus lados y volcó dando una vuelta entera sobre sí mismo, pero volvió a quedar sobre sus ruedas, en medio de una nube de polvo a escasos veinte metros de nosotros. Mientras la polvareda iba bajando, el capataz empezó a correr hacia el vehículo, pero antes de llegar, la puerta del conductor se abrió y surgió una joven morena, de unos treinta años, empuñando una escopeta de dos caños. Tenía el pelo enmarañado y una línea de sangre le corría por la cara. Charlie se volvió hacia mí y me dijo, sin soltar el habano:

–¿No te digo? ¡Ésta loca nos caga a tiros!

El capataz, que ya casi llegaba al auto, se paró en seco en medio del pasto y los dos trabajadores que lo acompañaban tomaron refugio atrás de los árboles. La joven mujer se restregó el chorro de sangre que le brotaba por la frente con su mano izquierda mientras que con la derecha seguía empuñando la escopeta apuntada hacia el capataz. Se abrió de piernas, como buscando una mejor posición y gritó con la cara desencajada, engatillando los dos caños de la escopeta:

–¿Dónde está esa jinetera que le está sacando la leche a mi hombre? ¡Vengo a destriparla!

El capataz reculó unos pasos levantando brazos y le gritó:

–¡Mira pendeja, aquí no te conocemos! Si no quieres tener un safe con la policía, date la vuelta y desaparece.

La mujer sonrió haciendo una mueca de ironía, levantó la escopeta apuntando a la cabeza del capataz y disparó un escopetazo que se fue a incrustar en el piso de arriba de la casa, rompiendo el vidrio de una ventana. Con Charlie nos refugiamos atrás de las columnitas de la parra, con los benditos puros en la mano. El humo delataba nuestra posición.

La mujer volvió a levantar la escopeta, esta vez apuntando directamente hacia el pecho del capataz y gritó:

–¡Pendejo eres tú, salapatrozo! Yo sólo quiero cargarme a la tal María… esa jinetera hijaeputa… Pero si tú te pone' en el medio, también la llevas.

En ese preciso instante apareció Ernesto por la puerta de la cocina, colorado como talón de cartero. Se paró frente a nosotros con los brazos en las caderas mirando fijo hacia la mujer. Y ahí, ésta gritó como ebria:

–Ahhhhh. Apareció el ratón… ¿Dime ratoncito, dónde está la jinetera?

–Melcedes. ¿Estás loca, mujel? ¿Qué es esta recholata? Tú va' a telminal en la cálcel. Dame esa escopeta y el capataz te lleva a tu casa.

–Tú ya no ere' un hombre para mí. Me da lo mismo ser el herido que el chofer de la ambulancia. ¡Hazte a un lao! –Y empezó a avanzar hacia nosotros con la escopeta levantada–.

–Melcedes, tú tas cogiendo la guagua equivocada, mujel. Dame esa escopeta y hablamo.

La mujer volvió a levantar la escopeta apuntando hacia Ernesto y disparó de nuevo. El perdigonazo dio de lleno en la columna que protegía a Charlie y en el frente de la cocina. Pero también, el fuerte culatazo del arma, calibre dieciséis, golpeó el hombro de la joven con tanta fuerza que la dejó sentada en la gramilla. El capataz se aproximó y arrancó la escopeta de sus manos. La mujer terminó acostándose sobre el pasto y empezó a llorar amargamente. Miré a Charlie, que seguía paralizado atrás de la columnita aferrando su habano y le dije que todo había terminado bien.

–Bien para vos, –dijo abriendo su camisa salpicada de sangre y mostrándome el hombro derecho con un pequeño orificio–.

–¡Loco, estás herido! Te agarró un chumbo. Pero tranquilo, no es nada. Vamos a entrar. –Lo tomé de un brazo y lo pasé tambaleando por la puerta. La cocinera vino corriendo y también me ayudó a cargarlo. Lo acostamos encima de la mesa con una toalla enrollada a modo de almohada. María Ángeles entró y dijo que la policía y el médico estaban a camino. Ernesto también vino pero no se podía hacer nada hasta que no llegara el doctor. "Esto es grave, dame un ron, Albertito", me dijo Charlie. La cocinera me pasó un vaso lleno, se lo di y lo bebió de un sorbo. Mientras tanto, afuera, Mercedes seguía llorando tumbada en el pasto. Algo estaba mal. Ernesto volvió a salir, lo vi que se arrodilló al lado de ella y empezó a hablarle. Intentó levantarla pero gritaba de dolor. El fuerte culetazo de la escopeta, mal sujetada por la inexperiencia, había dislocado la clavícula de su hombro derecho.

El médico, que vivía en un pueblito a pocos quilómetros, fue el primero en llegar. Atendió primero a Mercedes. En una tarea que no le tomó más de quince minutos, le colocó un vendaje compresivo en forma de 8, por encima de su ropa, para tratar de alinear nuevamente la clavícula, le dio algo para calmar el dolor y -según dijo-, algo bastante más fuerte para los nervios. Con la ayuda del capataz la acostaron en el asiento trasero de su camioneta. El fiel empleado se sentó adelante y se dispuso a esperar la llegada de la policía. Ella seguía llorando. El médico, entonces, vino a la cocina. Cuando Charlie lo sintió entrar, haciendo gala de su inconfundible humor y mirándolo de reojo, empezó a gritar: "Morfina, por favor, morfina...". Durante la espera del médico, yo había intentado contener la salida de sangre, simplemente apretando la pequeña herida con una gaza presionada a dedo. El doctor retiró la gaza y le inyectó un anestésico local. Enseguida, con una especie de escalpelo hizo un corte sobre el orificio de entrada buscando el plomo. Charlie pidió otro vaso de ron y se lo alcanzamos. El doctor iba a decir "no más alcohol", pero ya era tarde, se lo había bebido de un trago. El galeno, entonces, tomó otro instrumento, parecido a una pequeña pinza con las puntas alargadas, escarbó durante unos segundos dentro de la herida abierta y la retiró empapada en sangre, con algo preso en la punta. La observó un segundo, abrió la pincita encima del vaso vacío de ron y dejó caer el pedacito de plomo. El chumbito golpeó el vidrio y rebotó un par de veces dentro del vaso. Charlie ojeó el vaso, miró al médico y le dijo: "¡Que destino! Lo mío siempre termina en un vaso de ron...". El buen doctor, muy ajeno al simbolismo de sus palabras, terminó por higienizar la herida, cerrarla y vendarla. María Ángeles lo asistió todo el tiempo. Cuando cerró su valijita negra de instrumentos, se volvió hacia mí muy serio y me dijo: "Es un chico saludable. En dos o tres días estará mejor. Pero tiene que controlar la ingesta de alcohol".

El agente policial llegó en una moto. No bien desmontó, María Ángeles y Ernesto lo rodearon y empezaron a contarle lo sucedido. También se aproximó el capataz pues Mercedes se había quedado dormida por la anestesia en su camioneta.

Insólitamente, ni María Ángeles, ni Ernesto, ni el capataz, quisieron presentar cargos contra Mercedes. Todos estuvieron de acuerdo en declarar que los dos disparos de escopeta habían sido producto de un accidente "inesperado" por la pérdida de control en el manejo del autito. Según lo declarado por los tres, la primera detonación se había producido durante el vuelco del auto, cuando el arma se disparó a raíz de los movimientos bruscos del propio accidente y la segunda, cuando Mercedes intentó retirar el arma del vehículo para dársela al capataz. Al no saber esgrimirla y sin ninguna mala intención, tocó el gatillo disparando el escopetazo que, a la postre, también hirió levemente a Charlie. El policía tomaba notas en su libretita mientras María Ángeles y Ernesto relataban la "versión" de lo ocurrido. Cuando llegó mi turno de responder sus preguntas, ratifiqué, en un todo, lo declarado por mis anfitriones. El policía miró a Charlie para tomar su declaración, pero mi amigo, al verlo aproximar se hizo el dormido.

Luego de recabar la información relativa al "involuntario accidente", según lo calificó, el amable agente nos saludó, montó a su moto y se retiró. Ernesto fue hasta el auto del capataz para ver el estado de Mercedes, pero seguía durmiendo. La tapó con un cobertor que encontró en la caja trasera de la camioneta y vino a hablar con nosotros. En sus palabras, nos fue explicando la génesis de todo los que había ocurrido frente a nuestras narices.

La historia de Mercedes. Dos años atrás, Ernesto había conseguido un trabajo como capataz en la zona de "Remedios", una de las comarcas más antiguas de plantación de tabaco en Cuba. El suelo y el clima tenían peculiaridades distintas, pero los métodos de cultivos usados aquí, eran idénticos al resto de las regiones tabacaleras. El contrato era bueno. Trabajó muy duro durante un año, al cabo del cual, conoció a Mercedes, la hija del dueño, recién llegada de Camagüey, su ciudad natal. Desde niña, malacostumbrada a tener todos los juguetes que pedía en la mano y bastante deslumbrada por la hombría de Ernesto, Mercedes, con veintinueve años para ese entonces, lo buscó y lo cortejó ardorosamente. Todos sabemos que donde sólo habla el corazón, no habla la razón. Al cabo de dos meses, sus padres, pertenecientes a una distinguida y secular familia cubana, al enterarse de la disímil relación, llamaron a Ernesto, le comunicaron que estaba despedido "ipso facto" y lo amenazaron de muerte. Ernesto se fue a La Habana sin siquiera despedirse de Mercedes ni cobrar indemnización. Llamó a Gaspard, que le envió algún dinero para mantenerse a flote por algún tiempo en la capital. Después de unas semanas, hizo contacto con su viejo amigo, el actual capataz de María Ángeles, pidiéndole trabajo. El hombre consultó a su patrona a este respecto y al otro día se conocieron. Ernesto ofreció sus servicios como administrador general de plantaciones y fue contratado.

Algunas mujeres vinieron a este mundo para enamorarse de un sólo hombre, María Ángeles, con más de cuarenta años, era una de ellas. Soltera y virgen angelical, hasta conocer a Ernesto, había cuidado de sus padres y del negocio del tabaco toda su vida. Una vez contratado, Ernesto puso lo mejor de sí para la prosperidad del establecimiento tabacalero, -veinte familias dependían de ello-, y el progreso de la marca "El Conquistador".

En Remedios, mientras tanto, la ardiente Mercedes, ignorando el verdadero motivo por el cual Ernesto la había abandonado, juró venganza total. En su corazón traicionado, del amor al odio hubo sólo un paso. Y lo dio. Conjeturando que Ernesto seguiría vinculado al negocio de los plantíos de tabaco, viajó hasta La Habana y se hospedó en la casa de Cora, una amiga de infancia. Al otro día se reunió con un conocido exportador, hombre bisagra dentro del mundillo tabacalero de la isla y mediante preguntas indirectas, obtuvo la información que buscaba. El comerciante, ajeno a las intenciones de Mercedes, le proveyó el teléfono y la dirección de María Ángeles. Mercedes llamó a Ernesto desde la casa de Cora y quedaron de encontrarse al día siguiente en el lobby de un hotel en la Vieja Habana. Antes de salir para la cita, Mercedes se arregló primorosamente. Fue hasta el hotel y lo esperó en el lugar combinado, exhalando buen perfume francés. Ernesto llegó vestido con sus ropas rústicas de trabajo y calzando botas. Ella, en un último intento por atraerlo, jugó sus mejores cartas, la de niña desamparada, incomprendida y ardiente. Y él, con las amenazas de sus padres todavía resonando en la cabeza, decidió colocar una última piedra en la relación: le dijo que estaba muy enamorado de María Ángeles y que se casarían pronto. Nada de esto era verdad, pero Mercedes le creyó. Herida en lo más profundo de su orgullo de mujer, bajó la vista mirando el suelo y se levantó del sillón sin decir una palabra. El pelo largo le cubrió el rostro por un momento. Tal vez estuviera llorando de rabia. Le dio la espalda a Ernesto y salió a paso rápido, sin despedirse. Él, creyendo que todo terminaba ahí, volvió a su trabajo. Nunca imaginó que la venganza era el manjar más sabroso de las mujeres despechadas.

Mercedes se dispuso a pasar su última noche en lo de Cora y su esposo, quienes la agasajaron con una cena. Él, gran aficionado a la caza del "Pato de la Florida" y del "Pato de las Bahamas", poseía una importante colección de escopetas de todo tipo y calibre. En un descuido de la pareja, Mercedes entró a la sala de armas y retiró una Purdey de dos caños, calibre 16, junto con un puñado de cartuchos. Subió hasta su cuarto, abrió la ventana y dejó caer el arma descargada, sobre unos arbustos linderos a la casa. Bajó para estar con sus amigos un rato más y después de la cena salió al jardín, fue hasta el pie de su ventana, recogió el arma y la escondió dentro de su auto. Al otro día temprano, se despidió de sus amigos y salió. Cuando el esposo de Cora notó la falta de la escopeta de su soporte correspondiente, llamó al padre de Mercedes. Suponiendo lo peor, éste le prometió que resarciría la escopeta y le pidió que no avisara a la policía bajo ningún concepto. Subió a su camioneta y junto con varios empleados en otros dos vehículos, salieron rumbo a La Habana. Sabía muy bien a donde ir. Desde que había expulsado a Ernesto de su plantación, le había seguido todos sus pasos por medio de amigos soplones que compartían el negocio del tabaco, al norte de la isla.

Mercedes, entretanto, seguía su inexorable camino en busca del desagravio. Llegó a Pinar del Río, pero, al no llevar un mapa, se perdió. Tuvo que preguntar varias veces por el camino vecinal a seguir. Al final, lo encontró. Cuando le pareció que estaba llegando a lo de Ernesto, se estacionó al borde de la carretera, tomó la escopeta, cargó dos cartuchos de munición gruesa y la colocó en el lado del acompañante, con el caño a los pies y la culata sobre la butaca. Así anduvo varios kilómetros más, hasta encontrar la entrada del establecimiento. Su estrategia era simple. Entrar bien rápido para llamar la atención de la dueña de casa, quien seguramente se apostaría a la entrada para ver qué sucedía. "Tengo dos cartuchos cargados", pensó, "uno para ella y otro para él". Y empezó la carrera.

Pero como su destino era igual al de una mísera hoja arrastrada por el viento cósmico, el cual ella jamás respetó, la fatalidad quiso que, en su loca carrera, primero atropellara al pobre enano del jardín con farolito y todo. Hasta ahí, había cumplido su primer objetivo con creces: llamar la atención, pero todavía debía encontrar a María Ángeles. Y esto era imposible en ese momento, porque la propietaria, durante todo el incidente, estuvo tomando baño en su alcoba ubicada al costado de la casa y recién, cuando escuchó el primer escopetazo, se vistió apresuradamente y bajó.

Cuando detonó el segundo escopetazo, la joven Mercedes, otra vez arrastrada por su hado funesto, apoyó mal la culata de la potente Purdey sobre su hombro derecho y al disparar, el fuerte culatazo le dislocó la clavícula. Pero fue una desgracia feliz porque gracias a su total impericia con las armas de fuego, el capataz y Ernesto salieron incólumes del tiroteo. La única víctima colateral fue nuestro amigo Charlie.

Luego del pasaje del médico y el policía, nos preparábamos para volver a la marina cuando llegó el padre de Mercedes también levantando polvareda a toda velocidad, -por lo visto, era un problema de familia-, acompañado de los otros dos vehículos. Cuando se dignó a parar y bajar, el capataz se le aproximó y le explicó rápidamente lo sucedido, mientras Mercedes seguía durmiendo en el asiento de atrás de su camioneta. A pedido del padre la transbordaron a su vehículo y una vez acostada, éste caminó hasta el frente de la cocina, donde estaba María Ángeles, pidió disculpas en nombre de su hija y ofreció pagar los costos de algún eventual daño material, "si hubiere habido", como dijo. María Ángeles le indicó que todo estaba bien. No debía nada. Aceptaba sus disculpas pero le pidió que retiraran de su propiedad el auto dañado de Mercedes lo antes posible. El capataz, ayudado por los empleados del padre, dispuso de una cuerda para halarlo. Y cuando estuvo pronto, se fueron por donde vinieron.

Mi nuevo capítulo de vida

La despedida de María Ángeles estuvo repleta de afectividad y cariño. Es probable que todos estuviéramos bastante sensibles después de lo ocurrido. Nos acompañó hasta el camioncito de Ernesto, cargando ella misma el paquete con los habanos -Ernesto y yo ayudábamos a Charlie a caminar- y antes de darnos los besos de despedida, con una lánguida sonrisa, nos dijo que un pequeño adiós siempre era necesario para volver a reencontrarnos. Y así fue. Diez años más tarde nos volvimos a reencontrar, en mi segunda visita a la encantadora Cuba. Ella y Ernesto estaban felizmente casados y habían adoptado dos niños.

El camino de vuelta a la marina lo hice platicando con Ernesto sobre lo ocurrido. Charlie dormitaba. Pero cuando estábamos por llegar, despertando de su sopor, gritó:

–Albertito, no llamamos a las canadienses de La Bodeguita...

–Vos no podés ni caminar y estás pensando en las mujeres... ¡Pará, loco! Mejor recupérate y después las llamamos.

A la hora de despedirnos de Ernesto, me dio en la mano una estampita bendecida de la Virgen de la Caridad del Cobre, patrona de los cubanos. Él la llamaba Cachita.

–Amigos, hasta la vuelta. Y gracias pol la visita. Mi Cachita los va a guial hasta Miami y todo va a salil bien...

Vinicius estaba lavando la cubierta del Aventurero cuando nos vio aproximar. Percibiendo algo extraño en el andar de Charlie, largó todo y vino a nuestro encuentro. Me ayudó a subirlo a bordo y lo bajamos a la cabina.

Era maravilloso volver a entrar en nuestra casita flotante, con sus ruidos tan familiares, sus olores conocidos y hasta el zarandeo de siempre por el suave movimiento del agua; todo se me hacía hogareño. Recostamos a Charlie en su litera y cuando se sintió más cómodo exclamó: "Dále, Albertito, contá todo lo que nos pasó, que vos sos muy bueno en eso. Se van a morir de la risa...". Y entre carcajadas, palabrotas, maldiciones de Charlie, acotaciones divertidas y algunos gritos de las mujeres durante los desenlaces peligrosos, narré todo lo ocurrido. No agregué, ni quité, una coma.

Al abrir el paquete donde estaban las seis cajas de habanos para empezar a distribuirlo entre Vinicius, Silvano, Charlie y yo, tuve una sorpresa. Descubrí un sobre blanco, atado delicadamente con una cintilla de seda rosa a una de las cajas. Intrigado lo abrí suponiendo que se trataba de algún folleto promocional de "El Conquistador", pero para mi sorpresa y la de todos, adentro estaban atados con una gomita todos billetes con los que le había pagado a María Ángeles la compra de sus puros. También, encontré una nota con un mensaje manuscrito, en una preciosa letra, que decía: "Amigos, gracias por vuestra visita. Nos habéis hecho muy felices. Os deseamos buen viaje, en pos de vuestra viajera estrella". Y estaba firmado por María Ángeles.

–Te dije que los cubanos eran gente fina -dijo Charlie-. ¡Vamos a festejar, amigos!

Las chicas trajeron las bebidas y brindamos por Cuba y la pronta recuperación de Charlie. Entusiasmados a flor de piel por el reencuentro y bastante animados por la adquisición de los habanos, decidimos seguir el festejo fumando el buen tabaco. Lo absurdo fue que encendimos los cuatro puros al mismo tiempo. Parecía que el Aventurero se prendía fuego en la marina. Abrimos de apuro el resto de las escotillas aún cerradas, pero el humo no circulaba tan rápido como queríamos. Las chicas, que no fumaban, comenzaron a toser y a quejarse de la humareda, por lo que establecimos una nueva regla en nuestro protocolo náutico: nunca fumar habanos o pipas en el interior del velero.

Al día siguiente, tomé un taxi hasta el centro, acompañado de Silvano, para llamar a nuestros respectivos padres. Como siempre, resultaba imposible sintetizar en una llamada telefónica, lo que estaba viviendo. Sólo conté que permanecíamos anclados en la isla de Cuba, que me encontraba bien de salud y que saldríamos rumbo a Estados Unidos en un par de días. Tuve que ser muy breve porque la llamada, además, costaba diez dólares el minuto. Papá me pasó varios teléfonos de contactos en Miami, a los cuales prometí llamar. Corté con los ojos humedecidos porque tenía la certeza de que no los vería por un largo tiempo.

Volvimos al barco y era casi el mediodía. Empezamos los preparativos para nuestra próxima y última zarpada. Las compras y el aprovisionamiento ya se habían tornado una rutina en mi vida, por lo que, simplemente, seguí mi automatismo al respecto. Cuba, la mayor de las Antillas, había sido un buen puerto -esto dicho hasta por el propio Charlie-, pero Miami nos aguardaba. De acuerdo a mi lista de turista curioso, muchos lugares habían quedado sin visitar, en especial, el memorable acueducto diseñado por un tal Francisco de Albear, en 1893 y que todavía suministraba el veinte por ciento del vital líquido consumido en La Habana.

Al oír mis lamentaciones de errante náutico contrariado por la falta de tiempo para explorar esta hermosa isla, Chabela y Dinorah me ofrecieron un tour rápido por la capital; propuesta que acepté al instante. Ellas debían terminar sus compras y, como dicen los brasileños: "una mano lava la otra".

Salimos al día siguiente, los tres, disfrazados de turistas internacionales. Paré uno de esos taxis antiguos, lo contraté por todo el día y nos fuimos hasta La Habana Vieja y la moderna. Visitamos el Capitolio, el Teatro principal, la Necrópolis de Colón y luego, nos fuimos a pasear por el Vedado y Miramar.

Continuamos hacia el extraordinario Centro Histórico -el cual yo había conocido en parte-. Era el conjunto colonial más grande de Latinoamérica. La Habana Vieja se caracterizaba por una hermosa arquitectura de líneas andaluzas, que revivía bajo el sol tropical y la fértil vegetación. Museos, iglesias, fortalezas, callejuelas y parques, todo transpiraba tradición y leyendas en cada esquina. Al rato, el simpático chofer notó nuestro interés en conocer los puntos turísticos más significativos de su ciudad y tomó el papel de guía. Nos llevó a recorrerlos, uno a uno, con pormenorizadas explicaciones dignas de un profesor de Historia Nacional. Anduvimos por la Plaza de la Catedral, la Plaza de Armas y la Plaza de San Francisco de Asís, al lado del puerto, que evocaba imágenes del pasado colonial de Cuba, cuando los galeones cargados de oro embarcaban hacia España. Cuba era una isla paradisíaca, con centenares de playas bordeándola, bañadas por el Océano Atlántico en el norte y por el Mar Caribe en el sur. Desplegaba magníficos paisajes y sitios ideales para todo tipo de actividades náuticas bajo el agua; un universo submarino que invitaba a bucear entre corales, antiguos naufragios y la prodigiosa riqueza natural de su vida marina.

Volvimos al Aventurero a las mil y quinientas. Vinicius y Silvano ya tenían trazada la ruta de nuestra travesía sobre la carta náutica correspondiente y revisaban los últimos detalles de la maniobra del barco y del motor, antes de partir. Ya habían ido a buscar los papeles originales de propiedad del velero a la oficina de Inmigración y Extranjería, por lo que todo estaba pronto para zarpar temprano a la mañana.

Antonio y su esposa, aceptando nuestra invitación para tener la cena de despedida a bordo, vinieron a decirnos adiós con una botella de un tal ron Paticruzado -¡lo mejor que habíamos probado en el Caribe!- y una adorable talla a mano hecha en madera maciza, que representaba la proa estilizada de un barco. Como era obvio, tuve que contar, de nuevo, la jocosa "historia del chumbito" con Charlie a mi lado que no me dejaba mentir, haciendo la representación teatral de todos los detalles, a medida que los relataba. Parecía una ópera china, pero con los actores borrachos. Nos reímos bastante, hasta que Charlie sintió una puntada y casi tuvimos que llamar de nuevo al médico.

Esa noche soñé con mis papis. Ambos me llevaban de la mano a la escuela, uno de cada lado, y mamá, tras arreglarme el cuello de la camisa, me daba la plata de la merienda. Recordé este sueño el resto de mi vida.

Soltamos amarras al amanecer. Durante aquel crepúsculo matutino sentí en la piel un escalofrío distinto, algo nunca antes experimentado al navegar. Sin llegar a ser un ataque de pánico, me invadió un sentimiento híbrido, una mezcla de tristeza e incertidumbre por mi futuro. Nuestra aventura llegaba a su fin. ¿Seguiría en contacto con mis amigos? ¿Cómo me iría en los EEUU? ¿Qué oportunidades tendría un ex-estudiante de abogacía de un país del tercer mundo en la meca del capitalismo feroz? "Albertito, vos mismo te metiste en este embrollo, ahora tenés que tener la capacidad de vivir en tu propio universo, lo mejor posible", pensé para darme coraje. Pero no me convencí a mí mismo.

Salimos a motor, despacito por el canal de la marina, hasta pasar las boyas reglamentarias en la boca de entrada. Luego de franquearlas, empecé a subir todas las velas del velero, como un loco poseído por el noble espíritu del propio Eolo. Esa mañana, más que nunca, necesitaba sentir el viento en la cara, verle de nuevo el rostro al mar, mirarlo fijo a los ojos, oler su salitre, impresionarme con lo majestuoso de su oleaje. Precisaba perder mi vista en el horizonte e imaginarme nuevas costas en la lejanía, acariciarlas con la imaginación, como en un espejismo. El mar era mi droga preferida. Ya no tenía cura posible.

La travesía hasta Miami era de doscientas treinta millas náuticas. A los veinte minutos de partir, tomamos una fuerte racha de viento por estribor, lo que nos hizo escorar casi setenta grados. Apliqué dos rizos a la vela mayor, nos estabilizamos y seguimos. Icé la bandera americana de cortesía y Vinicius, extrañando mi habitual estado de euforia al emprender una nueva travesía, le pasó el timón a Silvano y se puso a mi lado para conversar.

–Está tudo bem Alberto? Você parece preocupado…

–Gracias por preguntar, Vinicius. Está todo bien. Lo que pasa es que hace más de tres años que no pienso en "lo que vendrá". Creo que había perdido esa costumbre… Y ahora que estamos llegando a nuestro destino final…

–Ahhhh, o futuro. Grande tópico. Mas, quem sabe alguma coisa sobre ele? Eu só vou te dizer: não deixe que o passado pegue no teu futuro. Não esperes nada, sê agora.

–Todavía me queda la mitad del premio que gané en la lotería uruguaya y, tal vez, pueda empezar algún negocio cuando me establezca en Miami. ¿Qué te parece, capitán?

–Meu amigo, cuide bem desse dinheirinho. E se você investir em qualquer negócio, tenha cuidado, porque você ainda não é residente dos Estados Unidos.

–Sí. Lo tendré. Gracias por el consejo. Pero quedate tranquilo porque ¡no voy a abrir una tienda de licores en sociedad con Charlie…!

Los cuatro, -porque Silvano y Chabela también se habían incorporado a la charla-, dimos unas buenas risotadas. El viento seguía entrando por estribor pero con menor intensidad. Saqué los rizos de la mayor y achiqué un poco la genoa.

La charla con Vinicius me había devuelto el buen humor. Para mí, la vida siempre había tenido dos lados: uno triste y otro alegre. Y yo, invariablemente, había optado por éste último; así de simple. Para dejar de ver los oscuros nubarrones que a veces me rodeaban, había aprendido a mantener mi rostro enfocado hacia la luz. Era joven, sano, fuerte, hablaba inglés, tenía algún dinero, una familia que me apoyaba y era inteligente. ¿Qué podía salir mal? A la buena suerte sólo había que darle un pequeño empujoncito: siendo un buen observador de la realidad, manteniendo una mente curiosa, convirtiendo las oportunidades en éxitos y siendo valiente para afrontar las aventuras que se me presentaran.

Al rato, dejamos a estribor el "Placer de los Roques" -según la nomenclatura de nuestra carta-, uno de los más grandes y peligrosos bancos de las Bahamas. Había sido nombrado así por los navegantes españoles de la época colonial, aunque más tarde, los ingleses lo habían bautizado "Cay Sal".

De repente, Silvano, que andaba por la proa, nos alertó sobre una embarcación que venía hacia nosotros a toda máquina. En realidad, era un puntito sobre el agua, seguido por una estela de espuma blanca. Vinicius, que iba al timón, me pasó los binoculares y empecé a describir, en voz alta, lo que veía: una pequeña pero rápida embarcación de bandera americana, con antenas por todos lados, una gran torreta amarilla y pintada de blanco. "Es la Guardia Costera", avisó. Era nuestro primer encuentro con las autoridades de los EEUU. Seguí observándolos con mis prismáticos hasta que vi que uno de sus tripulantes también nos observaba pero con un aparato de mayor tamaño. Esto significaba que ellos nos habían visto primero. Inmediatamente, bajé mis binoculares, fui hasta la entrada de la cabina y sin entrar, avisé que quizás fuéramos abordados por la Guardia Costera. "Preparen los documentos del barco y los personales", grité. Chabela y Dinorah, enseguida, se pusieron a revolver los cajoncitos en busca de los documentos del Aventurero y nuestros pasaportes. Charlie, algo nervioso, me preguntó: "¿Tendré tiempo de tirar algo por la borda?". "Creo que sí, pero apurate, boludo", respondí. Dio un salto y tomó un pesado cenicero de piedra con forma esférica que nos habían regalado en Brasil, le puso adentro una bolsita de papel del tamaño de un puño cerrado y metió todo dentro de una media de lana. Parecía una pelota. "Tíralo", me pidió. Yo tomé el envoltorio y amparándome con el techito de la cabina, caminé tres pasos agachado hasta la popa y, al disimulo, tiré el paquete de Charlie, que cayó como lo que era, una piedra en el agua. La Guardia Costera, que seguía aproximándose a toda máquina, estaría ya a unos trescientos metros de nosotros. Cuando estuvieron más cerca, por los altavoces vociferaron en inglés lo que ya sabíamos: "Somos la Guardia Costera de los Estados Unidos de América. El barco de ustedes está en aguas territoriales de nuestra jurisdicción. Preparen identificación de la nave y de los tripulantes". Silvano ya había bajado todas las velas, pero como los barcos no tienen frenos, todavía seguíamos moviéndonos, hasta que nos encontramos proa a proa con la enorme lancha de acero. Vinicius, prendió el motor para dominar nuestra nave lo mejor posible. Afortunadamente, ese día no había olas grandes en el estrecho, sin embargo éramos empujados hacia el norte por la fuerte corriente de la Florida. La Guardia Costera maniobró también y se aproximó por nuestro babor. Tenían más del triple de eslora que nosotros y, por supuesto, un francobordo altísimo. Vinicius, al grito pelado, se identificó como el capitán, manifestó nuestro destino y se puso a las órdenes. Ellos preguntaron de dónde veníamos y por qué usábamos bandera argentina. Nuestro capitán respondió que el velero era registrado en este país y que veníamos haciendo una travesía desde Buenos Aires con destino final en la llamada "Little River Marina", al sur de Florida. Preguntaron cuántos tripulantes estábamos bordo. Respondió: seis. Preguntaron si llevábamos algún tipo de arma. Vinicius respondió que sí: las bengalas de seguridad y una pistola de plástico para lanzarlas. Tenía en la mano, pronto para arrojarles, cuando lo pidieran, un morral con todos nuestros documentos adentro. Se tomaron cinco minutos para responder. Conjeturamos que estarían consultando a alguien. Al final, desde los altavoces vociferaron: "OK, Aventurero. Pueden proseguir. Repórtense a la aduana más próxima una vez arribados. Bienvenidos a los Estados Unidos de América". Saludamos sonriendo levantando las manos, -hasta para que vieran que no teníamos armas para ocultar-. Vinicius soltó un precioso improperio en portugués y yo empecé a levantar las velas de apuro, antes que se arrepintieran. Apagamos el motor y nos movimos de nuevo. Estábamos llegando "al país del papelito", como lo llamaba Chabela, porque según ella, "si vos tenés el papelito justo, te abren todas las puertas". Con el tiempo descubrí que era una gran verdad.

A toda vela, seguíamos nuestra travesía final, abrazados por el sol, ese eterno amigo de los navegantes. El mismo sol que un día me había visto zarpar de Montevideo, cargando una pequeña alforja repleta de ilusiones.

Todo lo que el mar con sus eternas arrugas me había enseñado, yo lo había aprendido. Tuve regalos de sus dioses y hasta fui mimado por algunos, como el romano Neptuno; el nórdico Ægir; el griego Tritón; Huixtocíhuatl, la diosa mexicana del agua salada; Watatsumi, el dios japonés dominador de los peces, quien podía agitar las aguas del océano a su capricho; el etrusco Portumno; Váruna, el hinduista y hasta la hermosa Yemanjá, nuestra orishá africana protectora de los navegantes -bebés incluidos-. Todos, de alguna manera, me habían apadrinado y protegido a lo largo de mi viaje.

Desembarcar del Aventurero significaba desembarcar de mi adolescencia, de los amigos entrañables y de los amores -todos absolutamente inolvidables-, que habían enriquecido mi alma a lo largo y ancho de la travesía. Decir adiós fue una constante en mi vida; lo había practicado en cada puerto… Ya no podía volver atrás. Debía empezar un nuevo capítulo de vida, para encontrar un nuevo final. Debía fluir como la corriente de un río. Recibir el agua que venía y dejar ir la que se iba.

Estas simples reflexiones, tintineando en mi cabeza como las notas de una sinfonía, me habían infundido el ánimo suficiente para cambiar de humor y seguir adelante. Nunca me había quejado de nada, ni tampoco rendido ante nada. Y siempre había sabido, exactamente, a dónde quería llegar.

Mientras derivaba en mi marea de pensamientos, el Aventurero avanzaba firme hacia la costa de la Florida.

Siguiendo nuestro ceremonial náutico, todos nos congregamos en la cubierta para ver aproximar la nueva tierra.

Y lentamente, a la distancia, las construcciones de los hombres fueron haciéndose cada vez más nítidas, hasta que la línea de la costa terminó dibujándose a sí misma, como una gran acuarela dibujada por la pluma de Dios.

¡Qué vida bien vivida! medité. Y tuve razón.

Epílogo

Vinicius mantuvo al Aventurero durante tres años más hasta que lo vendió. Se casó -no con Dinorah-, y se estableció en Tampa, Florida, dedicándose a la compra-venta de embarcaciones. Hoy, vive a bordo de su nuevo velero, el Free Spirit, en una marina de esta ciudad. Nos hablamos por teléfono todos los meses.

Silvano y Chabela siguieron rumbo a New York. Tuvieron dos niños y se establecieron en Long Island. Inicialmente, abrieron un pequeño negocio de reparaciones náuticas deportivas y actualmente manejan un equipo de treinta funcionarios en dos locales. Chabela, también, publicó un libro con las recetas del gordo Bonavita.

Antonio Bonavita se casó con su amada Delia en Rio de Janeiro y nunca más se subió a un barco. Su restaurante italiano, "Pasta Amore", ganó varios premios en esta ciudad y sigue funcionando como un negocio familiar. Él fue quien escribió el prólogo del libro de Chabela. El gordo, hasta hoy, habla un pésimo portugués.

"Charlie" -Cayetano De Luca-, decidió quedarse en Miami. Consiguió varios trabajos relacionados con la náutica, hasta que cinco años después, la noche que salió a festejar la obtención de su tarjeta de residente norteamericano, fue apuñalado por la espalda en el estacionamiento de un bar, en Little Haiti, tras una pelea entre ebrios y falleció en el lugar. Nunca se encontró al homicida.

Yo viajé con Silvano y Chabela hasta New York, pensando establecerme con ellos por allá, pero al pasar por el aeropuerto de Kennedy, conocí al amor de mi vida, Mariella, que viajaba a Vancouver, Canadá. Pedí para acompañarla, aceptó y nos establecimos en esta ciudad. Ella fue mi nuevo capítulo de vida.